卞尺丹几乙し丹卞と
Translated Language Learning

Siddhartha

Cerdd Indiaidd
An Indian Poem

Hermann Hesse

Cymraeg / Welsh

Copyright © 2024 Tranzlaty
All rights reserved
Published by Tranzlaty
Siddhartha – Eine Indische Dichtung
ISBN: 978-1-83566-694-4
Original text by Hermann Hesse
First published in German in 1922
www.tranzlaty.com

Mab y Brahman
The Son of the Brahman

Yng nghysgod y tŷ
In the shade of the house
yn heulwen glan yr afon
in the sunshine of the riverbank
ger y cychod
near the boats
yng nghysgod coedwig Sal-wood
in the shade of the Sal-wood forest
yng nghysgod y ffigysbren
in the shade of the fig tree
dyma lle magwyd Siddhartha
this is where Siddhartha grew up
roedd yn fab golygus i Brahman, yr hebog ifanc
he was the handsome son of a Brahman, the young falcon
tyfodd i fyny gyda'i ffrind Govinda
he grew up with his friend Govinda
Roedd Govinda hefyd yn fab i Brahman
Govinda was also the son of a Brahman
wrth lan yr afon yr haul yn lliw haul ei ysgwyddau ysgafn
by the banks of the river the sun tanned his light shoulders
ymdrochi, perfformio'r ablutions cysegredig, gwneud offrymau cysegredig
bathing, performing the sacred ablutions, making sacred offerings
Yn yr ardd mango, tywalltodd cysgod i'w lygaid du
In the mango garden, shade poured into his black eyes
wrth chwareu yn fachgen, pan ganodd ei fam
when playing as a boy, when his mother sang
pan wnaed yr offrymau cysegredig
when the sacred offerings were made
pan oedd ei dad, yr ysgolhaig, yn ei ddysgu
when his father, the scholar, taught him
pan lefarodd y doethion
when the wise men talked

Am gyfnod hir, roedd Siddhartha wedi bod yn cymryd rhan yn nhrafodaethau'r doethion
For a long time, Siddhartha had been partaking in the discussions of the wise men
bu'n ymarfer dadlau gyda Govinda
he practiced debating with Govinda
ymarferodd y grefft o fyfyrio gyda Govinda
he practiced the art of reflection with Govinda
ac ymarferodd fyfyrdod
and he practiced meditation
Gwyddai eisoes pa fodd i lefaru yr Om yn ddistaw
He already knew how to speak the Om silently
yr oedd yn gwybod y gair o eiriau
he knew the word of words
siaradodd ef yn dawel ynddo'i hun wrth anadlu
he spoke it silently into himself while inhaling
siaradodd ef yn dawel allan ohono'i hun wrth anadlu allan
he spoke it silently out of himself while exhaling
gwnaeth hyn gyda holl grynhoad ei enaid
he did this with all the concentration of his soul
amgylchynid ei dalcen gan lewyrch ysbryd clir
his forehead was surrounded by the glow of the clear-thinking spirit
Roedd eisoes yn gwybod sut i deimlo Atman yn nyfnder ei fodolaeth
He already knew how to feel Atman in the depths of his being
gallai deimlo y indestructible
he could feel the indestructible
roedd yn gwybod beth oedd i fod yn un â'r bydysawd
he knew what it was to be at one with the universe
Neidiodd Joy yng nghalon ei dad
Joy leapt in his father's heart
oherwydd yr oedd ei fab yn gyflym i ddysgu
because his son was quick to learn
yr oedd arno syched am wybodaeth
he was thirsty for knowledge

gallai ei dad ei weld yn tyfu i fyny i fod yn ddyn doeth mawr
his father could see him growing up to become a great wise man
gallai ei weld yn dod yn offeiriad
he could see him becoming a priest
gallai ei weld yn dod yn dywysog ymhlith y Brahmans
he could see him becoming a prince among the Brahmans
Neidiodd wynfyd ym mron ei fam pan welodd hi ef yn cerdded
Bliss leapt in his mother's breast when she saw him walking
Neidiodd wynfyd yn ei chalon pan welodd ef yn eistedd i lawr ac yn codi
Bliss leapt in her heart when she saw him sit down and get up
Roedd Siddhartha yn gryf ac yn olygus
Siddhartha was strong and handsome
ef, a oedd yn cerdded ar goesau main
he, who was walking on slender legs
cyfarchodd hi gyda pharch perffaith
he greeted her with perfect respect
Cyffyrddodd cariad â chalonnau merched ifanc y Brahmans
Love touched the hearts of the Brahmans' young daughters
cawsant eu swyno pan gerddodd Siddhartha trwy lonydd y dref
they were charmed when Siddhartha walked through the lanes of the town
ei dalcen goleu, ei lygaid brenin, ei gluniau main
his luminous forehead, his eyes of a king, his slim hips
Ond yn bennaf oll roedd Govinda yn ei garu
But most of all he was loved by Govinda
Govinda, ei gyfaill, mab i Brahman
Govinda, his friend, the son of a Brahman
Roedd yn caru llygad Siddhartha a llais melys
He loved Siddhartha's eye and sweet voice
yr oedd yn caru y ffordd y cerddai
he loved the way he walked

ac yr oedd yn caru gwedduster perffaith ei symudiadau
and he loved the perfect decency of his movements
roedd yn caru popeth a wnaeth Siddhartha ac a ddywedodd
he loved everything Siddhartha did and said
ond yr hyn a garai fwyaf oedd ei ysbryd
but what he loved most was his spirit
yr oedd yn caru ei feddyliau trosgynnol, tanllyd
he loved his transcendent, fiery thoughts
yr oedd yn caru ei ewyllys selog a'i uchel alwad
he loved his ardent will and high calling
Roedd Govinda yn gwybod na fyddai'n dod yn Brahman cyffredin
Govinda knew he would not become a common Brahman
na, ni fyddai'n dod yn swyddog diog
no, he would not become a lazy official
na, ni ddeuai yn fasnachwr barus
no, he would not become a greedy merchant
nid siaradwr ofer, gwag
not a vain, vacuous speaker
nac offeiriad cymedrig, twyllodrus
nor a mean, deceitful priest
ac ni ddeuai yntau yn ddafad weddus, wirion
and he also would not become a decent, stupid sheep
dafad yn gyr y llawer
a sheep in the herd of the many
ac ni fynnai ddyfod yn un o'r pethau hynny
and he did not want to become one of those things
nid oedd am fod yn un o'r degau o filoedd hynny o Brahmans
he did not want to be one of those tens of thousands of Brahmans
Roedd am ddilyn Siddhartha; yr anwylyd, yr ysblenydd
He wanted to follow Siddhartha; the beloved, the splendid
mewn dyddiau i ddod, pan fyddai Siddhartha yn dod yn dduw, byddai yno

in days to come, when Siddhartha would become a god, he
would be there
pan fyddai yn ymuno â'r gogoneddus, byddai yno
when he would join the glorious, he would be there
Roedd Govinda eisiau ei ddilyn fel ei ffrind
Govinda wanted to follow him as his friend
efe oedd ei gydymaith a'i was
he was his companion and his servant
efe oedd ei gludydd gwaywffon a'i gysgod
he was his spear-carrier and his shadow
Roedd pawb yn caru Siddhartha
Siddhartha was loved by everyone
Roedd yn destun llawenydd i bawb
He was a source of joy for everybody
yr oedd yn hyfrydwch iddynt oll
he was a delight for them all
Ond nid oedd ef, Siddhartha, yn ffynhonnell llawenydd iddo'i hun
But he, Siddhartha, was not a source of joy for himself
ni chafodd ddim hyfrydwch ynddo ei hun
he found no delight in himself
cerddodd lwybrau rhosynog yr ardd ffigysbren
he walked the rosy paths of the fig tree garden
eisteddodd yn y cysgod glasaidd yng ngardd y myfyrdod
he sat in the bluish shade in the garden of contemplation
golchai ei aelodau beunydd yn bath yr edifeirwch
he washed his limbs daily in the bath of repentance
gwnaeth aberthau yng nghysgod tywyll y goedwig mango
he made sacrifices in the dim shade of the mango forest
yr oedd ei ystumiau o weddusrwydd perffaith
his gestures were of perfect decency
yr oedd yn gariad a llawenydd pawb
he was everyone's love and joy
ond yr oedd yn dal heb bob llawenydd yn ei galon
but he still lacked all joy in his heart
Daeth breuddwydion a meddyliau aflonydd i'w feddwl

Dreams and restless thoughts came into his mind
llifodd ei freuddwydion o ddŵr yr afon
his dreams flowed from the water of the river
ysbardunodd ei freuddwydion o ser y nos
his dreams sparked from the stars of the night
toddodd ei freuddwydion o belydrau yr haul
his dreams melted from the beams of the sun
daeth breuddwydion ato, a daeth aflonydd yr enaid ato
dreams came to him, and a restlessness of the soul came to him
ei enaid oedd yn mygu o'r aberthau
his soul was fuming from the sacrifices
anadlodd allan o adnodau y Rig-Veda
he breathed forth from the verses of the Rig-Veda
trwythwyd yr adnodau i mewn iddo, drop by drop
the verses were infused into him, drop by drop
yr adnodau o ddysgeidiaeth yr hen Brahmans
the verses from the teachings of the old Brahmans
Roedd Siddhartha wedi dechrau magu anfodlonrwydd ynddo'i hun
Siddhartha had started to nurse discontent in himself
roedd wedi dechrau teimlo amheuaeth am gariad ei dad
he had started to feel doubt about the love of his father
amheuai gariad ei fam
he doubted the love of his mother
ac yr oedd yn amau cariad ei gyfaill, Govinda
and he doubted the love of his friend, Govinda
roedd yn amau a allai eu cariad ddod â llawenydd iddo byth bythoedd
he doubted if their love could bring him joy forever and ever
ni allai eu cariad ei nyrsio
their love could not nurse him
ni allai eu cariad ei fwydo
their love could not feed him
ni allai eu cariad ei fodloni
their love could not satisfy him

roedd wedi dechrau amau dysgeidiaeth ei dad
he had started to suspect his father's teachings
efallai ei fod wedi dangos iddo bopeth roedd yn ei wybod
perhaps he had shown him everything he knew
yno yr oedd ei athrawon eraill, y Brahmans doeth
there were his other teachers, the wise Brahmans
efallai eu bod eisoes wedi datgelu iddo y gorau o'u doethineb
perhaps they had already revealed to him the best of their wisdom
ofnai eu bod eisoes wedi llenwi ei lestr disgwylgar
he feared that they had already filled his expecting vessel
er cyfoeth eu dysgeidiaeth, nid oedd y llestr yn llawn
despite the richness of their teachings, the vessel was not full
nid oedd yr ysbryd yn fodlon
the spirit was not content
nid oedd yr enaid yn dawel
the soul was not calm
nid oedd y galon yn fodlon
the heart was not satisfied
yr oedd yr ablutions yn dda, ond yr oeddynt yn ddwfr
the ablutions were good, but they were water
nid oedd yr ablutions yn golchi oddi ar y pechod
the ablutions did not wash off the sin
nid iachasant syched yr ysbryd
they did not heal the spirit's thirst
ni leddasant yr ofn yn ei galon
they did not relieve the fear in his heart
Yr oedd aberthau a deisyfiad y duwiau yn rhagorol
The sacrifices and the invocation of the gods were excellent
ond ai dyna y cwbl oedd ?
but was that all there was?
a roddodd yr aberthau ffortiwn hapus?
did the sacrifices give a happy fortune?
a beth am y duwiau?
and what about the gods?

Ai Prajapati mewn gwirionedd oedd wedi creu'r byd?
Was it really Prajapati who had created the world?
Onid yr Atman a greodd y byd?
Was it not the Atman who had created the world?
Atman, yr unig un, yr un unigol
Atman, the only one, the singular one
Onid creadigaethau oedd y duwiau?
Were the gods not creations?
onid oeddent wedi eu creu fel fi a chwithau?
were they not created like me and you?
onid oedd y Duwiau yn ddarostyngedig i amser ?
were the Gods not subject to time?
a oedd y Duwiau yn farwol? Oedd o'n dda?
were the Gods mortal? Was it good?
oedd yn iawn? a oedd yn ystyrlon?
was it right? was it meaningful?
ai yr alwedigaeth uchaf oedd gwneuthur offrymau i'r duwiau ?
was it the highest occupation to make offerings to the gods?
I bwy arall yr oedd offrymau i'w gwneud?
For whom else were offerings to be made?
pwy arall oedd i gael ei addoli?
who else was to be worshipped?
pwy arall oedd yno, ond Efe?
who else was there, but Him?
Yr unig un, yr Atman
The only one, the Atman
A pha le yr oedd Atman i'w gael ?
And where was Atman to be found?
pa le yr oedd yn byw ?
where did He reside?
pa le y curodd Ei dragwyddol galon ?
where did His eternal heart beat?
ble arall ond yn eich hunan?
where else but in one's own self?
yn ei rhan innermost indestructible

in its innermost indestructible part
a all efe fod yr hyn oedd gan bawb ynddo ei hun ?
could he be that which everyone had in himself?
Ond ble roedd hwn yn hunan?
But where was this self?
pa le yr oedd y rhan fewnolaf hon ?
where was this innermost part?
ble roedd y rhan olaf hon?
where was this ultimate part?
Nid cnawd ac asgwrn ydoedd
It was not flesh and bone
nid oedd na meddwl nac ymwybyddiaeth
it was neither thought nor consciousness
dyma a ddysgodd y rhai doethaf
this is what the wisest ones taught
Felly ble oedd e?
So where was it?
yr hunan, fy hun, yr Atman
the self, myself, the Atman
I gyrraedd y lle hwn, roedd ffordd arall
To reach this place, there was another way
oedd y ffordd arall hon yn werth edrych amdano?
was this other way worth looking for?
Ysywaeth, ni ddangosodd neb iddo fel hyn
Alas, nobody showed him this way
doedd neb yn gwybod y ffordd arall yma
nobody knew this other way
nid oedd ei dad yn gwybod hynny
his father did not know it
ac nid oedd yr athrawon a'r doethion yn gwybod hynny
and the teachers and wise men did not know it
Roedden nhw'n gwybod popeth, y Brahmans
They knew everything, the Brahmans
ac yr oedd eu llyfrau sanctaidd yn gwybod pob peth
and their holy books knew everything
roedden nhw wedi gofalu am bopeth

they had taken care of everything
gofalasant am greadigaeth y byd
they took care of the creation of the world
disgrifiwyd tarddiad lleferydd, bwyd, anadlu, anadlu allan
they described origin of speech, food, inhaling, exhaling
disgrifiasant drefniant y synhwyrau
they described the arrangement of the senses
disgrifiasant weithredoedd y duwiau
they described the acts of the gods
gwyddai eu llyfrau yn anfeidrol lawer
their books knew infinitely much
ond a oedd yn werthfawr gwybod hyn oll ?
but was it valuable to know all of this?
onid oedd dim ond un peth i'w wybod ?
was there not only one thing to be known?
onid oedd y peth pwysicaf i'w wybod eto?
was there still not the most important thing to know?
soniai llawer o adnodau o'r llyfrau sanctaidd am y peth mwyaf mewnol, penaf hwn
many verses of the holy books spoke of this innermost, ultimate thing
soniwyd amdani yn arbennig yn Upanishades Samaveda
it was spoken of particularly in the Upanishades of Samaveda
penillion bendigedig oeddynt
they were wonderful verses
"Eich enaid yw'r byd i gyd", ysgrifennwyd hwn yno
"Your soul is the whole world", this was written there
ac yr oedd yn ysgrifenedig y byddai dyn mewn trwmgwsg yn cyfarfod â'i ran fewnol
and it was written that man in deep sleep would meet with his innermost part
ac ef a breswyli yn yr Atman
and he would reside in the Atman
Yr oedd doethineb rhyfeddol yn yr adnodau hyn
Marvellous wisdom was in these verses

yr oedd holl wybodaeth y rhai doethaf wedi ei gasglu yma mewn geiriau hud
all knowledge of the wisest ones had been collected here in magic words
yr oedd mor bur a mêl a gasglwyd gan wenyn
it was as pure as honey collected by bees
Na, nid oedd yr adnodau i edrych i lawr arnynt
No, the verses were not to be looked down upon
yr oeddent yn cynnwys llawer iawn o oleuedigaeth
they contained tremendous amounts of enlightenment
yr oeddent yn cynnwys doethineb a oedd wedi ei chasglu a'i chadw
they contained wisdom which lay collected and preserved
doethineb a gasglwyd gan genedlaethau di-rif o Brahmaniaid doeth
wisdom collected by innumerable generations of wise Brahmans
Ond ble roedd y Brahmans?
But where were the Brahmans?
pa le yr oedd yr offeiriaid ?
where were the priests?
lle y doethion ai pendefig?
where the wise men or penitents?
ble roedd y rhai oedd wedi llwyddo?
where were those that had succeeded?
pa le yr oedd y rhai oedd yn gwybod mwy na dyfnaf o bob gwybodaeth ?
where were those who knew more than deepest of all knowledge?
pa le yr oedd y rhai hefyd yn bywhau y doethineb oleuedig ?
where were those that also lived out the enlightened wisdom?
Pa le yr oedd yr un gwybodus a ddug Atman o'i gwsg ?
Where was the knowledgeable one who brought Atman out of his sleep?
pwy a ddug y wybodaeth hon i'r dydd?
who had brought this knowledge into the day?

pwy oedd wedi cymryd y wybodaeth hon i mewn i'w bywyd?
who had taken this knowledge into their life?
pwy a gariodd y wybodaeth hon gyda phob cam a gymerasant ?
who carried this knowledge with every step they took?
pwy oedd wedi priodi eu geiriau â'u gweithredoedd?
who had married their words with their deeds?
Roedd Siddhartha yn adnabod llawer o Brahmaniaid hybarch
Siddhartha knew many venerable Brahmans
ei dad, yr un pur
his father, the pure one
yr ysgolhaig, yr un mwyaf hybarch
the scholar, the most venerable one
Yr oedd ei dad yn deilwng o edmygedd
His father was worthy of admiration
tawel a boneddigaidd oedd ei foesau
quiet and noble were his manners
pur oedd ei fywyd, doeth oedd ei eiriau
pure was his life, wise were his words
roedd meddyliau cain a bonheddig yn byw y tu ôl i'w ael
delicate and noble thoughts lived behind his brow
ond er ei fod yn gwybod cymaint, a oedd efe yn byw mewn gwynfyd ?
but even though he knew so much, did he live in blissfulness?
er ei holl wybodaeth, a gafodd heddwch?
despite all his knowledge, did he have peace?
onid dyn treiddgar yn unig ydoedd efe hefyd?
was he not also just a searching man?
onid oedd efe eto yn ddyn sychedig?
was he still not a thirsty man?
Onid oedd yn rhaid iddo yfed o ffynonellau sanctaidd dro ar ôl tro?
Did he not have to drink from holy sources again and again?
onid yfodd efe o'r offrymau?

did he not drink from the offerings?
onid yfodd efe o'r llyfrau ?
did he not drink from the books?
oni yfodd efe o ymrysonau y Brahmaniaid ?
did he not drink from the disputes of the Brahmans?
Pam roedd yn rhaid iddo olchi oddi ar bechodau bob dydd?
Why did he have to wash off sins every day?
a raid iddo ymdrechu glanhad bob dydd ?
must he strive for a cleansing every day?
drosodd a throsodd, bob dydd
over and over again, every day
Onid oedd Atman ynddo ef ?
Was Atman not in him?
onid o'i galon y tarddodd y ffynnon ddirgel ?
did not the pristine source spring from his heart?
roedd yn rhaid dod o hyd i'r ffynhonnell newydd yn eich hunan
the pristine source had to be found in one's own self
yr oedd yn rhaid meddianu y ffynonell felus !
the pristine source had to be possessed!
gwneud unrhyw beth arall oedd chwilio
doing anything else else was searching
mae cymryd unrhyw docyn arall yn ddargyfeirio
taking any other pass is a detour
mae mynd unrhyw ffordd arall yn arwain at fynd ar goll
going any other way leads to getting lost
Dyna oedd meddyliau Siddhartha
These were Siddhartha's thoughts
hwn oedd ei syched, a dyma oedd ei ddioddefaint
this was his thirst, and this was his suffering
Yn aml roedd yn siarad ag ef ei hun o Chandogya-Upanishad:
Often he spoke to himself from a Chandogya-Upanishad:
"Yn wir, enw'r Brahman yw Satyam"
"Truly, the name of the Brahman is Satyam"

"yr hwn a wyr y fath beth, a ddaw i mewn i'r byd nefol bob dydd"
"he who knows such a thing, will enter the heavenly world every day"
Yn aml roedd y byd nefol yn ymddangos yn agos
Often the heavenly world seemed near
ond nid oedd erioed wedi cyrhaedd y byd nefol yn hollol
but he had never reached the heavenly world completely
nid oedd erioed wedi diffodd y syched eithaf
he had never quenched the ultimate thirst
Ac o blith yr holl wyr a doethaf, nid oedd neb wedi ei gyrhaedd
And among all the wise and wisest men, none had reached it
cafodd gyfarwyddiadau ganddynt
he received instructions from them
ond nid oeddynt wedi cyrhaedd y byd nefol yn hollol
but they hadn't completely reached the heavenly world
doedden nhw ddim wedi diffodd eu syched yn llwyr
they hadn't completely quenched their thirst
am fod y syched hwn yn syched tragywyddol
because this thirst is an eternal thirst

"Govinda" Siddhartha siarad â'i ffrind
"Govinda" Siddhartha spoke to his friend
"Govinda, fy annwyl, dod gyda mi o dan y goeden Banyan"
"Govinda, my dear, come with me under the Banyan tree"
"gadewch i ni ymarfer myfyrdod"
"let's practise meditation"
Aethant at y goeden Banyan
They went to the Banyan tree
dan y goeden Banyan yr eisteddasant
under the Banyan tree they sat down
Roedd Siddhartha yma
Siddhartha was right here
Roedd Govinda ugain cam i ffwrdd
Govinda was twenty paces away

Siddhartha eistedd ei hun ac efe a grwgnach dro ar ôl tro y pennill
Siddhartha seated himself and he repeated murmuring the verse
Om yw'r bwa, y saeth yw'r enaid
Om is the bow, the arrow is the soul
Y Brahman yw targed y saeth
The Brahman is the arrow's target
y targed y dylai rhywun ei gyrraedd yn ddi-baid
the target that one should incessantly hit
yr oedd amser arferol yr ymarferiad mewn myfyrdod wedi myned heibio
the usual time of the exercise in meditation had passed
Cododd Govinda, roedd y noson wedi dod
Govinda got up, the evening had come
roedd yn amser perfformio ablution y noson
it was time to perform the evening's ablution
Galwodd enw Siddhartha, ond nid atebodd Siddhartha
He called Siddhartha's name, but Siddhartha did not answer
Siddhartha eistedd yno, ar goll yn meddwl
Siddhartha sat there, lost in thought
roedd ei lygaid yn canolbwyntio'n gaeth tuag at darged pell iawn
his eyes were rigidly focused towards a very distant target
yr oedd blaen ei dafod yn ymwthio ychydig rhwng y dannedd
the tip of his tongue was protruding a little between the teeth
roedd yn ymddangos nad oedd yn anadlu
he seemed not to breathe
Fel hyn yr eisteddodd efe, wedi ei lapio i fyny mewn myfyrdod
Thus sat he, wrapped up in contemplation
yr oedd yn ddwfn ei feddwl am yr Om
he was deep in thought of the Om
anfonodd ei enaid ar ôl y Brahman fel saeth
his soul sent after the Brahman like an arrow

Unwaith, roedd Samanas wedi teithio trwy dref Siddhartha
Once, Samanas had travelled through Siddhartha's town
roedden nhw'n asgetigiaid ar bererindod
they were ascetics on a pilgrimage
tri dyn tenau, gwywedig, na hen nac ieuanc
three skinny, withered men, neither old nor young
llychlyd a gwaedlyd oedd eu hysgwyddau
dusty and bloody were their shoulders
bron yn noeth, wedi'i losgi gan yr haul, wedi'i amgylchynu gan unigrwydd
almost naked, scorched by the sun, surrounded by loneliness
dieithriaid a gelynion i'r byd
strangers and enemies to the world
dieithriaid a jacaliaid ym myd bodau dynol
strangers and jackals in the realm of humans
Y tu ôl iddynt chwythu arogl poeth o angerdd tawel
Behind them blew a hot scent of quiet passion
arogl gwasanaeth dinistriol
a scent of destructive service
arogl o hunan-ymwadiad didrugaredd
a scent of merciless self-denial
roedd y noson wedi dod
the evening had come
ar ôl yr awr o fyfyrio, Siddhartha yn siarad â Govinda
after the hour of contemplation, Siddhartha spoke to Govinda
"Yn gynnar bore fory, bydd fy ffrind, Siddhartha yn mynd i'r Samanas"
"Early tomorrow morning, my friend, Siddhartha will go to the Samanas"
"Bydd yn dod yn Samana"
"He will become a Samana"
Trodd Govinda yn welw pan glywodd y geiriau hyn
Govinda turned pale when he heard these words
a darllenodd y penderfyniad yn ngwyneb disymmwth ei gyfaill
and he read the decision in the motionless face of his friend

yr oedd y penderfyniad yn anorchfygol, fel y saeth wedi ei saethu o'r bwa
the determination was unstoppable, like the arrow shot from the bow
Sylweddolodd Govinda ar yr olwg gyntaf; yn awr y mae yn dechreu
Govinda realized at first glance; now it is beginning
yn awr Siddhartha yn cymryd ei ffordd ei hun
now Siddhartha is taking his own way
yn awr y mae ei dynged yn dechreu egino
now his fate is beginning to sprout
ac oherwydd Siddhartha, mae tynged Govinda yn blaguro hefyd
and because of Siddhartha, Govinda's fate is sprouting too
trodd yn welw fel croen banana sych
he turned pale like a dry banana-skin
"O Siddhartha," ebychodd
"Oh Siddhartha," he exclaimed
"A fydd eich tad yn caniatáu i chi wneud hynny?"
"will your father permit you to do that?"
Edrychodd Siddhartha drosodd fel pe bai'n deffro
Siddhartha looked over as if he was just waking up
fel Saeth darllenodd enaid Govinda
like an Arrow he read Govinda's soul
gallai ddarllen yr ofn a'r ymostyngiad ynddo
he could read the fear and the submission in him
"O Govinda," siaradodd yn dawel, "peidiwn â gwastraffu geiriau"
"Oh Govinda," he spoke quietly, "let's not waste words"
"Yfory ar doriad dydd byddaf yn dechrau bywyd y Samanas"
"Tomorrow at daybreak I will begin the life of the Samanas"
"peidiwn â siarad mwy ohono"
"let us speak no more of it"

Aeth Siddhartha i mewn i'r siambr lle'r oedd ei dad yn eistedd
Siddhartha entered the chamber where his father was sitting

yr oedd ei dad ar fat o bast
his father was was on a mat of bast
Siddhartha camu y tu ôl i'w dad
Siddhartha stepped behind his father
ac arhosodd yn sefyll ar ei ôl
and he remained standing behind him
safodd nes i'w dad deimlo fod rhywun yn sefyll y tu ol iddo
he stood until his father felt that someone was standing behind him
Siaradodd y Brahman: "Ai dyna chi, Siddhartha?"
Spoke the Brahman: "Is that you, Siddhartha?"
"Yna dywedwch beth y daethoch i'w ddweud"
"Then say what you came to say"
Siaradodd Siddhartha: "Gyda'ch caniatâd chi, fy nhad"
Spoke Siddhartha: "With your permission, my father"
"Deuthum i ddweud wrthych mai fy hiraeth yw gadael eich tŷ yfory"
"I came to tell you that it is my longing to leave your house tomorrow"
"Rwy'n dymuno mynd i'r ascetics"
"I wish to go to the ascetics"
"Fy awydd i yw dod yn Samana"
"My desire is to become a Samana"
"Paid i fy nhad wrthwynebu hyn"
"May my father not oppose this"
Distawodd y Brahman, a pharhaodd felly am hir
The Brahman fell silent, and he remained so for long
crwydrodd y sêr yn y ffenestr fach
the stars in the small window wandered
a newidiasant eu sefyllfa berthynasol
and they changed their relative positions
Safodd y mab yn dawel ac yn ddisymud a'i freichiau wedi'u plygu
Silent and motionless stood the son with his arms folded
distaw a llonydd yn eistedd y tad ar y mat
silent and motionless sat the father on the mat

a'r ser yn olrhain eu llwybrau yn yr awyr
and the stars traced their paths in the sky
Yna siaradodd y tad
Then spoke the father
"Nid yw'n briodol i Brahman siarad geiriau llym a blin"
"it is not proper for a Brahman to speak harsh and angry words"
"Ond dicter sydd yn fy nghalon"
"But indignation is in my heart"
"Dymunaf beidio â chlywed y cais hwn am yr eildro"
"I wish not to hear this request for a second time"
Yn araf, cododd y Brahman
Slowly, the Brahman rose
Safodd Siddhartha yn dawel, ei freichiau plygu
Siddhartha stood silently, his arms folded
"Beth ydych chi'n aros amdano?" gofynnodd y tad
"What are you waiting for?" asked the father
Siaradodd Siddhartha, "Rydych chi'n gwybod beth rydw i'n aros amdano"
Spoke Siddhartha, "You know what I'm waiting for"
Yn ddig, gadawodd y tad y siambr
Indignant, the father left the chamber
ddig, efe a aeth i'w wely ac a orweddodd
indignant, he went to his bed and lay down
aeth awr heibio, ond ni ddaeth cwsg dros ei lygaid
an hour passed, but no sleep had come over his eyes
cododd y Brahman ar ei draed a cherdded yn ôl ac ymlaen
the Brahman stood up and he paced to and fro
ac efe a adawodd y tŷ yn y nos
and he left the house in the night
Trwy ffenestr fechan y siambr edrychodd yn ôl y tu mewn
Through the small window of the chamber he looked back inside
ac yno y gwelodd Siddhartha yn sefyll
and there he saw Siddhartha standing

ei freichiau wedi eu plygu ac nid oedd wedi symud o'i fan a'r lle
his arms were folded and he had not moved from his spot
Symudodd golau ei wisg ddisglair
Pale shimmered his bright robe
Gyda phryder yn ei galon, dychwelodd y tad i'w wely
With anxiety in his heart, the father returned to his bed
aeth awr ddigwsg arall heibio
another sleepless hour passed
gan nad oedd unrhyw gwsg wedi dod dros ei lygaid, safodd y Brahman i fyny eto
since no sleep had come over his eyes, the Brahman stood up again
cerddodd yn ôl ac ymlaen, a cherddodd allan o'r tŷ
he paced to and fro, and he walked out of the house
a gwelodd fod y lleuad wedi codi
and he saw that the moon had risen
Trwy ffenestr y siambr edrychodd yn ôl y tu mewn
Through the window of the chamber he looked back inside
Safai Siddhartha, heb ei symud o'i fan
there stood Siddhartha, unmoved from his spot
ei freichiau wedi eu plygu, fel yr oeddent wedi bod
his arms were folded, as they had been
roedd golau'r lleuad yn adlewyrchu o'i shins noeth
moonlight was reflecting from his bare shins
Gyda phryder yn ei galon, aeth y tad yn ôl i'r gwely
With worry in his heart, the father went back to bed
daeth yn ôl ymhen awr
he came back after an hour
a daeth yn ol drachefn ymhen dwy awr
and he came back again after two hours
edrychodd drwy'r ffenestr fach
he looked through the small window
gwelodd Siddhartha yn sefyll yn y golau lleuad
he saw Siddhartha standing in the moon light
safai wrth oleuni y ser yn y tywyllwch

he stood by the light of the stars in the darkness
A daeth yn ôl awr ar ôl awr
And he came back hour after hour
yn dawel, edrychodd i mewn i'r siambr
silently, he looked into the chamber
gwelodd ef yn sefyll yn yr un lle
he saw him standing in the same place
llanwodd ei galon â dicter
it filled his heart with anger
llanwodd ei galon ag aflonyddwch
it filled his heart with unrest
llanwodd ei galon â gofid
it filled his heart with anguish
llanwodd ei galon â thristwch
it filled his heart with sadness
roedd awr olaf y noson wedi dod
the night's last hour had come
dychwelodd ei dad a chamu i'r ystafell
his father returned and stepped into the room
gwelodd y llanc yn sefyll yno
he saw the young man standing there
ymddangosai'n dal ac fel dieithryn iddo
he seemed tall and like a stranger to him
"Siddhartha," siaradodd, "am beth ydych chi'n aros?"
"Siddhartha," he spoke, "what are you waiting for?"
"Rydych chi'n gwybod am beth rydw i'n aros"
"You know what I'm waiting for"
"A fyddwch chi bob amser yn sefyll felly ac yn aros?
"Will you always stand that way and wait?
"Byddaf bob amser yn sefyll ac yn aros"
"I will always stand and wait"
"A aroswch nes dyfod yn fore, hanner dydd, a hwyr?"
"will you wait until it becomes morning, noon, and evening?"
"Arhosaf nes iddi ddod yn fore, hanner dydd, a hwyr"
"I will wait until it become morning, noon, and evening"
"Byddwch yn mynd yn flinedig, Siddhartha"

"You will become tired, Siddhartha"
"Byddaf yn blino"
"I will become tired"
"Byddwch yn cwympo i gysgu, Siddhartha"
"You will fall asleep, Siddhartha"
"Ni fyddaf yn cwympo i gysgu"
"I will not fall asleep"
"Byddwch yn marw, Siddhartha"
"You will die, Siddhartha"
"Byddaf yn marw," atebodd Siddhartha
"I will die," answered Siddhartha
"A byddai'n well gennych chi farw, nag ufuddhau i'ch tad?"
"And would you rather die, than obey your father?"
"Mae Siddhartha bob amser wedi ufuddhau i'w dad"
"Siddhartha has always obeyed his father"
"Felly a wnewch chi roi'r gorau i'ch cynllun?"
"So will you abandon your plan?"
"Bydd Siddhartha yn gwneud beth fydd ei dad yn dweud wrtho am wneud"
"Siddhartha will do what his father will tell him to do"
Disgleiriodd golau dydd cyntaf i'r ystafell
The first light of day shone into the room
Gwelodd y Brahman fod penggliniau Siddhartha yn crynu'n dawel
The Brahman saw that Siddhartha knees were softly trembling
Yn wyneb Siddhartha ni welodd unrhyw grynu
In Siddhartha's face he saw no trembling
ei lygaid yn sefydlog ar fan pell
his eyes were fixed on a distant spot
Dyma pryd y sylweddolodd ei dad
This was when his father realized
hyd yn oed nawr nid oedd Siddhartha yn byw gydag ef yn ei gartref mwyach
even now Siddhartha no longer dwelt with him in his home
gwelodd ei fod eisoes wedi ei adael
he saw that he had already left him

Cyffyrddodd y Tad ag ysgwydd Siddhartha
The Father touched Siddhartha's shoulder
"Byddwch," meddai, "yn mynd i mewn i'r goedwig a bod yn Samana"
"You will," he spoke, "go into the forest and be a Samana"
"Pan fyddwch chi'n dod o hyd i wynfyd yn y goedwig, dewch yn ôl"
"When you find blissfulness in the forest, come back"
"Dewch yn ôl a dysgwch fi i fod yn hapus"
"come back and teach me to be blissful"
"Os cewch chi siom, yna dychwelwch"
"If you find disappointment, then return"
"Dychwelwch, a gadewch inni wneud offrymau i'r duwiau gyda'n gilydd,"
"return and let us make offerings to the gods together, again"
"Ewch nawr a chusanwch eich mam"
"Go now and kiss your mother"
"Dywedwch wrthi ble rydych chi'n mynd"
"tell her where you are going"
"Ond i mi mae'n amser mynd i'r afon"
"But for me it is time to go to the river"
"Fy amser i yw perfformio'r ablution cyntaf"
"it is my time to perform the first ablution"
Cymerodd ei law oddi ar ysgwydd ei fab, ac aeth allan
He took his hand from the shoulder of his son, and went outside
Siddhartha wavered i'r ochr wrth iddo geisio cerdded
Siddhartha wavered to the side as he tried to walk
Rhoddodd ei goesau yn ôl dan reolaeth ac ymgrymu i'w dad
He put his limbs back under control and bowed to his father
aeth at ei fam i wneud fel y dywedodd ei dad
he went to his mother to do as his father had said
Wrth iddo adael yn araf ar goesau anystwyth cododd cysgod ger y cwt olaf
As he slowly left on stiff legs a shadow rose near the last hut
pwy oedd wedi cyrcydu yno, ac wedi ymuno â'r pererin?

who had crouched there, and joined the pilgrim?
"Govinda, rydych wedi dod" meddai Siddhartha a gwenu
"Govinda, you have come" said Siddhartha and smiled
"Rwyf wedi dod," meddai Govinda
"I have come," said Govinda

Gyda'r Samanas
With the Samanas

Gyda'r nos y dydd hwn maent yn dal i fyny gyda'r ascetics
In the evening of this day they caught up with the ascetics
yr asgetigiaid; y Samanas tenau
the ascetics; the skinny Samanas
offrymasant eu cyfeillach a'u hufudd-dod iddynt
they offered them their companionship and obedience
Derbyniwyd eu cyfeillach a'u hufudd-dod
Their companionship and obedience were accepted
Rhoddodd Siddhartha ei ddillad i Brahman tlawd yn y stryd
Siddhartha gave his garments to a poor Brahman in the street
Ni wisgai ddim amgen na lliain lwynog a chlogyn pridd-liw, heb ei hau
He wore nothing more than a loincloth and earth-coloured, unsown cloak
Dim ond unwaith y dydd yr oedd yn bwyta, a byth yn coginio dim byd
He ate only once a day, and never anything cooked
Ymprydiodd am bymtheng niwrnod, ymprydiodd am wyth diwrnod ar hugain
He fasted for fifteen days, he fasted for twenty-eight days
Ciliodd y cnawd o'i gluniau a'i ruddiau
The flesh waned from his thighs and cheeks
Roedd breuddwydion twymyn yn fflachio o'i lygaid chwyddedig
Feverish dreams flickered from his enlarged eyes
tyfodd hoelion hir yn araf ar ei fysedd parchedig
long nails grew slowly on his parched fingers
a thyfodd barf sych, sigledig ar ei ên
and a dry, shaggy beard grew on his chin
Trodd ei olwg yn iâ pan ddaeth ar draws merched
His glance turned to ice when he encountered women
cerddodd trwy ddinas o bobl wedi'u gwisgo'n braf
he walked through a city of nicely dressed people
ei enau plycio â dirmyg ar eu cyfer

his mouth twitched with contempt for them
Gwelodd fasnachwyr yn masnachu a thywysogion yn hela
He saw merchants trading and princes hunting
gwelodd alarwyr yn wylo am eu meirw
he saw mourners wailing for their dead
ac efe a welodd butain yn offrymu eu hunain
and he saw whores offering themselves
meddygon yn ceisio helpu'r sâl
physicians trying to help the sick
offeiriaid yn pennu'r diwrnod mwyaf addas ar gyfer hau
priests determining the most suitable day for seeding
cariadon cariadus a mamau yn magu eu plant
lovers loving and mothers nursing their children
ac nid oedd hyn oll yn deilwng o un olwg oddiar ei lygaid
and all of this was not worthy of one look from his eyes
roedd y cyfan yn dweud celwydd, y cyfan yn llwm, y cyfan yn llwm o gelwyddau
it all lied, it all stank, it all stank of lies
roedd y cyfan yn esgus bod yn ystyrlon ac yn llawen ac yn hardd
it all pretended to be meaningful and joyful and beautiful
ac nid oedd y cwbl yn ddim ond putrefaction cudd
and it all was just concealed putrefaction
blasodd y byd yn chwerw; artaith oedd bywyd
the world tasted bitter; life was torture

Roedd gôl sengl yn sefyll o flaen Siddhartha
A single goal stood before Siddhartha
mynd yn wag oedd ei nod
his goal was to become empty
ei nod oedd bod yn wag o syched
his goal was to be empty of thirst
gwag o ddymuniad a gwag o freuddwydion
empty of wishing and empty of dreams
yn wag o lawenydd a gofid
empty of joy and sorrow
ei nod oedd bod yn farw iddo ei hun

his goal was to be dead to himself
ei nod oedd peidio bod yn hunan mwyach
his goal was not to be a self any more
ei nod oedd dod o hyd i dawelwch gyda chalon wag
his goal was to find tranquillity with an emptied heart
ei nod oedd bod yn agored i wyrthiau mewn meddyliau anhunanol
his goal was to be open to miracles in unselfish thoughts
i gyflawni hyn oedd ei nod
to achieve this was his goal
pan orchfygwyd ei holl hunan a marw
when all of his self was overcome and had died
pan oedd pob awydd a phob ysfa yn fud yn y galon
when every desire and every urge was silent in the heart
yna bu raid i'r rhan eithaf o hono ddeffro
then the ultimate part of him had to awake
y mwyaf mewnol o'i fodolaeth, nad yw bellach yn ei hunan
the innermost of his being, which is no longer his self
dyma oedd y gyfrinach fawr
this was the great secret

Yn dawel, datgelodd Siddhartha ei hun i belydrau llosgi'r haul
Silently, Siddhartha exposed himself to the burning rays of the sun
yr oedd yn disgleirio gan boen ac yr oedd yn disgleirio gan syched
he was glowing with pain and he was glowing with thirst
a safodd yno nes na theimlai na phoen na syched
and he stood there until he neither felt pain nor thirst
Yn dawel, safodd yno yn y tymor glawog
Silently, he stood there in the rainy season
o'i wallt roedd y dŵr yn diferu dros ysgwyddau rhewllyd
from his hair the water was dripping over freezing shoulders
roedd y dŵr yn diferu dros ei gluniau a'i goesau rhewllyd
the water was dripping over his freezing hips and legs
a safodd y penyd yno

and the penitent stood there
safai yno nes nas gallai deimlo yr oerfel mwyach
he stood there until he could not feel the cold any more
safai yno nes tawelu ei gorff
he stood there until his body was silent
safai yno nes bod ei gorff yn dawel
he stood there until his body was quiet
Yn dawel, bu'n cowered yn y llwyni pigog
Silently, he cowered in the thorny bushes
gwaed yn diferu o'r croen llosgi
blood dripped from the burning skin
gwaed yn diferu o glwyfau cenhedlu
blood dripped from festering wounds
a Siddhartha aros anhyblyg a motionless
and Siddhartha stayed rigid and motionless
safodd nes nad oedd gwaed yn llifo mwyach
he stood until no blood flowed any more
safodd nes pigo dim mwy
he stood until nothing stung any more
safodd nes llosgi dim mwy
he stood until nothing burned any more
Eisteddodd Siddhartha yn unionsyth a dysgodd i anadlu'n gynnil
Siddhartha sat upright and learned to breathe sparingly
dysgodd gyd-dynnu ag ychydig o anadliadau
he learned to get along with few breaths
dysgodd i roi'r gorau i anadlu
he learned to stop breathing
Dysgodd, gan ddechreu gyda'r anadl, dawelu curiad ei galon
He learned, beginning with the breath, to calm the beating of his heart
dysgodd leihau curiadau ei galon
he learned to reduce the beats of his heart
myfyriai nes nad oedd curiadau ei galon ond ychydig
he meditated until his heartbeats were only a few
ac yna nid oedd curiadau ei galon bron

and then his heartbeats were almost none
Wedi'i gyfarwyddo gan yr hynaf o'r Samanas, ymarferodd Siddhartha hunan-ymwadiad
Instructed by the oldest of the Samanas, Siddhartha practised self-denial
ymarferodd fyfyrdod, yn ol rheolau newydd Samana
he practised meditation, according to the new Samana rules
Hedfanodd crëyr glas dros y goedwig bambŵ
A heron flew over the bamboo forest
Derbyniodd Siddhartha y crëyr glas i'w enaid
Siddhartha accepted the heron into his soul
ehedodd dros goedwigoedd a mynyddoedd
he flew over forest and mountains
crëyr glas ydoedd, bwytaodd bysgod
he was a heron, he ate fish
teimlodd y pangs o newyn crëyr
he felt the pangs of a heron's hunger
siaradodd crawc y crëyr
he spoke the heron's croak
bu farw marwolaeth crëyr
he died a heron's death
Roedd jacal marw yn gorwedd ar y lan tywodlyd
A dead jackal was lying on the sandy bank
Llithrodd enaid Siddhartha y tu mewn i gorff y jacal marw
Siddhartha's soul slipped inside the body of the dead jackal
ef oedd y jacal marw yn gorwedd ar y glannau ac yn chwyddedig
he was the dead jackal laying on the banks and bloated
efe a drewodd ac a ddadfeiliodd ac a ddatgelwyd gan hyenas
he stank and decayed and was dismembered by hyenas
cafodd ei groen gan fwlturiaid a'i droi'n sgerbwd
he was skinned by vultures and turned into a skeleton
trowyd ef yn llwch a chwythwyd ar draws y caeau
he was turned to dust and blown across the fields
A dychwelodd enaid Siddhartha
And Siddhartha's soul returned

yr oedd wedi marw, wedi pydru, ac wedi ei wasgaru fel llwch
it had died, decayed, and was scattered as dust
yr oedd wedi blasu meddwdod tywyll y cylch
it had tasted the gloomy intoxication of the cycle
yr oedd yn disgwyl gyda syched newydd, fel heliwr yn y bwlch
it awaited with a new thirst, like a hunter in the gap
yn y bwlch lle gallai ddianc o'r cylch
in the gap where he could escape from the cycle
yn y bwlch y dechreuodd tragwyddoldeb heb ddioddefaint
in the gap where an eternity without suffering began
lladdodd ei synwyr a'i gof
he killed his senses and his memory
llithrodd allan o'i hunan i filoedd o ffurfiau eraill
he slipped out of his self into thousands of other forms
anifail, carnyn, carreg ydoedd
he was an animal, a carrion, a stone
pren a dwfr ydoedd
he was wood and water
a deffrodd bob tro i ganfod ei hen hunan eto
and he awoke every time to find his old self again
pa un ai haul ai lleuad, efe oedd ei hunan drachefn
whether sun or moon, he was his self again
trodd rownd yn y cylch
he turned round in the cycle
teimlai syched, gorchfygodd y syched, teimlai syched newydd
he felt thirst, overcame the thirst, felt new thirst

Dysgodd Siddhartha lawer pan oedd gyda'r Samanas
Siddhartha learned a lot when he was with the Samanas
dysgodd lawer o ffyrdd yn arwain i ffwrdd oddi wrth yr hunan
he learned many ways leading away from the self
dysgodd sut i ollwng gafael
he learned how to let go

Aeth i ffordd hunan-ymwadiad trwy boen
He went the way of self-denial by means of pain
dysgodd hunan-ymwadiad trwy ddioddef yn wirfoddol a goresgyn poen
he learned self-denial through voluntarily suffering and overcoming pain
gorchfygodd newyn, syched, a blinder
he overcame hunger, thirst, and tiredness
Aeth yn ffordd hunan-ymwadiad trwy fyfyrdod
He went the way of self-denial by means of meditation
aeth ffordd hunan-ymwadiad trwy ddychymygu y meddwl i fod yn ddirym o bob beichiogiad
he went the way of self-denial through imagining the mind to be void of all conceptions
gyda'r ffyrdd hyn a ffyrdd eraill y dysgodd i ollwng gafael
with these and other ways he learned to let go
fil o weithiau gadawodd ei hunan
a thousand times he left his self
am oriau a dyddiau arhosodd yn yr anhunan
for hours and days he remained in the non-self
arweiniodd yr holl ffyrdd hyn oddi wrth yr hunan
all these ways led away from the self
ond yr oedd eu llwybr bob amser yn arwain yn ol i'r hunan
but their path always led back to the self
Ffodd Siddhartha oddi wrth yr hunan fil o weithiau
Siddhartha fled from the self a thousand times
ond yr oedd y dychweliad at yr hunan yn anocheladwy
but the return to the self was inevitable
er iddo aros mewn dim, roedd dod yn ôl yn anochel
although he stayed in nothingness, coming back was inevitable
er iddo aros mewn anifeiliaid a cherrig, roedd dod yn ôl yn anochel
although he stayed in animals and stones, coming back was inevitable
cafodd ei hun yn yr heulwen neu yng ngolau'r lleuad eto

he found himself in the sunshine or in the moonlight again
cafodd ei hun yn y cysgod neu yn y glaw eto
he found himself in the shade or in the rain again
ac yr oedd efe unwaith eto yn eiddo iddo ei hun ; Siddhartha
and he was once again his self; Siddhartha
a thrachefn teimlai ing y cylch oedd wedi ei orfodi arno
and again he felt the agony of the cycle which had been forced upon him

wrth ei ochr yn byw Govinda, ei gysgod
by his side lived Govinda, his shadow
Cerddodd Govinda yr un llwybr a gwneud yr un ymdrechion
Govinda walked the same path and undertook the same efforts
ni siaradent â'u gilydd ddim amgen na'r ymarferiadau gofynol
they spoke to one another no more than the exercises required
yn achlysurol byddai'r ddau yn mynd trwy'r pentrefi
occasionally the two of them went through the villages
aethant i erfyn am ymborth iddynt eu hunain a'u hathrawon
they went to beg for food for themselves and their teachers
"Sut ydych chi'n meddwl ein bod ni wedi symud ymlaen, Govinda" gofynnodd
"How do you think we have progressed, Govinda" he asked
"Wnaethon ni gyrraedd unrhyw nodau?" Atebodd Govinda
"Did we reach any goals?" Govinda answered
"Rydyn ni wedi dysgu, a byddwn yn parhau i ddysgu"
"We have learned, and we'll continue learning"
"Byddwch chi'n Samana wych, Siddhartha"
"You'll be a great Samana, Siddhartha"
"Yn gyflym, rydych chi wedi dysgu pob ymarfer corff"
"Quickly, you've learned every exercise"
"Yn aml, mae'r hen Samanas wedi dy edmygu di"
"often, the old Samanas have admired you"
"Un diwrnod, byddwch chi'n ddyn sanctaidd, o Siddhartha"
"One day, you'll be a holy man, oh Siddhartha"

Siaradodd Siddhartha, "Ni allaf helpu ond teimlo nad yw fel hyn, fy ffrind"
Spoke Siddhartha, "I can't help but feel that it is not like this, my friend"
"Gallai'r hyn rydw i wedi'i ddysgu bod ymhlith y Samanas fod wedi'i ddysgu'n gyflymach"
"What I've learned being among the Samanas could have been learned more quickly"
"gallai fod wedi ei ddysgu trwy ddulliau symlach"
"it could have been learned by simpler means"
"gallai fod wedi ei ddysgu mewn unrhyw dafarn"
"it could have been learned in any tavern"
"gallesid bod wedi dysgu ble mae'r butain"
"it could have been learned where the whorehouses are"
"Fe allwn i fod wedi ei ddysgu ymhlith carters a gamblwyr"
"I could have learned it among carters and gamblers"
Siaradodd Govinda, "Mae Siddhartha yn cellwair gyda mi"
Spoke Govinda, "Siddhartha is joking with me"
"Sut allech chi fod wedi dysgu myfyrdod ymhlith pobl druenus?"
"How could you have learned meditation among wretched people?"
"sut y gallai whores fod wedi eich dysgu am ddal eich anadl?"
"how could whores have taught you about holding your breath?"
"sut y gallai gamblwyr fod wedi dysgu ansensitifrwydd i chi yn erbyn poen?"
"how could gamblers have taught you insensitivity against pain?"
Siaradodd Siddhartha yn dawel, fel pe bai'n siarad ag ef ei hun
Siddhartha spoke quietly, as if he was talking to himself
"Beth yw myfyrdod?"
"What is meditation?"
"Beth sy'n gadael corff rhywun?"

"What is leaving one's body?"
"Beth yw ymprydio?"
"What is fasting?"
"Beth sy'n dal anadl rhywun?"
"What is holding one's breath?"
"Mae'n ffoi oddi wrth yr hunan"
"It is fleeing from the self"
"mae'n ddihangfa fer o'r ing o fod yn hunan"
"it is a short escape of the agony of being a self"
"mae'n fferru'r synhwyrau yn erbyn y boen"
"it is a short numbing of the senses against the pain"
"mae'n osgoi dibwrpas bywyd"
"it is avoiding the pointlessness of life"
"Yr un fferru yw'r hyn y mae gyrrwr cert ychen yn ei ddarganfod yn y dafarn"
"The same numbing is what the driver of an ox-cart finds in the inn"
"yfed ychydig o bowlenni o win reis neu laeth cnau coco wedi'i eplesu"
"drinking a few bowls of rice-wine or fermented coconut-milk"
"Yna ni fydd yn teimlo ei hunan mwyach"
"Then he won't feel his self anymore"
"yna ni fydd yn teimlo poenau bywyd mwyach"
"then he won't feel the pains of life anymore"
"yna mae'n dod o hyd i fferdod byr o'r synhwyrau"
"then he finds a short numbing of the senses"
"Pan mae'n cwympo i gysgu dros ei bowlen o win reis, fe fydd e'n dod o hyd i'r un peth rydyn ni'n ei ddarganfod"
"When he falls asleep over his bowl of rice-wine, he'll find the same what we find"
"mae'n dod o hyd i'r hyn rydyn ni'n ei ddarganfod pan rydyn ni'n dianc o'n cyrff trwy ymarferion hir"
"he finds what we find when we escape our bodies through long exercises"
"Rydyn ni i gyd yn aros yn yr anhunan"
"all of us are staying in the non-self"

"Dyma fel y mae, o Govinda"
"This is how it is, oh Govinda"
Siaradodd Govinda, "Rydych chi'n dweud hynny, o ffrind"
Spoke Govinda, "You say so, oh friend"
"Ac eto rydych chi'n gwybod nad yw Siddhartha yn yrrwr cert ych"
"and yet you know that Siddhartha is no driver of an ox-cart"
"A wyddoch nad yw Samana yn feddwyn"
"and you know a Samana is no drunkard"
"Mae'n wir bod yfwr yn fferru ei synhwyrau"
"it's true that a drinker numbs his senses"
"Mae'n wir ei fod yn dianc am gyfnod byr ac yn gorffwys"
"it's true that he briefly escapes and rests"
"ond bydd yn dychwelyd o'r lledrith ac yn gweld bod popeth yn ddigyfnewid"
"but he'll return from the delusion and finds everything to be unchanged"
"Nid yw wedi dod yn ddoethach"
"he has not become wiser"
"mae wedi casglu unrhyw oleuedigaeth"
"he has gathered any enlightenment"
"Nid yw wedi codi sawl cam"
"he has not risen several steps"
A siaradodd Siddhartha â gwên
And Siddhartha spoke with a smile
"Dydw i ddim yn gwybod, dwi erioed wedi bod yn feddwyn"
"I do not know, I've never been a drunkard"
"Rwy'n gwybod mai dim ond fferdod byr y synhwyrau yr wyf yn ei ddarganfod"
"I know that I find only a short numbing of the senses"
"Rwy'n dod o hyd iddo yn fy ymarferion a myfyrdodau"
"I find it in my exercises and meditations"
"A dwi'n gweld fy mod yr un mor bell oddi wrth ddoethineb â phlentyn yng nghroth y fam"

"and I find I am just as far removed from wisdom as a child in the mother's womb"
"Dyma dwi'n gwybod, o Govinda"
"this I know, oh Govinda"

Ac unwaith eto, dro arall, dechreuodd Siddhartha siarad
And once again, another time, Siddhartha began to speak
Roedd Siddhartha wedi gadael y goedwig, ynghyd â Govinda
Siddhartha had left the forest, together with Govinda
ymadawsant i erfyn am ychydig o ymborth yn y pentref
they left to beg for some food in the village
meddai, "Beth nawr, o Govinda?"
he said, "What now, oh Govinda?"
"Ydyn ni ar y llwybr iawn?"
"are we on the right path?"
"Ydyn ni'n dod yn nes at oleuedigaeth?"
"are we getting closer to enlightenment?"
"A ydym ni'n dod yn nes at iachawdwriaeth?"
"are we getting closer to salvation?"
"Neu ydyn ni'n byw mewn cylch efallai?"
"Or do we perhaps live in a circle?"
"Ni, sydd wedi meddwl ein bod yn dianc rhag y cylch"
"we, who have thought we were escaping the cycle"
Siaradodd Govinda, "Rydyn ni wedi dysgu llawer"
Spoke Govinda, "We have learned a lot"
"Siddhartha, mae llawer i'w ddysgu o hyd"
"Siddhartha, there is still much to learn"
"Dydyn ni ddim yn mynd o gwmpas mewn cylchoedd"
"We are not going around in circles"
"Rydyn ni'n symud i fyny; mae'r cylch yn droellog"
"we are moving up; the circle is a spiral"
"Rydym eisoes wedi esgyn sawl lefel"
"we have already ascended many levels"
Atebodd Siddhartha, "Pa mor hen fyddech chi'n meddwl yw ein Samana hynaf?"

Siddhartha answered, "How old would you think our oldest Samana is?"
"Pa mor hen yw ein hathro hybarch?"
"how old is our venerable teacher?"
Siaradodd Govinda, "Efallai bod ein hun hynaf tua chwe deg oed"
Spoke Govinda, "Our oldest one might be about sixty years of age"
Siaradodd Siddhartha, "Mae wedi byw am drigain mlynedd"
Spoke Siddhartha, "He has lived for sixty years"
"ac eto nid yw wedi cyrraedd y nirvana"
"and yet he has not reached the nirvana"
"Fe fydd yn troi'n saith deg wyth"
"He'll turn seventy and eighty"
"chi a fi, byddwn yn tyfu yr un mor hen ag ef"
"you and me, we will grow just as old as him"
"a byddwn yn gwneud ein hymarferion"
"and we will do our exercises"
"a byddwn yn ymprydio, a byddwn yn myfyrio"
"and we will fast, and we will meditate"
"Ond ni fyddwn yn cyrraedd y nirvana"
"But we will not reach the nirvana"
"Ni fydd yn cyrraedd nirvana ac ni fyddwn"
"he won't reach nirvana and we won't"
"mae yna Samanas angyfrifol allan yna"
"there are uncountable Samanas out there"
"efallai na fydd un un yn cyrraedd y nirvana"
"perhaps not a single one will reach the nirvana"
"Rydyn ni'n dod o hyd i gysur, rydyn ni'n dod o hyd i fferdod, rydyn ni'n dysgu campau"
"We find comfort, we find numbness, we learn feats"
"Dysgwn y pethau hyn i dwyllo eraill"
"we learn these things to deceive others"
"Ond y peth pwysicaf, llwybr y llwybrau, ni fyddwn yn dod o hyd iddo"

"But the most important thing, the path of paths, we will not find"
Siaradodd Govinda "Os na fyddech chi ond yn siarad geiriau mor ofnadwy, Siddhartha!"
Spoke Govinda "If you only wouldn't speak such terrible words, Siddhartha!"
"Mae cymaint o ddynion dysgedig"
"there are so many learned men"
" pa fodd na allasai un o honynt ganfod Uwybr Uwybrau ?"
"how could not one of them not find the path of paths?"
"sut na all cymaint o Brahmans ddod o hyd iddo?"
"how can so many Brahmans not find it?"
"sut na all cymaint o Samanas llym a hybarch ddod o hyd iddo?"
"how can so many austere and venerable Samanas not find it?"
"sut na all pawb sy'n chwilio ddod o hyd iddo?"
"how can all those who are searching not find it?"
" pa fodd na ddichon y dynion santaidd ei chael ?"
"how can the holy men not find it?"
Ond siaradodd Siddhartha â chymaint o dristwch â gwatwar
But Siddhartha spoke with as much sadness as mockery
siaradodd â llais tawel, ychydig yn drist, ychydig yn gwatwar
he spoke with a quiet, a slightly sad, a slightly mocking voice
"Cyn bo hir, Govinda, bydd eich ffrind yn gadael llwybr y Samanas"
"Soon, Govinda, your friend will leave the path of the Samanas"
"mae wedi cerdded ar hyd eich ochr cyhyd"
"he has walked along your side for so long"
"Rwy'n dioddef o syched"
"I'm suffering of thirst"
"Ar y llwybr hir hwn o Samana, mae fy syched wedi parhau mor gryf ag erioed"
"on this long path of a Samana, my thirst has remained as strong as ever"

"Roeddwn i bob amser yn sychedig am wybodaeth"
"I always thirsted for knowledge"
"Rwyf bob amser wedi bod yn llawn cwestiynau"
"I have always been full of questions"
"Rwyf wedi gofyn i'r Brahmans, flwyddyn ar ôl blwyddyn"
"I have asked the Brahmans, year after year"
"ac yr wyf wedi gofyn i'r Vedas sanctaidd, flwyddyn ar ôl blwyddyn"
"and I have asked the holy Vedas, year after year"
"ac yr wyf wedi gofyn i'r Samanas selog, flwyddyn ar ôl blwyddyn"
"and I have asked the devoted Samanas, year after year"
"efallai y gallwn i fod wedi ei ddysgu gan yr aderyn cornbilen"
"perhaps I could have learned it from the hornbill bird"
"efallai y dylwn fod wedi gofyn i'r tsimpansî"
"perhaps I should have asked the chimpanzee"
"Cymerodd amser hir i mi"
"It took me a long time"
"a dwi ddim wedi gorffen dysgu hwn eto"
"and I am not finished learning this yet"
"O Govinda, dwi wedi dysgu nad oes dim byd i'w ddysgu!"
"oh Govinda, I have learned that there is nothing to be learned!"
"Yn wir, nid oes y fath beth â dysgu"
"There is indeed no such thing as learning"
"Dim ond un wybodaeth sydd"
"There is just one knowledge"
"Mae'r wybodaeth hon ym mhobman, dyma Atman"
"this knowledge is everywhere, this is Atman"
"Mae'r wybodaeth hon ynof fi ac o'ch mewn"
"this knowledge is within me and within you"
"a'r wybodaeth hon sydd o fewn pob creadur"
"and this knowledge is within every creature"
"Nid oes gan y wybodaeth hon elyn gwaeth na'r awydd i'w hadnabod"

"this knowledge has no worse enemy than the desire to know it"
"dyna dwi'n ei gredu"
"that is what I believe"
Ar hyn, stopiodd Govinda ar y llwybr
At this, Govinda stopped on the path
cododd ei ddwylo, a llefarodd
he rose his hands, and spoke
"Os mai dim ond ni fyddech chi'n trafferthu'ch ffrind gyda'r math hwn o sgwrs"
"If only you would not bother your friend with this kind of talk"
"Yn wir, mae eich geiriau'n codi ofn yn fy nghalon"
"Truly, your words stir up fear in my heart"
"ystyried, beth a ddeuai i sancteiddrwydd gweddi?"
"consider, what would become of the sanctity of prayer?"
"beth fyddai'n dod o hybarch cast y Brahmans?"
"what would become of the venerability of the Brahmans' caste?"
"Beth fyddai'n digwydd i sancteiddrwydd y Samanas?
"what would happen to the holiness of the Samanas?
"Yr hyn a ddeuai o hynny i gyd gan hynny sydd sanctaidd"
"What would then become of all of that is holy"
"beth fyddai dal yn werthfawr?"
"what would still be precious?"
A mwmialodd Govinda bennill o Upanishad iddo'i hun
And Govinda mumbled a verse from an Upanishad to himself
"Yr hwn sy'n myfyrio, o ysbryd puredig, yn ei golli ei hun ym myfyrdod Atman"
"He who ponderingly, of a purified spirit, loses himself in the meditation of Atman"
"anesboniadwy trwy eiriau yw gwynfyd ei galon"
"inexpressible by words is the blissfulness of his heart"
Ond arhosodd Siddhartha yn dawel
But Siddhartha remained silent
Meddyliodd am y geiriau a ddywedodd Govinda wrtho

He thought about the words which Govinda had said to him
a meddyliodd y geiriau hyd eu diwedd
and he thought the words through to their end
meddyliodd beth fyddai yn aros o'r hyn oll a ymddangosai yn sanctaidd
he thought about what would remain of all that which seemed holy
Beth sydd ar ôl? Beth all sefyll y prawf?
What remains? What can stand the test?
Ac efe a ysgydwodd ei ben
And he shook his head

yr oedd y ddau lanc wedi byw yn mysg y Samanas am tua thair blynedd
the two young men had lived among the Samanas for about three years
rhyw newyddion, si, chwedl yn eu cyrraedd
some news, a rumour, a myth reached them
yr oedd y si wedi ei ail adrodd lawer gwaith
the rumour had been retold many times
Roedd dyn wedi ymddangos, Gotama wrth ei enw
A man had appeared, Gotama by name
yr un dyrchafedig, y Bwdha
the exalted one, the Buddha
yr oedd wedi gorchfygu dioddefaint y byd ynddo ei hun
he had overcome the suffering of the world in himself
ac yr oedd wedi atal cylch yr ailenedigaethau
and he had halted the cycle of rebirths
Dywedid ei fod yn crwydro trwy y wlad, gan ddysgu
He was said to wander through the land, teaching
dywedid ei fod wedi ei amgylchynu gan ddysgyblion
he was said to be surrounded by disciples
dywedid ei fod heb feddiant, cartref, na gwraig
he was said to be without possession, home, or wife
dywedir ei fod mewn dim ond clogyn melyn asgetig
he was said to be in just the yellow cloak of an ascetic
ond yr oedd gydag ael siriol

but he was with a cheerful brow
a dywedid ei fod yn ddyn o wynfyd
and he was said to be a man of bliss
Ymgrymodd Brahmaniaid a thywysogion o'i flaen
Brahmans and princes bowed down before him
a daethant yn fyfyrwyr iddo
and they became his students
Roedd y myth hwn, y si, y chwedl hon yn atseinio
This myth, this rumour, this legend resounded
cyfododd ei berarogl, yma ac acw, yn y trefydd
its fragrance rose up, here and there, in the towns
soniodd y Brahmans am y chwedl hon
the Brahmans spoke of this legend
ac yn y goedwig, y Samanas a soniodd am dano
and in the forest, the Samanas spoke of it
dro ar ôl tro, roedd enw Gotama y Bwdha yn cyrraedd clustiau'r dynion ifanc
again and again, the name of Gotama the Buddha reached the ears of the young men
bu siarad da a drwg am Gotama
there was good and bad talk of Gotama
rhai yn canmol Gotama, eraill yn ei ddifenwi
some praised Gotama, others defamed him
Yr oedd fel pe buasai y pla wedi tori allan mewn gwlad
It was as if the plague had broken out in a country
newyddion wedi bod yn lledu o gwmpas fod dyn mewn rhyw le neu gilydd
news had been spreading around that in one or another place there was a man
gwr doeth, un gwybodus
a wise man, a knowledgeable one
dyn yr oedd ei air a'i anadl yn ddigon i iachau pawb
a man whose word and breath was enough to heal everyone
gallai ei bresenoldeb wella unrhyw un oedd wedi'i heintio â'r pla

his presence could heal anyone who had been infected with the pestilence

aeth y fath newyddion trwy y wlad, a byddai pawb yn siarad am dano
such news went through the land, and everyone would talk about it

roedd llawer yn credu'r sibrydion, llawer yn eu hamau
many believed the rumours, many doubted them

ond aeth llawer ar eu ffordd cyn gynted â phosibl
but many got on their way as soon as possible

aethant i geisio y gwr doeth, y cynnorthwywr
they went to seek the wise man, the helper

y gwr doeth o dylwyth Sakya
the wise man of the family of Sakya

Yr oedd yn meddu, fel y dywedai y credinwyr, yr egiwys uchaf
He possessed, so the believers said, the highest enlightenment

cofiodd ei fywyd blaenorol; roedd wedi cyrraedd y nirvana
he remembered his previous lives; he had reached the nirvana

ac ni ddychwelodd i'r cylch byth
and he never returned into the cycle

ni chafodd ei foddi byth eto yn yr afon dywyll o ffurfiau corfforol
he was never again submerged in the murky river of physical forms

Adroddwyd am lawer o bethau rhyfeddol ac anghredadwy amdano
Many wonderful and unbelievable things were reported of him

yr oedd wedi cyflawni gwyrthiau
he had performed miracles

yr oedd wedi gorchfygu y diafol
he had overcome the devil

yr oedd wedi llefaru wrth y duwiau
he had spoken to the gods

Ond dywedodd ei elynion a'i anghredinwyr fod Gotama yn seducer ofer
But his enemies and disbelievers said Gotama was a vain seducer
dywedasant iddo dreulio ei ddyddiau mewn moethusrwydd
they said he spent his days in luxury
dywedasant ei fod yn gwatwar yr offrymau
they said he scorned the offerings
dywedasant ei fod heb ddysgu
they said he was without learning
dywedasant nad oedd yn gwybod nac ymarferiadau myfyriol na hunan-ddarostwng
they said he knew neither meditative exercises nor self-castigation
Roedd myth Bwdha yn swnio'n felys
The myth of Buddha sounded sweet
Roedd arogl hud yn llifo o'r adroddiadau hyn
The scent of magic flowed from these reports
Wedi'r cyfan, roedd y byd yn sâl, ac roedd bywyd yn anodd ei ddioddef
After all, the world was sick, and life was hard to bear
ac wele yma ffynon o ymwared fel yn tarddu allan
and behold, here a source of relief seemed to spring forth
yma yr oedd cennad yn ymddangos yn galw allan
here a messenger seemed to call out
cysurus, mwyn, llawn addewidion bonheddig
comforting, mild, full of noble promises
Ym mhobman lle clywyd si am y Bwdha, roedd y dynion ifanc yn gwrando
Everywhere where the rumour of Buddha was heard, the young men listened up
ym mhob man yn nhiroedd India teimlent hiraeth
everywhere in the lands of India they felt a longing
ym mhob man lle roedd y bobl yn chwilio, roedden nhw'n teimlo gobaith
everywhere where the people searched, they felt hope

roedd croeso i bob pererin a dieithryn pan ddeuai newyddion amdano
every pilgrim and stranger was welcome when he brought news of him
yr un dyrchafedig, y Sakyamuni
the exalted one, the Sakyamuni
Roedd y myth hefyd wedi cyrraedd y Samanas yn y goedwig
The myth had also reached the Samanas in the forest
a chlywodd Siddhartha a Govinda y myth hefyd
and Siddhartha and Govinda heard the myth too
yn araf deg, drop by drop, clywsant y myth
slowly, drop by drop, they heard the myth
yr oedd pob diferyn yn llwythog o obaith
every drop was laden with hope
yr oedd pob diferyn yn llwythog o amheuaeth
every drop was laden with doubt
Anaml y byddent yn siarad amdano
They rarely talked about it
am nad oedd yr un hynaf o'r Samanas yn hoffi'r myth hwn
because the oldest one of the Samanas did not like this myth
roedd wedi clywed bod y Bwdha honedig hwn yn arfer bod yn asgetig
he had heard that this alleged Buddha used to be an ascetic
clywodd ei fod wedi byw yn y goedwig
he heard he had lived in the forest
ond yr oedd wedi troi yn ol at bleserau moethus a bydol
but he had turned back to luxury and worldly pleasures
ac nid oedd ganddo farn uchel am y Gotama hwn
and he had no high opinion of this Gotama

"O Siddhartha," siaradodd Govinda un diwrnod â'i ffrind
"Oh Siddhartha," Govinda spoke one day to his friend
"Heddiw, roeddwn i yn y pentref"
"Today, I was in the village"
"a Brahman wedi fy ngwahodd i'w dŷ"
"and a Brahman invited me into his house"
"ac yn ei dŷ ef yr oedd mab i Brahman o Magadha"

"and in his house, there was the son of a Brahman from Magadha"
"Mae wedi gweld y Bwdha gyda'i lygaid ei hun"
"he has seen the Buddha with his own eyes"
"ac y mae wedi ei glywed yn dysgu"
"and he has heard him teach"
"Yn wir, gwnaeth hyn boen i'm brest wrth anadlu"
"Verily, this made my chest ache when I breathed"
"ac yr wyf yn meddwl hyn i mi fy hun:"
"and I thought this to myself:"
"pe baem yn unig yn clywed y ddysgeidiaeth o enau y dyn perffeithiedig hwn!"
"if only we heard the teachings from the mouth of this perfected man!"
"Siarad, ffrind, fydden ni ddim eisiau mynd yno hefyd"
"Speak, friend, wouldn't we want to go there too"
"Oni fyddai'n dda gwrando ar y ddysgeidiaeth o geg y Bwdha?"
"wouldn't it be good to listen to the teachings from the Buddha's mouth?"
Siaradodd Siddhartha, "Roeddwn i wedi meddwl y byddech chi'n aros gyda'r Samanas"
Spoke Siddhartha, "I had thought you would stay with the Samanas"
"Roeddwn i bob amser wedi credu mai'ch nod oedd byw i fod yn saith deg"
"I always had believed your goal was to live to be seventy"
"Roeddwn i'n meddwl y byddech chi'n parhau i ymarfer y campau a'r ymarferion hynny"
"I thought you would keep practising those feats and exercises"
"Ac roeddwn i'n meddwl y byddech chi'n dod yn Samana"
"and I thought you would become a Samana"
"Ond wele, nid oeddwn wedi adnabod Govinda yn ddigon da"
"But behold, I had not known Govinda well enough"

"Ychydig a wyddwn i am ei galon"
"I knew little of his heart"
"Felly nawr rydych chi am gymryd llwybr newydd"
"So now you want to take a new path"
"ac rydych chi eisiau mynd yno lle mae'r Bwdha yn lledaenu ei ddysgeidiaeth"
"and you want to go there where the Buddha spreads his teachings"
Siaradodd Govinda, "Rydych chi'n gwatwar fi"
Spoke Govinda, "You're mocking me"
"Gwawd fi os mynnwch chi, Siddhartha!"
"Mock me if you like, Siddhartha!"
"Ond onid ydych chwithau hefyd wedi datblygu awydd i glywed y ddysgeidiaeth hyn?"
"But have you not also developed a desire to hear these teachings?"
"Oni ddywedasoch na fyddech yn cerdded llwybr y Samanas yn hwy o lawer?"
"have you not said you would not walk the path of the Samanas for much longer?"
Ar hyn, chwarddodd Siddhartha yn ei ddull ei hun
At this, Siddhartha laughed in his very own manner
y modd y tybiai ei lais gyffyrddiad o dristwch
the manner in which his voice assumed a touch of sadness
ond yr oedd ynddo y cyffyrddiad hwnw o watwar o hyd
but it still had that touch of mockery
Siaradodd Siddhartha, "Govinda, rydych chi wedi siarad yn dda"
Spoke Siddhartha, "Govinda, you've spoken well"
"Rydych chi wedi cofio'n iawn yr hyn a ddywedais"
"you've remembered correctly what I said"
"Pe bai dim ond chi'n cofio'r peth arall rydych chi wedi'i glywed gen i"
"If only you remembered the other thing you've heard from me"

"Rwyf wedi dod yn ddrwgdybus ac wedi blino yn erbyn dysgeidiaeth a dysgu"

"I have grown distrustful and tired against teachings and learning"

"bach yw fy ffydd mewn geiriau, a ddygir atom gan athrawon"

"my faith in words, which are brought to us by teachers, is small"

"Ond gadewch i ni ei wneud, fy annwyl"

"But let's do it, my dear"

"Rwy'n fodlon gwrando ar y dysgeidiaethau hyn"

"I am willing to listen to these teachings"

"er yn fy nghalon nid oes gennyf obaith"

"though in my heart I do not have hope"

"Rwy'n credu ein bod ni eisoes wedi blasu ffrwyth gorau'r ddysgeidiaeth hyn"

"I believe that we've already tasted the best fruit of these teachings"

Siaradodd Govinda, "Mae eich parodrwydd yn swyno fy nghalon"

Spoke Govinda, "Your willingness delights my heart"

"Ond dywedwch wrthyf, sut y dylai hyn fod yn bosibl?"

"But tell me, how should this be possible?"

"Sut gall dysgeidiaeth Gotama fod wedi datgelu eu ffrwyth gorau i ni eisoes?"

"How can the Gotama's teachings have already revealed their best fruit to us?"

"Nid ydym wedi clywed ei eiriau eto"

"we have not heard his words yet"

Dywedodd Siddhartha, "Gadewch inni fwyta'r ffrwyth hwn"

Spoke Siddhartha, "Let us eat this fruit"

"a gadewch inni aros am y gweddill, o Govinda!"

"and let us wait for the rest, oh Govinda!"

"Ond mae'r ffrwyth hwn yn cynnwys ynddo ef ein galw ni i ffwrdd o'r Samanas"

"But this fruit consists in him calling us away from the Samanas"
"ac rydym eisoes wedi ei dderbyn diolch i'r Gotama!"
"and we have already received it thanks to the Gotama!"
"P'un a oes ganddo fwy, gadewch inni aros gyda chalonnau tawel"
"Whether he has more, let us await with calm hearts"

Ar yr un diwrnod hwn siaradodd Siddhartha â'r Samana hynaf
On this very same day Siddhartha spoke to the oldest Samana
dywedodd wrtho am ei benderfyniad i adael y Samanas
he told him of his decision to leaves the Samanas
hysbysodd yr un hynaf gyda chwrteisi a gwyleidd-dra
he informed the oldest one with courtesy and modesty
ond gwylltiodd y Samana fod y ddau lanc am ei adael
but the Samana became angry that the two young men wanted to leave him
a siaradodd yn uchel a defnyddio geiriau crai
and he talked loudly and used crude words
Cafodd Govinda ei syfrdanu a daeth yn embaras
Govinda was startled and became embarrassed
Ond rhoddodd Siddhartha ei geg yn agos at glust Govinda
But Siddhartha put his mouth close to Govinda's ear
"Nawr, rydw i eisiau dangos i'r hen ddyn beth rydw i wedi'i ddysgu ganddo"
"Now, I want to show the old man what I've learned from him"
Gosododd Siddhartha ei hun yn agos o flaen y Samana
Siddhartha positioned himself closely in front of the Samana
ag enaid crynodedig, efe a ddaliodd gipolwg yr hen ddyn
with a concentrated soul, he captured the old man's glance
amddifadodd ef o'i allu a'i wneud yn fud
he deprived him of his power and made him mute
cymerodd ymaith ei ewyllys rydd
he took away his free will
darostyngodd ef dan ei ewyllys ei hun, a gorchymyn iddo

he subdued him under his own will, and commanded him
aeth ei lygaid yn fud, a'i ewyllys wedi ei pharlysu
his eyes became motionless, and his will was paralysed
ei freichiau oedd yn hongian i lawr heb rym
his arms were hanging down without power
roedd wedi dioddef swyn Siddhartha
he had fallen victim to Siddhartha's spell
Daeth meddyliau Siddhartha â'r Samana dan eu rheolaeth
Siddhartha's thoughts brought the Samana under their control
yr oedd yn rhaid iddo gyflawni yr hyn a orchmynasant
he had to carry out what they commanded
Ac felly, gwnaeth yr hen ŵr sawl bwa
And thus, the old man made several bows
cyflawnodd ystumiau o fendith
he performed gestures of blessing
siaradodd yn atal dweud am ddymuniad duwiol am daith dda
he spoke stammeringly a godly wish for a good journey
dychwelodd y dynion ieuainc y dymuniadau da gyda diolch
the young men returned the good wishes with thanks
aethant ar eu ffordd gyda chyfarchion
they went on their way with salutations
Ar y ffordd, siaradodd Govinda eto
On the way, Govinda spoke again
"O Siddhartha, rydych chi wedi dysgu mwy gan y Samanas nag oeddwn i'n gwybod"
"Oh Siddhartha, you have learned more from the Samanas than I knew"
"Mae'n anodd iawn bwrw swyn ar hen Samana"
"It is very hard to cast a spell on an old Samana"
"Yn wir, pe baech wedi aros yno, buan y byddech wedi dysgu cerdded ar ddŵr"
"Truly, if you had stayed there, you would soon have learned to walk on water"
"Nid wyf yn ceisio cerdded ar ddŵr" meddai Siddhartha
"I do not seek to walk on water" said Siddhartha

"Bydded yr hen Samanas yn fodlon ar gampau o'r fath!"
"Let old Samanas be content with such feats!"

Gotama

Yn Savathi, roedd pob plentyn yn gwybod enw'r Bwdha dyrchafedig
In Savathi, every child knew the name of the exalted Buddha
yr oedd pob ty wedi ei barotoi i'w ddyfodiad
every house was prepared for his coming
roedd pob tŷ yn llenwi seigiau elusen disgyblion Gotama
each house filled the alms-dishes of Gotama's disciples
Disgyblion Gotama oedd y rhai distaw yn cardota
Gotama's disciples were the silently begging ones
Ger y dref oedd hoff le Gotama i aros
Near the town was Gotama's favourite place to stay
arhosodd yng ngardd Jetavana
he stayed in the garden of Jetavana
roedd y masnachwr cyfoethog Anathapindika wedi rhoi'r ardd i Gotama
the rich merchant Anathapindika had given the garden to Gotama
yr oedd wedi ei roddi iddo yn anrheg
he had given it to him as a gift
yr oedd yn addolwr ufudd i'r un dyrchafedig
he was an obedient worshipper of the exalted one
roedd y ddau asgetig ifanc wedi cael chwedlau ac atebion
the two young ascetics had received tales and answers
roedd yr holl chwedlau a'r atebion hyn yn eu cyfeirio at gartref Gotama
all these tales and answers pointed them to Gotama's abode
cyrhaeddasant dref Savathi
they arrived in the town of Savathi
aethant at ddrws cyntaf y dref

they went to the very first door of the town
ac a ymbiliasant am ymborth wrth y drws
and they begged for food at the door
gwraig yn cynnig bwyd iddynt
a woman offered them food
a derbyniasant y bwyd
and they accepted the food
Gofynnodd Siddhartha i'r wraig
Siddhartha asked the woman
"O un elusennol, ble mae'r Bwdha yn trigo?"
"oh charitable one, where does the Buddha dwell?"
"Du Samanas ydyn ni o'r goedwig"
"we are two Samanas from the forest"
"Rydym wedi dod i weld yr un perffeithiedig"
"we have come to see the perfected one"
"Daethom i glywed y ddysgeidiaeth o'i enau ef"
"we have come to hear the teachings from his mouth"
Siaradodd y wraig, "chi Samanas o'r goedwig"
Spoke the woman, "you Samanas from the forest"
"Rydych chi wir wedi dod i'r lle iawn"
"you have truly come to the right place"
"Dylech wybod, yn Jetavana, mae gardd Anathapindika"
"you should know, in Jetavana, there is the garden of Anathapindika"
"Dyna lle mae'r dyrchafedig yn trigo"
"that is where the exalted one dwells"
"Yno fe dreuliwch y pererinion y nos"
"there you pilgrims shall spend the night"
"mae digon o le i'r aneirif, sy'n heidio yma"
"there is enough space for the innumerable, who flock here"
"Maen nhw hefyd yn dod i glywed y ddysgeidiaeth o'i enau ef"
"they too come to hear the teachings from his mouth"
Gwnaeth hyn Govinda yn hapus, ac yn llawn llawenydd
This made Govinda happy, and full of joy
meddai, "rydym wedi cyrraedd pen ein taith"

he exclaimed, "we have reached our destination"
"Mae ein llwybr wedi dod i ben!"
"our path has come to an end!"
"Ond dywedwch wrthym, o fam y pererinion"
"But tell us, oh mother of the pilgrims"
"Ydych chi'n ei adnabod, y Bwdha?"
"do you know him, the Buddha?"
"Ydych chi wedi ei weld â'ch llygaid eich hun?"
"have you seen him with your own eyes?"
Llefarodd y wraig, "Llawer gwaith y gwelais ef, yr un dyrchafedig"
Spoke the woman, "Many times I have seen him, the exalted one"
"Dwi wedi ei weld ers sawl diwrnod"
"On many days I have seen him"
"Rwyf wedi ei weld yn cerdded trwy'r lonydd mewn tawelwch"
"I have seen him walking through the alleys in silence"
"Rwyf wedi ei weld yn gwisgo ei glogyn melyn"
"I have seen him wearing his yellow cloak"
"Rwyf wedi ei weld yn cyflwyno ei elusen-sig mewn distawrwydd"
"I have seen him presenting his alms-dish in silence"
"Rwyf wedi ei weld wrth ddrysau'r tai"
"I have seen him at the doors of the houses"
"ac yr wyf wedi ei weld yn gadael gyda dysgl llenwi"
"and I have seen him leaving with a filled dish"
Yn falch iawn, gwrandawodd Govinda ar y fenyw
Delightedly, Govinda listened to the woman
ac yr oedd am ofyn a chlywed llawer mwy
and he wanted to ask and hear much more
Ond anogodd Siddhartha ef i gerdded ymlaen
But Siddhartha urged him to walk on
Diolchasant i'r wraig a gadael
They thanked the woman and left
prin y bu'n rhaid iddynt ofyn am gyfarwyddiadau

they hardly had to ask for directions
roedd llawer o bererinion a mynachod ar eu ffordd i'r Jetavana
many pilgrims and monks were on their way to the Jetavana
cyrhaeddasant hi yn y nos, felly yr oedd cyraeddiadau cyson
they reached it at night, so there were constant arrivals
a'r rhai oedd yn ceisio lloches a'i cafodd
and those who sought shelter got it
Roedd y ddau Samanas wedi arfer â bywyd yn y goedwig
The two Samanas were accustomed to life in the forest
felly heb wneud unrhyw sŵn daethant o hyd i le i aros yn gyflym
so without making any noise they quickly found a place to stay
a hwy a orphwysasant yno hyd y boreu
and they rested there until the morning

Ar godiad haul, gwelsant gyda syndod maint y dyrfa
At sunrise, they saw with astonishment the size of the crowd
yr oedd lluaws mawr o gredinwyr wedi dyfod
a great many number of believers had come
ac yr oedd nifer mawr o bobl chwilfrydig wedi treulio y nos yma
and a great number of curious people had spent the night here
Ar holl lwybrau'r ardd ryfeddol, cerddai mynachod mewn gwisgoedd melyn
On all paths of the marvellous garden, monks walked in yellow robes
dan y coed eisteddent yma a thraw, mewn dyfn-fyfyrdod
under the trees they sat here and there, in deep contemplation
neu eu bod mewn ymddiddan am faterion ysbrydol
or they were in a conversation about spiritual matters
roedd y gerddi cysgodol yn edrych fel dinas
the shady gardens looked like a city
dinas yn llawn pobl, yn brysur fel gwenyn
a city full of people, bustling like bees
Aeth y mwyafrif o'r mynachod allan gyda'u helfen

The majority of the monks went out with their alms-dish
aethant allan i gasglu bwyd i'w cinio
they went out to collect food for their lunch
hwn fyddai eu hunig bryd o fwyd y dydd
this would be their only meal of the day
Roedd y Bwdha ei hun, yr un goleuedig, hefyd yn erfyn yn y boreau
The Buddha himself, the enlightened one, also begged in the mornings
Gwelodd Siddhartha ef, ac fe adnabu ef ar unwaith
Siddhartha saw him, and he instantly recognised him
roedd yn ei adnabod fel pe bai Duw wedi ei bwyntio allan
he recognised him as if a God had pointed him out
Gwelodd ef, yn ddyn syml mewn gwisg felen
He saw him, a simple man in a yellow robe
yr oedd yn dwyn yr elusen yn ei law, yn cerdded yn dawel
he was bearing the alms-dish in his hand, walking silently
"Edrychwch yma!" Meddai Siddhartha dawel i Govinda
"Look here!" Siddhartha said quietly to Govinda
"Y Bwdha yw hwn"
"This one is the Buddha"
Yn astud, edrychodd Govinda ar y mynach yn y wisg felen
Attentively, Govinda looked at the monk in the yellow robe
nid oedd y mynach hwn i'w weld yn wahanol mewn unrhyw ffordd i unrhyw un o'r lleill
this monk seemed to be in no way different from any of the others
ond yn fuan, sylweddolodd Govinda hefyd mai dyma'r un
but soon, Govinda also realized that this is the one
A hwy a'i canlynasant ef, ac a'i gwelsant ef
And they followed him and observed him
Aeth y Bwdha ar ei ffordd, yn wylaidd ac yn ddwfn yn ei feddyliau
The Buddha went on his way, modestly and deep in his thoughts
nid oedd ei wyneb tawel na hapus na thrist

his calm face was neither happy nor sad
ei wyneb fel pe bai'n gwenu'n dawel ac yn fewnol
his face seemed to smile quietly and inwardly
roedd ei wên yn gudd, yn dawel ac yn dawel
his smile was hidden, quiet and calm
roedd y ffordd y cerddodd y Bwdha braidd yn debyg i blentyn iach
the way the Buddha walked somewhat resembled a healthy child
cerddodd yn union fel y gwnaeth ei holl fynachod
he walked just as all of his monks did
gosododd ei draed yn ol rheol fanwl
he placed his feet according to a precise rule
ei wyneb a'i gerddediad, ei olwg dawel isel
his face and his walk, his quietly lowered glance
ei law ddistaw ddiangol, bob bys o honi
his quietly dangling hand, every finger of it
yr holl bethau hyn a fynegasant heddwch
all these things expressed peace
yr holl bethau hyn a fynegasant berffeithrwydd
all these things expressed perfection
ni chwiliai, ac ni efelychodd
he did not search, nor did he imitate
anadlodd yn dawel i mewn yn dawel dawel
he softly breathed inwardly an unwhithering calm
disgleiriodd o'r tu allan i oleuni unhithering
he shone outwardly an unwhithering light
yr oedd ganddo am dano heddwch anghyffyrddadwy
he had about him an untouchable peace
adnabu y ddau Samanas ef trwy berffeithrwydd ei dawelwch yn unig
the two Samanas recognised him solely by the perfection of his calm
adnabyddent ef gan dawelwch ei wedd
they recognized him by the quietness of his appearance
y tawelwch yn ei wedd nad oedd dim chwilio ynddo

the quietness in his appearance in which there was no searching
nid oedd awydd, na dynwared
there was no desire, nor imitation
nid oedd ymdrech i'w gweled
there was no effort to be seen
dim ond goleuni a thangnefedd oedd i'w weled yn ei wedd
only light and peace was to be seen in his appearance
"Heddiw, fe glywn ni'r ddysgeidiaeth o'i enau" meddai Govinda
"Today, we'll hear the teachings from his mouth" said Govinda
Ni atebodd Siddhartha
Siddhartha did not answer
Ni theimlai fawr o chwilfrydedd am y ddysgeidiaeth
He felt little curiosity for the teachings
ni chredai y dysgent ddim newydd iddo
he did not believe that they would teach him anything new
roedd wedi clywed cynnwys dysgeidiaeth y Bwdha hwn dro ar ôl tro
he had heard the contents of this Buddha's teachings again and again
ond nid oedd yr adroddiadau hyn ond yn cynrychioli gwybodaeth ail law
but these reports only represented second hand information
Ond edrychodd yn astud ar ben Gotama
But attentively he looked at Gotama's head
ei ysgwyddau, ei draed, ei law ddistaw yn hongian
his shoulders, his feet, his quietly dangling hand
yr oedd fel pe byddai pob bys o'r llaw hon o'r dysgeidiaeth hyn
it was as if every finger of this hand was of these teachings
siaradai ei fysedd am wirionedd
his fingers spoke of truth
anadlodd ei fysedd ac anadlu persawr y gwirionedd
his fingers breathed and exhaled the fragrance of truth

ei fysedd glistened â gwirionedd
his fingers glistened with truth
roedd y Bwdha hwn yn wirionedd hyd at ystum ei fys olaf
this Buddha was truthful down to the gesture of his last finger
Gallai Siddhartha weld bod y dyn hwn yn sanctaidd
Siddhartha could see that this man was holy
Erioed o'r blaen, roedd Siddhartha wedi parchu person cymaint
Never before, Siddhartha had venerated a person so much
nid oedd erioed wedi caru person cymaint a hwn
he had never before loved a person as much as this one
Dilynodd y ddau y Bwdha nes cyrraedd y dref
They both followed the Buddha until they reached the town
ac yna dychwelasant i'w distawrwydd
and then they returned to their silence
yr oeddynt hwy eu hunain yn bwriadu ymatal ar y dydd hwn
they themselves intended to abstain on this day
Gwelsant Gotama yn dychwelyd y bwyd a roddwyd iddo
They saw Gotama returning the food that had been given to him
ni allai hyd yn oed yr hyn a fwytaodd fod wedi bodloni archwaeth aderyn
what he ate could not even have satisfied a bird's appetite
a gwelsant ef yn cilio i gysgod y coed mango
and they saw him retiring into the shade of the mango-trees

gyda'r hwyr roedd y gwres wedi oeri
in the evening the heat had cooled down
dechreuodd pawb yn y gwersyll brysuro ac ymgasglu o gwmpas
everyone in the camp started to bustle about and gathered around
clywsant y Bwdha yn dysgu, a'i lais
they heard the Buddha teaching, and his voice
a'i lais hefyd a berffeithiwyd
and his voice was also perfected

yr oedd ei lais o dawelwch perffaith
his voice was of perfect calmness
yr oedd ei lais yn llawn o hedd
his voice was full of peace
Dysgodd Gotama ddysgeidiaeth dioddefaint
Gotama taught the teachings of suffering
dysgodd am darddiad dioddefaint
he taught of the origin of suffering
dysgodd am y ffordd i leddfu dioddefaint
he taught of the way to relieve suffering
Yn bwyllog ac yn glir llifodd ei araith dawel ymlaen
Calmly and clearly his quiet speech flowed on
Dioddefaint oedd bywyd, a llawn dioddefaint oedd y byd
Suffering was life, and full of suffering was the world
ond yr oedd iachawdwriaeth rhag dyoddefaint wedi ei chael
but salvation from suffering had been found
cafwyd iachawdwriaeth gan yr hwn a fyddai'n cerdded llwybr y Bwdha
salvation was obtained by him who would walk the path of the Buddha
Gyda llais meddal, ond cadarn, siaradodd yr un dyrchafedig
With a soft, yet firm voice the exalted one spoke
dysgodd y pedair prif athrawiaeth
he taught the four main doctrines
efe a ddysgodd y llwybr wythplyg
he taught the eight-fold path
yn amyneddgar yr aeth llwybr arferol y ddysgeidiaeth
patiently he went the usual path of the teachings
yr oedd ei ddysgeidiaeth yn cynnwys yr engreifftiau
his teachings contained the examples
gwnaeth ei ddysgeidiaeth ddefnydd o'r ailadroddiadau
his teaching made use of the repetitions
yn llachar ac yn dawel ei lais yn hofran dros y gwrandawyr
brightly and quietly his voice hovered over the listeners
yr oedd ei lais fel goleuni
his voice was like a light

ei lais oedd fel awyr serennog
his voice was like a starry sky
Pan ddaeth y Bwdha i ben ei araith, camodd llawer o bererinion ymlaen
When the Buddha ended his speech, many pilgrims stepped forward
gofynasant am gael eu derbyn i'r gymuned
they asked to be accepted into the community
ceisiasant nodded yn y ddysgeidiaeth
they sought refuge in the teachings
A Gotama a'u derbyniasant trwy lefaru
And Gotama accepted them by speaking
"Rydych wedi clywed y ddysgeidiaeth yn dda"
"You have heard the teachings well"
"Ymunwch â ni a rhodiwch mewn sancteiddrwydd"
"join us and walk in holiness"
"rhoi terfyn ar bob dioddefaint"
"put an end to all suffering"
Wele, yna Govinda, yr un swil, hefyd yn camu ymlaen ac yn siarad
Behold, then Govinda, the shy one, also stepped forward and spoke
"Yr wyf finnau hefyd yn llochesu yn yr un dyrchafedig a'i ddysgeidiaeth."
"I also take my refuge in the exalted one and his teachings"
a gofynnodd am gael ei dderbyn i gymuned ei ddisgyblion
and he asked to be accepted into the community of his disciples
a derbyniwyd ef i gymmydogaeth dysgyblion Gotama
and he was accepted into the community of Gotama's disciples

roedd y Bwdha wedi ymddeol am y noson
the Buddha had retired for the night
Trodd Govinda at Siddhartha a siarad yn eiddgar
Govinda turned to Siddhartha and spoke eagerly
"Siddhartha, nid fy lle i yw gwarchae arnoch chi"
"Siddhartha, it is not my place to scold you"

"Rydym ni'n dau wedi clywed yr un dyrchafedig"
"We have both heard the exalted one"
"Rydym ni'n dau wedi dirnad y ddysgeidiaeth"
"we have both perceived the teachings"
"Mae Govinda wedi clywed y ddysgeidiaeth"
"Govinda has heard the teachings"
"mae wedi llochesu yn y ddysgeidiaeth"
"he has taken refuge in the teachings"
"Ond, fy ffrind anrhydeddus, rhaid i mi ofyn i chi"
"But, my honoured friend, I must ask you"
" onid ydych chwithau hefyd am rodio llwybr iachawdwriaeth ?"
"don't you also want to walk the path of salvation?"
"A fyddech chi eisiau petruso?"
"Would you want to hesitate?"
"ydych chi eisiau aros mwyach?"
"do you want to wait any longer?"
Deffrodd Siddhartha fel pe bai wedi bod yn cysgu
Siddhartha awakened as if he had been asleep
Am gyfnod hir, edrychodd i mewn i wyneb Govinda
For a long time, he looked into Govinda's face
Yna siaradodd yn dawel, mewn llais heb watwar
Then he spoke quietly, in a voice without mockery
"Govinda, fy ffrind, nawr rydych chi wedi cymryd y cam hwn"
"Govinda, my friend, now you have taken this step"
"Nawr rydych chi wedi dewis y llwybr hwn"
"now you have chosen this path"
"Bob amser, o Govinda, rydych chi wedi bod yn ffrind i mi"
"Always, oh Govinda, you've been my friend"
"Rydych chi bob amser wedi cerdded un cam y tu ôl i mi"
"you've always walked one step behind me"
"Yn aml rydw i wedi meddwl amdanoch chi"
"Often I have thought about you"
"'Ni fydd Govinda am unwaith hefyd yn cymryd cam ar ei ben ei hun'"

"'Won't Govinda for once also take a step by himself'"
"'Oni fydd Govinda yn cymryd cam hebddo i?"
"'won't Govinda take a step without me?'"
"'Oni fydd yn cymryd cam a yrrir gan ei enaid ei hun?'"
"'won't he take a step driven by his own soul?'"
"Wele, nawr rydych chi wedi troi'n ddyn"
"Behold, now you've turned into a man"
"Rydych chi'n dewis eich llwybr i chi'ch hun"
"you are choosing your path for yourself"
"Hoffwn i chi fynd hyd at ei diwedd"
"I wish that you would go it up to its end"
" O fy nghyfaill, yr wyf yn gobeithio y cewch iachawdwriaeth !"
"oh my friend, I hope that you shall find salvation!"
Govinda, ddim yn ei ddeall yn llwyr eto
Govinda, did not completely understand it yet
ailadroddodd ei gwestiwn mewn naws ddiamynedd
he repeated his question in an impatient tone
"Siarad, yr wyf yn erfyn arnoch, fy annwyl!"
"Speak up, I beg you, my dear!"
"Dywedwch wrthyf, gan na allai fod yn unrhyw ffordd arall"
"Tell me, since it could not be any other way"
"oni gymerwch chwi hefyd eich nodded gyda'r Bwdha dyrchafedig?"
"won't you also take your refuge with the exalted Buddha?"
Gosododd Siddhartha ei law ar ysgwydd Govinda
Siddhartha placed his hand on Govinda's shoulder
"Fe fethoch chi glywed fy nymuniad da i chi"
"You failed to hear my good wish for you"
"Rwy'n ailadrodd fy nymuniad i chi"
"I'm repeating my wish for you"
"Hoffwn i chi fynd y llwybr hwn"
"I wish that you would go this path"
"Hoffwn i chi fynd i fyny at ddiwedd y llwybr hwn"
"I wish that you would go up to this path's end"
"Dymunaf y cewch iachawdwriaeth!"

"I wish that you shall find salvation!"
Yn y foment hon, sylweddolodd Govinda fod ei ffrind wedi ei adael
In this moment, Govinda realized that his friend had left him
pan sylweddolodd hyn dechreuodd wylo
when he realized this he started to weep
"Siddhartha!" ebychodd yn alarus
"Siddhartha!" he exclaimed lamentingly
Siddhartha garedig siarad ag ef
Siddhartha kindly spoke to him
"Peidiwch ag anghofio, Govinda, pwy ydych chi"
"don't forget, Govinda, who you are"
"Rydych chi bellach yn un o Samanas y Bwdha"
"you are now one of the Samanas of the Buddha"
"Rydych chi wedi ymwrthod â'ch cartref a'ch rhieni"
"You have renounced your home and your parents"
"rydych wedi ymwrthod â'ch genedigaeth a'ch eiddo"
"you have renounced your birth and possessions"
"Rydych chi wedi ymwrthod â'ch ewyllys rydd"
"you have renounced your free will"
"Rydych chi wedi ymwrthod â phob cyfeillgarwch"
"you have renounced all friendship"
"Dyma sydd ei angen ar y ddysgeidiaeth"
"This is what the teachings require"
"Dyma mae'r un dyrchafedig ei eisiau"
"this is what the exalted one wants"
"Dyma beth oeddech chi ei eisiau i chi'ch hun"
"This is what you wanted for yourself"
"Yfory, o Govinda, gadawaf chi"
"Tomorrow, oh Govinda, I will leave you"
Am amser hir, parhaodd y ffrindiau i gerdded yn yr ardd
For a long time, the friends continued walking in the garden
am amser hir, buont yn gorwedd yno ac ni chawsant unrhyw gwsg
for a long time, they lay there and found no sleep
A drosodd a throsodd, anogodd Govinda ei ffrind

And over and over again, Govinda urged his friend
"pam na fyddech am geisio lloches yn nysgeidiaeth Gotama?"
"why would you not want to seek refuge in Gotama's teachings?"
" pa fai a allech chwi ei ganfod yn y dysgeidiaeth hyn ?"
"what fault could you find in these teachings?"
Ond trodd Siddhartha i ffwrdd oddi wrth ei ffrind
But Siddhartha turned away from his friend
bob tro y dywedodd, "Byddwch yn fodlon, Govinda!"
every time he said, "Be content, Govinda!"
"Da iawn yw dysgeidiaeth yr Un dyrchafedig"
"Very good are the teachings of the exalted one"
" pa fodd y gallwn ganfod bai yn ei ddysgeidiaeth ?"
"how could I find a fault in his teachings?"

roedd hi'n gynnar iawn yn y bore
it was very early in the morning
aeth un o'r mynachod hynaf drwy'r ardd
one of the oldest monks went through the garden
galwodd at y rhai oedd wedi llochesu yn y ddysgeidiaeth
he called to those who had taken their refuge in the teachings
galwodd hwy i'w gwisgo yn y wisg felen
he called them to dress them up in the yellow robe
ac efe a'u cyfarwyddodd yn nysgeidiaeth a dyledswyddau cyntaf eu sefyllfa
and he instruct them in the first teachings and duties of their position
Unwaith eto cofleidiodd Govinda ei ffrind plentyndod
Govinda once again embraced his childhood friend
ac yna efe a adawodd gyda'r nofisiaid
and then he left with the novices
Ond cerddodd Siddhartha drwy'r ardd, ar goll mewn meddwl
But Siddhartha walked through the garden, lost in thought
Yna digwyddodd gwrdd â Gotama, yr un dyrchafedig
Then he happened to meet Gotama, the exalted one

cyfarchodd ef yn barchus
he greeted him with respect
roedd cipolwg y Bwdha yn llawn caredigrwydd a thawelwch
the Buddha's glance was full of kindness and calm
gwysiodd y llanc ei wroldeb
the young man summoned his courage
gofynnodd i'r hybarch un am ganiatâd i siarad ag ef
he asked the venerable one for the permission to talk to him
Yn dawel, amneidiodd yr un dyrchafedig ei gymmeradwyaeth
Silently, the exalted one nodded his approval
Siaradodd Siddhartha, "Ddoe, o ddyrchafwyd un"
Spoke Siddhartha, "Yesterday, oh exalted one"
"Cefais y fraint o glywed eich dysgeidiaeth ryfeddol"
"I had been privileged to hear your wondrous teachings"
"Ynghyd â fy ffrind, roeddwn wedi dod o bell, i glywed eich dysgeidiaeth"
"Together with my friend, I had come from afar, to hear your teachings"
"A nawr mae fy ffrind yn mynd i aros gyda'ch pobl"
"And now my friend is going to stay with your people"
"mae wedi cymryd ei loches gyda chi"
"he has taken his refuge with you"
"Ond fe ddechreuaf eto ar fy mhererindod"
"But I will again start on my pilgrimage"
"Fel y mynnwch," siaradodd yr un hybarch yn gwrtais
"As you please," the venerable one spoke politely
"Rhy beiddgar yw fy araith," parhaodd Siddhartha
"Too bold is my speech," Siddhartha continued
"ond nid wyf am adael y dyrchafedig ar y nodyn hwn"
"but I do not want to leave the exalted on this note"
"Rydw i eisiau rhannu fy meddyliau gonest gyda'r un mwyaf hybarch"
"I want to share with the most venerable one my honest thoughts"
"A yw'n plesio'r hybarch i wrando am eiliad yn hirach?"

"Does it please the venerable one to listen for one moment longer?"
Yn dawel bach, amneidiodd y Bwdha ei gymeradwyaeth
Silently, the Buddha nodded his approval
Siaradodd Siddhartha, "o yr un mwyaf hybarch"
Spoke Siddhartha, "oh most venerable one"
"Mae un peth rydw i wedi'i edmygu yn eich dysgeidiaeth yn bennaf oll"
"there is one thing I have admired in your teachings most of all"
"Mae popeth yn eich dysgeidiaeth yn berffaith glir"
"Everything in your teachings is perfectly clear"
"Mae'r hyn rydych chi'n siarad amdano wedi'i brofi"
"what you speak of is proven"
"Rydych chi'n cyflwyno'r byd fel cadwyn berffaith"
"you are presenting the world as a perfect chain"
"cadwyn na thorrir byth nac unman"
"a chain which is never and nowhere broken"
"cadwyn dragwyddol y mae ei chysylltiadau yn achosion ac effeithiau"
"an eternal chain the links of which are causes and effects"
"Nid yw hyn erioed wedi'i weld mor glir o'r blaen"
"Never before, has this been seen so clearly"
"erioed o'r blaen, a yw hyn wedi'i gyflwyno mor ddiwrthdro"
"never before, has this been presented so irrefutably"
"Yn wir, mae'n rhaid i galon pob Brahman guro'n gryfach gyda chariad"
"truly, the heart of every Brahman has to beat stronger with love"
"mae wedi gweld y byd trwy eich dysgeidiaeth berffaith gysylltiedig"
"he has seen the world through your perfectly connected teachings"
"heb fylchau, yn glir fel grisial"
"without gaps, clear as a crystal"

"ddim yn dibynnu ar siawns, ddim yn dibynnu ar Dduwiau"
"not depending on chance, not depending on Gods"
"mae'n rhaid iddo ei dderbyn boed yn dda neu'n ddrwg"
"he has to accept it whether it may be good or bad"
"mae'n rhaid iddo fyw wrth ei fodd boed yn ddioddefaint neu'n llawenydd"
"he has to live by it whether it would be suffering or joy"
"ond nid wyf am drafod unffurfiaeth y byd"
"but I do not wish to discuss the uniformity of the world"
"Mae'n bosib nad yw hyn yn hanfodol"
"it is possible that this is not essential"
"mae popeth sy'n digwydd yn gysylltiedig"
"everything which happens is connected"
"mae'r pethau mawr a'r bach i gyd wedi'u cwmpasu"
"the great and the small things are all encompassed"
"maen nhw wedi'u cysylltu gan yr un grymoedd amser"
"they are connected by the same forces of time"
"maen nhw wedi'u cysylltu gan yr un gyfraith achosion"
"they are connected by the same law of causes"
"Achosion dod i fodolaeth a marw"
"the causes of coming into being and of dying"
"Dyma sy'n disgleirio'n llachar o'ch dysgeidiaeth ddyrchafedig"
"this is what shines brightly out of your exalted teachings"
"Ond, yn ôl eich dysgeidiaeth eich hun, mae yna fwlch bach"
"But, according to your very own teachings, there is a small gap"
"Mae'r undod hwn a'r dilyniant angenrheidiol hwn o bob peth wedi'i dorri mewn un lle"
"this unity and necessary sequence of all things is broken in one place"
"mae'r byd hwn o undod yn cael ei oresgyn gan rywbeth estron"
"this world of unity is invaded by something alien"
"mae rhywbeth newydd, nad oedd wedi bod yno o'r blaen"

"there is something new, which had not been there before"
"mae rhywbeth na ellir ei ddangos"
"there is something which cannot be demonstrated"
"mae rhywbeth na ellir ei brofi"
"there is something which cannot be proven"
"Dyma'ch dysgeidiaeth am oresgyn y byd"
"these are your teachings of overcoming the world"
"Dyma dy ddysgeidiaeth iachawdwriaeth"
"these are your teachings of salvation"
"Ond gyda'r bwlch bach hwn, mae'r tragwyddol yn torri ar wahân eto"
"But with this small gap, the eternal breaks apart again"
"Gyda'r toriad bach hwn, daw cyfraith y byd yn ddi-rym"
"with this small breach, the law of the world becomes void"
"Maddeuwch i mi am fynegi'r gwrthwynebiad hwn"
"Please forgive me for expressing this objection"
Yn dawel bach, roedd Gotama wedi gwrando arno, heb symud
Quietly, Gotama had listened to him, unmoved
Yn awr yr oedd yn siarad, yr un perffeithiedig, â'i lais clir caredig a boneddigaidd
Now he spoke, the perfected one, with his kind and polite clear voice
"Rydych chi wedi clywed y ddysgeidiaeth, o fab Brahman"
"You've heard the teachings, oh son of a Brahman"
"a da i chi eich bod chi wedi meddwl mor ddwfn â hyn"
"and good for you that you've thought about it this deeply"
"Rydych chi wedi dod o hyd i fwlch yn fy nysgeidiaeth, gwall"
"You've found a gap in my teachings, an error"
"Dylech feddwl am hyn ymhellach"
"You should think about this further"
"Ond rhybuddier chwi, chwiliwr gwybodaeth, rhag y drysni barn"
"But be warned, oh seeker of knowledge, of the thicket of opinions"

"cael eich rhybuddio rhag dadlau am eiriau"
"be warned of arguing about words"
"Does dim byd i farn"
"There is nothing to opinions"
"Efallai eu bod yn hardd neu'n hyll"
"they may be beautiful or ugly"
"gall barn fod yn graff neu'n ffôl"
"opinions may be smart or foolish"
"gall pawb gefnogi barn, neu eu taflu"
"everyone can support opinions, or discard them"
"Ond nid yw'r ddysgeidiaeth, rydych chi wedi'i chlywed gennyf i, yn farn"
"But the teachings, you've heard from me, are no opinion"
"Nid esbonio'r byd i'r rhai sy'n ceisio gwybodaeth yw eu nod"
"their goal is not to explain the world to those who seek knowledge"
"Mae ganddyn nhw nod gwahanol"
"They have a different goal"
"Eu nod yw iachawdwriaeth rhag dioddefaint"
"their goal is salvation from suffering"
"Dyma mae Gotama yn ei ddysgu, dim byd arall"
"This is what Gotama teaches, nothing else"
" Dymunaf i chwi, o un dyrchafedig, beidio digio wrthyf" meddai y dyn ieuanc
"I wish that you, oh exalted one, would not be angry with me" said the young man
"Nid wyf wedi siarad â chi fel hyn i ddadlau â chi"
"I have not spoken to you like this to argue with you"
"Dydw i ddim eisiau dadlau am eiriau"
"I do not wish to argue about words"
"Rydych chi'n llygad eich lle, does fawr ddim i farn"
"You are truly right, there is little to opinions"
"Ond gadewch i mi ddweud un peth arall"
"But let me say one more thing"
"Dydw i ddim wedi amau ynoch chi am eiliad sengl"

"I have not doubted in you for a single moment"
"Dydw i ddim wedi amau am eiliad mai Bwdha ydych chi"
"I have not doubted for a single moment that you are Buddha"
"Dydw i ddim wedi amau eich bod chi wedi cyrraedd y nod uchaf"
"I have not doubted that you have reached the highest goal"
"y gôl uchaf y mae cymaint o Brahmans ar eu ffordd tuag ato"
"the highest goal towards which so many Brahmans are on their way"
"Cawsoch iachawdwriaeth rhag angau"
"You have found salvation from death"
"Mae wedi dod atoch chi yn ystod eich chwiliad eich hun"
"It has come to you in the course of your own search"
"Mae wedi dod atoch chi ar eich llwybr eich hun"
"it has come to you on your own path"
"Mae wedi dod atoch chi trwy feddyliau a myfyrdod"
"it has come to you through thoughts and meditation"
"Mae wedi dod atoch chi trwy sylweddoliadau a goleuedigaeth"
"it has come to you through realizations and enlightenment"
" ond nid trwy ddysgeidiaeth y daeth i chwi !"
"but it has not come to you by means of teachings!"
"A dyma fy meddwl"
"And this is my thought"
" ni chaiff neb iachawdwriaeth trwy ddysgeidiaeth !"
"nobody will obtain salvation by means of teachings!"
"Ni fyddwch yn gallu cyfleu eich awr o oleuedigaeth"
"You will not be able to convey your hour of enlightenment"
"Fydd geiriau o'r hyn sydd wedi digwydd i chi ddim yn cyfleu'r foment!"
"words of what has happened to you won't convey the moment!"
"Mae dysgeidiaeth y Bwdha goleuedig yn cynnwys llawer"
"The teachings of the enlightened Buddha contain much"
"Mae'n dysgu llawer i fyw yn gyfiawn"

"it teaches many to live righteously"
"Mae'n dysgu llawer i osgoi drwg"
"it teaches many to avoid evil"
"Ond y mae un peth nad yw'r ddysgeidiaeth hon yn ei gynnwys"
"But there is one thing which these teachings do not contain"
"maen nhw'n glir ac yn hybarch, ond mae'r ddysgeidiaeth yn colli rhywbeth"
"they are clear and venerable, but the teachings miss something"
"Nid yw'r ddysgeidiaeth yn cynnwys y dirgelwch"
"the teachings do not contain the mystery"
"dirgelwch yr hyn y mae'r dyrchafedig wedi'i brofi drosto'i hun"
"the mystery of what the exalted one has experienced for himself"
"ymysg cannoedd o filoedd, dim ond fe'i profodd"
"among hundreds of thousands, only he experienced it"
"Dyma beth rydw i wedi'i feddwl a'i sylweddoli, pan glywais y ddysgeidiaeth"
"This is what I have thought and realized, when I heard the teachings"
"Dyma pam rydw i'n parhau â'm teithiau"
"This is why I am continuing my travels"
"Dyma pam nad ydw i'n ceisio dysgeidiaeth well arall"
"this is why I do not to seek other, better teachings"
"Rwy'n gwybod nad oes gwell dysgeidiaeth"
"I know there are no better teachings"
"Rwy'n gadael i wyro oddi wrth bob dysgeidiaeth a phob athro"
"I leave to depart from all teachings and all teachers"
"Rwy'n gadael i gyrraedd fy nod ar fy mhen fy hun, neu i farw"
"I leave to reach my goal by myself, or to die"
"Ond yn aml, byddaf yn meddwl am y diwrnod hwn, o un dyrchafedig"

"But often, I'll think of this day, oh exalted one"
"a meddyliaf am yr awr hon, pan welodd fy llygaid ddyn sanctaidd"
"and I'll think of this hour, when my eyes beheld a holy man"
Edrychodd llygaid y Bwdha i'r llawr yn dawel
The Buddha's eyes quietly looked to the ground
yn dawel, mewn perffaith cyfartalrwydd, ei wyneb inscrutable oedd yn gwenu
quietly, in perfect equanimity, his inscrutable face was smiling
siaradodd yr hybarch un yn araf
the venerable one spoke slowly
"Dymunaf na fydd eich meddyliau mewn camgymeriad"
"I wish that your thoughts shall not be in error"
"Dymunaf ichi gyrraedd y nod!"
"I wish that you shall reach the goal!"
"Ond mae yna rywbeth dwi'n gofyn i chi ei ddweud wrthyf"
"But there is something I ask you to tell me"
" A welaist ti dyrfa fy Samanas ?"
"Have you seen the multitude of my Samanas?"
"maent wedi llochesu yn y ddysgeidiaeth"
"they have taken refuge in the teachings"
"A ydych yn credu y byddai'n well iddynt gefnu ar y ddysgeidiaeth?"
"do you believe it would be better for them to abandon the teachings?"
"a ddylent ddychwelyd i fyd y chwantau?"
"should they to return into the world of desires?"
"Pell yw meddwl o'r fath o fy meddwl" ebychodd Siddhartha
"Far is such a thought from my mind" exclaimed Siddhartha
"Dymunaf iddynt oll aros gyda'r ddysgeidiaeth"
"I wish that they shall all stay with the teachings"
"Dymunaf iddynt gyrraedd eu nod!"
"I wish that they shall reach their goal!"
"Nid fy lle i yw barnu bywyd person arall"
"It is not my place to judge another person's life"

"Ni allaf ond barnu fy mywyd fy hun"
"I can only judge my own life "
"Rhaid i mi benderfynu, rhaid i mi ddewis, rhaid i mi wrthod"
"I must decide, I must chose, I must refuse"
"Iachawdwriaeth o'r hunan yw'r hyn yr ydym Samanas yn chwilio amdano"
"Salvation from the self is what we Samanas search for"
"O ddyrchafu un, pe bawn i'n un o'ch disgyblion yn unig"
"oh exalted one, if only I were one of your disciples"
"Byddwn i'n ofni y gallai ddigwydd i mi"
"I'd fear that it might happen to me"
"dim ond yn ôl pob golwg, y byddai fy hunan yn dawel ac yn cael ei adbrynu"
"only seemingly, would my self be calm and be redeemed"
"Ond mewn gwirionedd byddai'n byw ac yn tyfu"
"but in truth it would live on and grow"
"Oherwydd wedyn byddwn yn disodli fy hunan gyda'r ddysgeidiaeth"
"because then I would replace my self with the teachings"
"fy hunan fyddai fy nyletswydd i'ch dilyn chi"
"my self would be my duty to follow you"
"Fy hunan fyddai fy nghariad tuag atoch chi"
"my self would be my love for you"
"a fy hunan fyddai cymuned y mynachod!"
"and my self would be the community of the monks!"
Gyda hanner gwên edrychodd Gotama i mewn i lygaid y dieithryn
With half of a smile Gotama looked into the stranger's eyes
yr oedd ei lygaid yn ddiwyro yn agored a charedig
his eyes were unwaveringly open and kind
efe a geisiai iddo ymadael ag ystum prin amlwg
he bid him to leave with a hardly noticeable gesture
" Doeth wyt ti, o Samana" llefarodd yr hybarch
"You are wise, oh Samana" the venerable one spoke
"Rydych chi'n gwybod sut i siarad yn ddoeth, fy ffrind"

"You know how to talk wisely, my friend"
"Byddwch yn ymwybodol o ormod o ddoethineb!"
"Be aware of too much wisdom!"
Trodd y Bwdha i ffwrdd
The Buddha turned away
Ni fyddai Siddhartha byth yn anghofio ei gip
Siddhartha would never forget his glance
arhosodd ei hanner gwên wedi'i hysgythru am byth yng nghof Siddhartha
his half smile remained forever etched in Siddhartha's memory
Siddhartha meddwl i ei hun
Siddhartha thought to himself
"Dydw i erioed wedi gweld person yn edrych ac yn gwenu fel hyn"
"I have never before seen a person glance and smile this way"
"Does neb arall yn eistedd ac yn cerdded fel mae'n ei wneud"
"no one else sits and walks like he does"
"Yn wir, hoffwn allu cipolwg a gwenu fel hyn"
"truly, I wish to be able to glance and smile this way"
"Hoffwn allu eistedd a cherdded y ffordd hon hefyd"
"I wish to be able to sit and walk this way, too"
"rhyddhau, hybarch, cudd, agored, plentynnaidd a dirgel"
"liberated, venerable, concealed, open, childlike and mysterious"
"mae'n rhaid ei fod wedi llwyddo i gyrraedd y rhan fwyaf mewnol ohono'i hun"
"he must have succeeded in reaching the innermost part of his self"
"dim ond wedyn y gall rhywun gael cipolwg a cherdded fel hyn"
"only then can someone glance and walk this way"
"Byddaf hefyd yn ceisio cyrraedd y rhan fwyaf mewnol o fy hunan"
"I will also seek to reach the innermost part of my self"

"Gwelais ddyn" meddwl Siddhartha
"I saw a man" Siddhartha thought
"dyn sengl, cyn y byddai'n rhaid i mi ostwng fy ngolwg"
"a single man, before whom I would have to lower my glance"
"Dydw i ddim eisiau lleihau fy ngolwg cyn neb arall"
"I do not want to lower my glance before anyone else"
"Ni fydd unrhyw ddysgeidiaeth yn fy hudo mwyach"
"No teachings will entice me more anymore"
"Am nad yw dysgeidiaeth y dyn hwn wedi fy hudo"
"because this man's teachings have not enticed me"
"Rwy'n cael fy amddifadu gan y Bwdha" meddyliodd Siddhartha
"I am deprived by the Buddha" thought Siddhartha
"Rwy'n ddifreintiedig, er ei fod wedi rhoi cymaint"
"I am deprived, although he has given so much"
"Mae wedi fy amddifadu o fy ffrind"
"he has deprived me of my friend"
"Fy ffrind a oedd wedi credu ynof"
"my friend who had believed in me"
"Fy ffrind sydd nawr yn credu ynddo"
"my friend who now believes in him"
"Fy ffrind a fu'n gysgod i mi"
"my friend who had been my shadow"
"ac yn awr ef yw cysgod Gotama"
"and now he is Gotama's shadow"
"ond mae wedi rhoi Siddhartha i mi"
"but he has given me Siddhartha"
"mae wedi rhoi i mi fy hun"
"he has given me myself"

Deffro
Awakening

Gadawodd Siddhartha y llwyn mango ar ei ôl
Siddhartha left the mango grove behind him
ond teimlai ei fywyd blaenorol hefyd yn aros ar ei ol
but he felt his past life also stayed behind
arhosodd y Bwdha, yr un perffaith, ar ei hôl hi
the Buddha, the perfected one, stayed behind
ac arhosodd Govinda ar ôl hefyd
and Govinda stayed behind too
ac yr oedd ei fywyd blaenorol wedi ymwahanu oddi wrtho
and his past life had parted from him
meddyliodd fel yr oedd yn cerdded yn araf
he pondered as he was walking slowly
meddyliodd am y synwyr hwn, yr hyn a'i llanwodd yn llwyr
he pondered about this sensation, which filled him completely
Myfyriai'n ddwfn, fel plymio i ddŵr dwfn
He pondered deeply, like diving into a deep water
gollyngodd ei hun i lawr i'r ddaear y synwyr
he let himself sink down to the ground of the sensation
gollyngodd ei hun i lawr i'r fan y gorwedd yr achosion
he let himself sink down to the place where the causes lie
adnabod yr achosion yw hanfod meddwl
to identify the causes is the very essence of thinking
fel hyn yr ymddangosai iddo
this was how it seemed to him
a thrwy hyn yn unig, y mae synwyr yn troi yn sylweddoliadau
and by this alone, sensations turn into realizations
ac nid yw y synwyrau hyn yn cael eu colli
and these sensations are not lost
ond y synwyr yn dyfod yn endidau
but the sensations become entities
ac y mae y synwyrau yn dechreu gollwng allan yr hyn sydd y tu fewn iddynt
and the sensations start to emit what is inside of them

dangosant eu gwirioneddau fel pelydrau goleuni
they show their truths like rays of light
Wrth gerdded yn araf, meddyliodd Siddhartha
Slowly walking along, Siddhartha pondered
Sylweddolodd nad oedd yn ifanc mwyach
He realized that he was no youth any more
sylweddolodd ei fod wedi troi yn ddyn
he realized that he had turned into a man
Sylweddolodd fod rhywbeth wedi ei adael
He realized that something had left him
yr un modd y gadewir neidr wrth ei hen groen
the same way a snake is left by its old skin
nid oedd yr hyn oedd ganddo ar hyd ei ieuenctyd yn bod ynddo mwyach
what he had throughout his youth no longer existed in him
arferai fod yn rhan o hono ; y dymuniad i gael athrawon
it used to be a part of him; the wish to have teachers
y dymuniad i wrando ar ddysgeidiaeth
the wish to listen to teachings
Roedd hefyd wedi gadael yr athro olaf oedd wedi ymddangos ar ei lwybr
He had also left the last teacher who had appeared on his path
yr oedd hyd yn oed wedi gadael yr athraw uchaf a doethaf
he had even left the highest and wisest teacher
yr oedd wedi gadael yr un sancteiddiolaf, Bwdha
he had left the most holy one, Buddha
bu raid iddo ymranu ag ef, heb allu derbyn ei ddysgeidiaeth
he had to part with him, unable to accept his teachings
Yn arafach, cerddodd ymlaen yn ei feddyliau
Slower, he walked along in his thoughts
a gofynodd iddo ei hun, "Ond beth yw hyn?"
and he asked himself, "But what is this?"
"Beth ydych chi wedi ceisio ei ddysgu oddi wrth ddysgeidiaeth a chan athrawon?"
"what have you sought to learn from teachings and from teachers?"

" **a pha beth oeddynt, y rhai sydd wedi dysgu cymaint i chwi ?**"
"and what were they, who have taught you so much?"
"**beth ydyn nhw os nad ydyn nhw wedi gallu dysgu i chi?**"
"what are they if they have been unable to teach you?"
A chanfu, "Yr hunan ydoedd"
And he found, "It was the self"
"**Dyma'r pwrpas a'r hanfod y ceisiais ei ddysgu**"
"it was the purpose and essence of which I sought to learn"
"**Dyma'r hunan roeddwn i eisiau rhyddhau fy hun ohoni**"
"It was the self I wanted to free myself from"
"**yr hunan y ceisiais ei orchfygu**"
"the self which I sought to overcome"
"**Ond doeddwn i ddim yn gallu ei oresgyn**"
"But I was not able to overcome it"
"**Ni allwn ond ei dwyllo**"
"I could only deceive it"
"**Ni allwn ond ffoi oddi wrtho**"
"I could only flee from it"
"**Gallwn i ddim ond cuddio oddi wrtho**"
"I could only hide from it"
"**Yn wir, nid oes unrhyw beth yn y byd hwn wedi cadw fy meddyliau mor brysur**"
"Truly, no thing in this world has kept my thoughts so busy"
"**Rwyf wedi cael fy nghadw'n brysur gan y dirgelwch fy mod yn fyw**"
"I have been kept busy by the mystery of me being alive"
"**dirgelwch fy mod yn un**"
"the mystery of me being one"
"**y dirgelwch os cael eich gwahanu a'ch ynysu oddi wrth bawb arall**"
"the mystery if being separated and isolated from all others"
"**y dirgelwch i mi fod yn Siddhartha!**"
"the mystery of me being Siddhartha!"
"**A does dim byd yn y byd hwn dwi'n gwybod llai amdano**"
"And there is no thing in this world I know less about"

roedd wedi bod yn myfyrio wrth gerdded yn araf
he had been pondering while slowly walking along
stopiodd wrth i'r meddyliau hyn ddal gafael ynddo
he stopped as these thoughts caught hold of him
ac ar unwaith cododd meddwl arall allan o'r meddyliau hyn
and right away another thought sprang forth from these thoughts
"Mae yna un rheswm pam dwi'n gwybod dim byd amdanaf fy hun"
"there's one reason why I know nothing about myself"
"mae yna un rheswm pam mae Siddhartha wedi aros yn ddieithr i mi"
"there's one reason why Siddhartha has remained alien to me"
"Mae hyn i gyd yn deillio o un achos"
"all of this stems from one cause"
"Roeddwn i'n ofni fy hun, ac roeddwn i'n ffoi"
"I was afraid of myself, and I was fleeing"
"Rwyf wedi chwilio am Atman a Brahman"
"I have searched for both Atman and Brahman"
"am hyn roeddwn i'n fodlon dyrannu fy hunan"
"for this I was willing to dissect my self"
"ac roeddwn i'n fodlon plicio ei holl haenau"
"and I was willing to peel off all of its layers"
"Roeddwn i eisiau dod o hyd i graidd pob croen yn ei du mewn anhysbys"
"I wanted to find the core of all peels in its unknown interior"
"yr Atman, bywyd, y rhan ddwyfol, y rhan eithaf"
"the Atman, life, the divine part, the ultimate part"
"Ond rydw i wedi colli fy hun yn y broses"
"But I have lost myself in the process"
Siddhartha agor ei lygaid ac edrych o gwmpas
Siddhartha opened his eyes and looked around
wrth edrych o gwmpas, roedd gwên yn llenwi ei wyneb
looking around, a smile filled his face
llifai teimlad o ddeffroad o freuddwydion maith trwyddo
a feeling of awakening from long dreams flowed through him

llifai y teimlad o'i ben i lawr at flaenau ei draed
the feeling flowed from his head down to his toes
Ac nid hir y bu cyn iddo gerdded drachefn
And it was not long before he walked again
cerddodd yn gyflym, fel dyn sy'n gwybod beth sydd ganddo i'w wneud
he walked quickly, like a man who knows what he has got to do
"Nawr ni fyddaf yn gadael i Siddhartha ddianc oddi wrthyf eto!"
"now I will not let Siddhartha escape from me again!"
"Dydw i ddim eisiau dechrau fy meddyliau a fy mywyd gydag Atman mwyach"
"I no longer want to begin my thoughts and my life with Atman"
"Nid wyf ychwaith am ddechrau fy meddyliau gyda dioddefaint y byd"
"nor do I want to begin my thoughts with the suffering of the world"
"Dydw i ddim eisiau lladd a dyrannu fy hun mwyach"
"I do not want to kill and dissect myself any longer"
"Ni fydd Yoga-Veda yn fy nysgu mwyach"
"Yoga-Veda shall not teach me anymore"
"nac Atharva-Veda, na'r asgetigiaid"
"nor Atharva-Veda, nor the ascetics"
"Ni fydd unrhyw fath o ddysgeidiaeth"
"there will not be any kind of teachings"
"Rwyf eisiau dysgu oddi wrthyf fy hun a bod yn fyfyriwr i mi"
"I want to learn from myself and be my student"
"Rwyf am ddod i adnabod fy hun; cyfrinach Siddhartha"
"I want to get to know myself; the secret of Siddhartha"

Edrychodd o gwmpas, fel pe bai'n gweld y byd am y tro cyntaf
He looked around, as if he was seeing the world for the first time

Hardd a lliwgar oedd y byd
Beautiful and colourful was the world
rhyfedd a dirgel oedd y byd
strange and mysterious was the world
Yma roedd glas, roedd melyn, dyma oedd gwyrdd
Here was blue, there was yellow, here was green
llifodd yr awyr a'r afon
the sky and the river flowed
yr oedd y goedwig a'r mynyddoedd yn anhyblyg
the forest and the mountains were rigid
roedd y byd i gyd yn brydferth
all of the world was beautiful
roedd y cyfan yn ddirgel a hudolus
all of it was mysterious and magical
ac yn ei chanol yr oedd efe, Siddhartha, yr un deffroad
and in its midst was he, Siddhartha, the awakening one
ac yr oedd ar y llwybr iddo ei hun
and he was on the path to himself
aeth yr holl felyn a glas hwn ac afon a choedwig i mewn i Siddhartha
all this yellow and blue and river and forest entered Siddhartha
am y tro cyntaf aeth i mewn trwy'r llygaid
for the first time it entered through the eyes
nid oedd yn swyn o Mara mwyach
it was no longer a spell of Mara
nid gorchudd Maya ydoedd mwyach
it was no longer the veil of Maya
nid oedd bellach yn ddibwrpas a chyd-ddigwyddiad
it was no longer a pointless and coincidental
nid amrywiaeth o ymddangosiadau yn unig oedd pethau
things were not just a diversity of mere appearances
ymddangosiadau dirmygus i'r Brahman meddwl dwfn
appearances despicable to the deeply thinking Brahman
y meddwl Brahman yn gwatwar amrywiaeth, ac yn ceisio undod

the thinking Brahman scorns diversity, and seeks unity
Glas yn las ac afon yn afon
Blue was blue and river was river
roedd yr unigol a dwyfol yn byw yn gudd yn Siddhartha
the singular and divine lived hidden in Siddhartha
ffordd a phwrpas diwinyddiaeth oedd bod yn felyn yma, ac yn las yno
divinity's way and purpose was to be yellow here, and blue there
yno awyr, mae coedwig, ac yma Siddhartha
there sky, there forest, and here Siddhartha
Nid oedd y pwrpas a'r priodweddau hanfodol rhywle y tu ôl i'r pethau
The purpose and essential properties was not somewhere behind the things
roedd pwrpas a phriodweddau hanfodol y tu mewn i bopeth
the purpose and essential properties was inside of everything
"Pa mor fyddar a dwp ydw i wedi bod!" meddyliodd
"How deaf and stupid have I been!" he thought
a cherddodd ar ei hyd yn gyflym
and he walked swiftly along
"Pan fydd rhywun yn darllen testun ni fydd yn dirmygu'r symbolau a'r llythrennau"
"When someone reads a text he will not scorn the symbols and letters"
"ni fydd yn galw'r symbolau yn dwyll neu'n gyd-ddigwyddiadau"
"he will not call the symbols deceptions or coincidences"
"ond darllena efe hwynt fel yr ysgrifenwyd hwynt"
"but he will read them as they were written"
"bydd yn eu hastudio a'u caru, llythyren wrth lythyr"
"he will study and love them, letter by letter"
"Roeddwn i eisiau darllen llyfr y byd a gwawdio'r llythyrau"
"I wanted to read the book of the world and scorned the letters"

"Roeddwn i eisiau darllen y llyfr fy hun a gwawdio'r symbolau"
"I wanted to read the book of myself and scorned the symbols"
"Gelwais fy llygaid a'm tafod yn gyd-ddigwyddiad"
"I called my eyes and my tongue coincidental"
"Dywedais eu bod yn ffurfiau diwerth heb sylwedd"
"I said they were worthless forms without substance"
"Na, mae hyn drosodd, rydw i wedi deffro"
"No, this is over, I have awakened"
"Rwyf yn wir wedi deffro"
"I have indeed awakened"
"Doeddwn i ddim wedi cael fy ngeni cyn y diwrnod hwn"
"I had not been born before this very day"
Wrth feddwl y meddyliau hyn, stopiodd Siddhartha yn sydyn unwaith eto
In thinking these thoughts, Siddhartha suddenly stopped once again
stopiodd fel pe bai neidr yn gorwedd o'i flaen
he stopped as if there was a snake lying in front of him
yn sydyn, roedd hefyd wedi dod yn ymwybodol o rywbeth arall
suddenly, he had also become aware of something else
Roedd yn wir fel rhywun oedd newydd ddeffro
He was indeed like someone who had just woken up
roedd fel babi newydd-anedig yn dechrau bywyd o'r newydd
he was like a new-born baby starting life anew
a bu raid iddo ddechreu eto yn y dechreu
and he had to start again at the very beginning
yn y boreu yr oedd ganddo fwriadau tra gwahanol
in the morning he had had very different intentions
yr oedd wedi meddwl dychwelyd i'w gartref a'i dad
he had thought to return to his home and his father
Ond nawr stopiodd fel pe bai neidr yn gorwedd ar ei llwybr
But now he stopped as if a snake was lying on his path
gwnaeth sylweddoli pa le yr oedd

he made a realization of where he was
"Nid fi yw'r un oeddwn i bellach"
"I am no longer the one I was"
"Dydw i ddim yn asgetig bellach"
"I am no ascetic anymore"
"Dydw i ddim yn offeiriad bellach"
"I am not a priest anymore"
"Dydw i ddim yn Brahman bellach"
"I am no Brahman anymore"
"Beth bynnag ddylwn i ei wneud yn lle fy nhad?"
"Whatever should I do at my father's place?"
"Astudio? Gwneud offrymau? Ymarfer myfyrdod?"
"Study? Make offerings? Practise meditation?"
"Ond mae hyn i gyd drosodd i mi"
"But all this is over for me"
"Nid yw hyn i gyd ar fy llwybr bellach"
"all of this is no longer on my path"
Yn ddisymud, arhosodd Siddhartha yn sefyll yno
Motionless, Siddhartha remained standing there
ac am un eiliad ac anadl, teimlai ei galon yn oer
and for the time of one moment and breath, his heart felt cold
teimlai oerfelgarwch yn ei frest
he felt a coldness in his chest
yr un teimlad mae anifail bach yn ei deimlo wrth weld pa mor unig ydyw
the same feeling a small animal feels when it sees how alone it is
Am flynyddoedd lawer, roedd wedi bod heb gartref ac wedi teimlo dim
For many years, he had been without home and had felt nothing
Nawr, roedd yn teimlo ei fod wedi bod heb gartref
Now, he felt he had been without a home
Er hynny, hyd yn oed yn y myfyrdod dyfnaf, roedd wedi bod yn fab i'w dad

Still, even in the deepest meditation, he had been his father's son
yr oedd wedi bod yn Brahman, o gast uchel
he had been a Brahman, of a high caste
yr oedd wedi bod yn glerig
he had been a cleric
Nawr, nid oedd yn ddim byd ond Siddhartha, yr un deffro
Now, he was nothing but Siddhartha, the awoken one
doedd dim byd arall ar ôl ohono
nothing else was left of him
Yn ddwfn, fe anadlu a theimlo'n oer
Deeply, he inhaled and felt cold
rhedodd cryndod trwy ei gorff
a shiver ran through his body
Nid oedd neb mor unig ag yntau
Nobody was as alone as he was
Nid oedd un uchelwr na pherthynai i'r uchelwyr
There was no nobleman who did not belong to the noblemen
nid oedd un gweithiwr nad oedd yn perthyn i'r gweithwyr
there was no worker that did not belong to the workers
cawsant oll loches yn eu plith eu hunain
they had all found refuge among themselves
roedden nhw'n rhannu eu bywydau ac yn siarad eu hieithoedd
they shared their lives and spoke their languages
nid oes unrhyw Brahman na fyddai'n cael ei ystyried yn Brahmans
there are no Brahman who would not be regarded as Brahmans
ac nid oes yr un Brahmans nad oedd yn byw fel Brahmans
and there are no Brahmans that didn't live as Brahmans
nid oes unrhyw asgetig na allai ddod o hyd i loches gyda'r Samanas
there are no ascetic who could not find refuge with the Samanas

ac nid oedd hyd yn oed y meudwy mwyaf truenus yn y goedwig ar ei ben ei hun
and even the most forlorn hermit in the forest was not alone
amgylchynid ef hefyd gan le y perthynai iddo
he was also surrounded by a place he belonged to
perthynai hefyd i gast yr oedd gartref ynddo
he also belonged to a caste in which he was at home
Roedd Govinda wedi ei adael a dod yn fynach
Govinda had left him and became a monk
a mil o fynachod oedd ei frodyr
and a thousand monks were his brothers
gwisgasant yr un wisg ag ef
they wore the same robe as him
credent yn ei ffydd a siarad ei iaith
they believed in his faith and spoke his language
Ond efe, Siddhartha, i ba le y perthynai ?
But he, Siddhartha, where did he belong to?
Gyda phwy y byddai'n rhannu ei fywyd?
With whom would he share his life?
Iaith pwy fyddai'n siarad?
Whose language would he speak?
toddodd y byd o'i amgylch
the world melted away all around him
safai ar ei ben ei hun fel seren yn yr awyr
he stood alone like a star in the sky
roedd oerni ac anobaith yn ei amgylchynu
cold and despair surrounded him
ond Siddhartha i'r amlwg allan o hyn o bryd
but Siddhartha emerged out of this moment
Daeth Siddhartha i'r amlwg yn fwy ei wir hunan nag o'r blaen
Siddhartha emerged more his true self than before
yr oedd yn grynedig yn gadarnach nag y bu erioed
he was more firmly concentrated than he had ever been
Teimlai; "Hwn oedd cryndod olaf y deffroad"
He felt; "this had been the last tremor of the awakening"

"brwydr olaf yr enedigaeth hon"
"the last struggle of this birth"
Ac nid hir y bu nes iddo gerdded eto mewn camau hir
And it was not long until he walked again in long strides
dechreuodd symud ymlaen yn gyflym ac yn ddiamynedd
he started to proceed swiftly and impatiently
nid oedd yn mynd adref mwyach
he was no longer going home
nid oedd yn mynd at ei dad mwyach
he was no longer going to his father

Rhan Dau
Part Two

***

Kamala

Dysgodd Siddhartha rywbeth newydd ar bob cam o'i lwybr
Siddhartha learned something new on every step of his path
oherwydd trawsffurfiwyd y byd a swynwyd ei galon
because the world was transformed and his heart was enchanted
Gwelodd yr haul yn codi dros y mynyddoedd
He saw the sun rising over the mountains
a gwelodd yr haul yn machlud dros y traeth pell
and he saw the sun setting over the distant beach
Yn y nos, gwelodd y sêr yn yr awyr yn eu safleoedd sefydlog
At night, he saw the stars in the sky in their fixed positions
a gwelodd gilgant y lleuad yn arnofio fel cwch yn y glas
and he saw the crescent of the moon floating like a boat in the blue
Gwelodd goed, sêr, anifeiliaid, a chymylau
He saw trees, stars, animals, and clouds
enfys, creigiau, perlysiau, blodau, nentydd ac afonydd
rainbows, rocks, herbs, flowers, streams and rivers
gwelodd y gwlith disglair yn y llwyni yn y bore
he saw the glistening dew in the bushes in the morning
gwelodd fynyddoedd uchel pell yn las
he saw distant high mountains which were blue
chwythodd gwynt trwy'r cae reis
wind blew through the rice-field
yr oedd hyn oll, filwaith a lliwgar, wedi bod yno erioed
all of this, a thousand-fold and colourful, had always been there
roedd yr haul a'r lleuad bob amser wedi tywynnu
the sun and the moon had always shone

roedd afonydd bob amser wedi rhuo a gwenyn bob amser wedi fwrlwm
rivers had always roared and bees had always buzzed
ond yn yr amser gynt yr oedd hyn oll wedi bod yn orchudd dwyllodrus
but in former times all of this had been a deceptive veil
iddo ef nid oedd wedi bod yn ddim mwy na fleeting
to him it had been nothing more than fleeting
roedd i fod i gael ei edrych arno mewn diffyg ymddiriedaeth
it was supposed to be looked upon in distrust
tynghedwyd i gael ei dreiddio a'i ddinistrio gan feddwl
it was destined to be penetrated and destroyed by thought
gan nad dyna oedd hanfod bodolaeth
since it was not the essence of existence
gan fod yr hanfod hwn yn gorwedd y tu hwnt, ar yr ochr arall, i'r gweledig
since this essence lay beyond, on the other side of, the visible
Ond yn awr, yr oedd ei lygaid rhyddion yn aros yr ochr hon
But now, his liberated eyes stayed on this side
gwelodd a daeth yn ymwybodol o'r gweladwy
he saw and became aware of the visible
ceisiodd fod gartref yn y byd hwn
he sought to be at home in this world
ni chwiliai am y gwir hanfod
he did not search for the true essence
nid oedd yn anelu at fyd y tu hwnt
he did not aim at a world beyond
yr oedd y byd hwn yn ddigon prydferth iddo
this world was beautiful enough for him
roedd edrych arno fel hyn yn gwneud popeth yn blentynnaidd
looking at it like this made everything childlike
Hardd oedd y lleuad a'r ser
Beautiful were the moon and the stars
hardd oedd y nant a'r glannau
beautiful was the stream and the banks

y goedwig a'r creigiau, yr afr a'r chwilen aur
the forest and the rocks, the goat and the gold-beetle
y blodyn a'r glöyn byw; hardd a hyfryd ydoedd
the flower and the butterfly; beautiful and lovely it was
roedd cerdded trwy'r byd yn blentynnaidd eto
to walk through the world was childlike again
fel hyn y deffrowyd ef
this way he was awoken
fel hyn yr oedd yn agored i'r hyn sydd yn agos
this way he was open to what is near
fel hyn yr oedd heb ddrwgdybiaeth
this way he was without distrust
yn wahanol llosgodd yr haul y pen
differently the sun burnt the head
yn wahanol y cysgod y goedwig oeri ef i lawr
differently the shade of the forest cooled him down
yn wahanol blasodd y bwmpen a'r banana
differently the pumpkin and the banana tasted
Byr oedd y dyddiau, byr oedd y nosweithiau
Short were the days, short were the nights
rhed pob awr yn gyflym i ffwrdd fel hwylio ar y môr
every hour sped swiftly away like a sail on the sea
a than yr hwyl yr oedd llong yn llawn o drysorau, yn llawn llawenydd
and under the sail was a ship full of treasures, full of joy
Gwelodd Siddhartha grŵp o epaod yn symud trwy'r canopi uchel
Siddhartha saw a group of apes moving through the high canopy
yr oeddynt yn uchel yng nghanghenau y coed
they were high in the branches of the trees
ac efe a glywodd eu cân bruddaidd, drachwantus
and he heard their savage, greedy song
Gwelodd Siddhartha ddafad gwrywaidd yn dilyn un fenyw ac yn paru gyda hi

Siddhartha saw a male sheep following a female one and mating with her
Mewn llyn o gyrs, gwelodd y penhwyad yn hela'n newynog am ei ginio
In a lake of reeds, he saw the pike hungrily hunting for its dinner
roedd pysgod ifanc yn gwthio eu hunain i ffwrdd o'r penhwyad
young fish were propelling themselves away from the pike
roedden nhw'n ofnus, yn wiglo ac yn pefrio
they were scared, wiggling and sparkling
neidiodd y pysgod ifanc mewn gyrrau allan o'r dŵr
the young fish jumped in droves out of the water
daeth arogl cryfder ac angerdd yn rymus o'r dŵr
the scent of strength and passion came forcefully out of the water
a chynhyrfodd y penhwyad yr arogl
and the pike stirred up the scent
Roedd hyn i gyd wedi bodoli erioed
All of this had always existed
ac nid oedd wedi ei weled, ac ni bu gydag ef
and he had not seen it, nor had he been with it
Nawr roedd gydag ef ac roedd yn rhan ohono
Now he was with it and he was part of it
Roedd golau a chysgod yn rhedeg trwy ei lygaid
Light and shadow ran through his eyes
rhedai ser a lleuad trwy ei galon
stars and moon ran through his heart

Cofiodd Siddhartha bopeth a brofodd yn yr Ardd Jetavana
Siddhartha remembered everything he had experienced in the Garden Jetavana
cofiodd y ddysgeidiaeth a glywsai yno gan y Bwdha dwyfol
he remembered the teaching he had heard there from the divine Buddha
cofiodd y ffarwel gan Govinda
he remembered the farewell from Govinda

cofiodd yr ymddiddan â'r un dyrchafedig
he remembered the conversation with the exalted one
Drachefn cofiai ei eiriau ei hun a lefarasai wrth yr un dyrchafedig
Again he remembered his own words that he had spoken to the exalted one
cofiodd bob gair
he remembered every word
sylweddolodd ei fod wedi dweud pethau nad oedd wedi'u gwybod mewn gwirionedd
he realized he had said things which he had not really known
syfrdanodd ei hun â'r hyn a ddywedodd wrth Gotama
he astonished himself with what he had said to Gotama
nid trysor a chyfrinach y Bwdha oedd y ddysgeidiaeth
the Buddha's treasure and secret was not the teachings
ond y gyfrinach oedd yr anesboniadwy ac nid dysgadwy
but the secret was the inexpressible and not teachable
y gyfrinach a brofodd yn awr ei oleuedigaeth
the secret which he had experienced in the hour of his enlightenment
nid oedd y gyfrinach yn ddim ond yr union beth yr oedd yn awr wedi mynd i'w brofi
the secret was nothing but this very thing which he had now gone to experience
y gyfrinach oedd yr hyn y dechreuodd ei brofi
the secret was what he now began to experience
Nawr roedd yn rhaid iddo brofi ei hun
Now he had to experience his self
yr oedd eisoes wedi gwybod am amser hir mai ei hunan oedd Atman
he had already known for a long time that his self was Atman
roedd yn gwybod bod gan Atman yr un nodweddion tragwyddol â Brahman
he knew Atman bore the same eternal characteristics as Brahman

Ond nid oedd erioed wedi dod o hyd i'r hunan hwn mewn gwirionedd
But he had never really found this self
am ei fod wedi bod eisiau dal yr hunan yn rhwyd meddwl
because he had wanted to capture the self in the net of thought
ond nid oedd y corff yn rhan o'r hunan
but the body was not part of the self
nid oedd yn olygfa y synwyr
it was not the spectacle of the senses
felly hefyd nid y meddwl, na'r meddwl rhesymegol, ydoedd
so it also was not the thought, nor the rational mind
nid y doethineb dysgedig ydoedd, na'r gallu dysgedig
it was not the learned wisdom, nor the learned ability
o'r pethau hyn ni ellid dod i gasgliadau
from these things no conclusions could be drawn
Na, roedd byd y meddwl hefyd yn dal i fod ar yr ochr hon
No, the world of thought was also still on this side
Roedd y ddau, y meddyliau yn ogystal â'r synhwyrau, yn bethau pert
Both, the thoughts as well as the senses, were pretty things
ond yr oedd yr ystyr eithaf yn guddiedig y tu ol i'r ddau
but the ultimate meaning was hidden behind both of them
roedd yn rhaid gwrando ar y ddau a chwarae gyda nhw
both had to be listened to and played with
nid oedd yn rhaid ei ddirmygu na'i orbwysleisio
neither had to be scorned nor overestimated
yr oedd lleisiau dirgel o'r gwirionedd mewnol
there were secret voices of the innermost truth
rhaid oedd dirnad y lleisiau hyn yn astud
these voices had to be attentively perceived
Roedd am ymdrechu i ddim arall
He wanted to strive for nothing else
efe a wnai yr hyn a orchmynnodd Iesu iddo ei wneuthur
he would do what the voice commanded him to do
byddai'n trigo lle y cynghorai'r lleisiau ef i
he would dwell where the voices advised him to

Pam roedd Gotama wedi eistedd i lawr o dan goeden Bodhi?
Why had Gotama sat down under the Bodhi tree?
Yr oedd wedi clywed llais yn ei galon ei hun
He had heard a voice in his own heart
llais a orchmynnodd iddo geisio gorffwystra dan y pren hwn
a voice which had commanded him to seek rest under this tree
gallai fod wedi mynd ymlaen i wneud offrymau
he could have gone on to make offerings
gallai fod wedi perfformio ei ablutions
he could have performed his ablutions
gallasai fod wedi treulio y foment hono mewn gweddi
he could have spent that moment in prayer
yr oedd wedi dewis peidio bwyta nac yfed
he had chosen not to eat or drink
roedd wedi dewis peidio â chysgu na breuddwydio
he had chosen not to sleep or dream
yn hytrach, yr oedd wedi ufuddhau i'r llais
instead, he had obeyed the voice
Da oedd ufuddhau fel hyn
To obey like this was good
da oedd peidio ufuddhau i orchymyn allanol
it was good not to obey to an external command
da oedd ufuddhau i'r llais yn unig
it was good to obey only the voice
yr oedd bod yn barod fel hyn yn dda ac yn angenrheidiol
to be ready like this was good and necessary
nid oedd dim arall yn angenrheidiol
there was nothing else that was necessary

yn y nos cyrhaeddodd Siddhartha afon
in the night Siddhartha got to a river
hunodd yng nghwt gwellt fferi
he slept in the straw hut of a ferryman
y noson hon roedd gan Siddhartha freuddwyd
this night Siddhartha had a dream
Roedd Govinda yn sefyll o'i flaen
Govinda was standing in front of him

roedd yn gwisgo gwisg felen asgetig
he was dressed in the yellow robe of an ascetic
Trist oedd sut roedd Govinda yn edrych
Sad was how Govinda looked
yn anffodus gofynnodd, "Pam yr ydych wedi fy ngadael?"
sadly he asked, "Why have you forsaken me?"
Cofleidiodd Siddhartha Govinda, a lapio ei freichiau o'i gwmpas
Siddhartha embraced Govinda, and wrapped his arms around him
tynnodd ef yn agos at ei frest a chusanodd ef
he pulled him close to his chest and kissed him
ond nid Govinda ydoedd mwyach, ond gwraig
but it was not Govinda anymore, but a woman
daeth bron lawn allan o wisg y wraig
a full breast popped out of the woman's dress
Gorweddodd Siddhartha ac yfed o'r fron
Siddhartha lay and drank from the breast
blasu yn felys a chryf y llaeth o'r fron hon
sweetly and strongly tasted the milk from this breast
Roedd yn blasu dyn a dyn
It tasted of woman and man
roedd yn blasu o haul a choedwig
it tasted of sun and forest
roedd yn blasu o anifail a blodau
it tasted of animal and flower
blasai o bob ffrwyth a phob dymuniad llawen
it tasted of every fruit and every joyful desire
Roedd yn ei feddw ac yn ei wneud yn anymwybodol
It intoxicated him and rendered him unconscious
Deffrodd Siddhartha o'r freuddwyd
Siddhartha woke up from the dream
yr afon welw yn symud drwy ddrws y cwt
the pale river shimmered through the door of the hut
roedd galwad dywyll o dylluan yn atseinio'n ddwfn trwy'r goedwig

a dark call of an owl resounded deeply through the forest
Gofynnodd Siddhartha i'r fferi ei gael ar draws yr afon
Siddhartha asked the ferryman to get him across the river
Aeth y fferi ag ef ar draws yr afon ar ei rafft bambŵ
The ferryman got him across the river on his bamboo-raft
symudodd y dŵr yn goch yng ngolau'r bore
the water shimmered reddish in the light of the morning
"Mae hon yn afon hardd," meddai wrth ei gydymaith
"This is a beautiful river," he said to his companion
"Ie," meddai'r fferi, "afon hardd iawn"
"Yes," said the ferryman, "a very beautiful river"
"Rwy'n ei garu yn fwy na dim"
"I love it more than anything"
"Yn aml rydw i wedi gwrando arno"
"Often I have listened to it"
"Yn aml rydw i wedi edrych i mewn i'w lygaid"
"often I have looked into its eyes"
"a dwi wastad wedi dysgu ohono"
"and I have always learned from it"
"Gellir dysgu llawer o afon"
"Much can be learned from a river"
"Rwy'n diolch i chi, fy cymwynaswr" siarad Siddhartha
"I thank you, my benefactor" spoke Siddhartha
glaniodd ar yr ochr arall i'r afon
he disembarked on the other side of the river
"Does gen i ddim anrheg y gallwn ei rhoi i chi ar gyfer eich lletygarwch, fy annwyl"
"I have no gift I could give you for your hospitality, my dear"
"Ac nid oes gennyf dâl ychwaith am eich gwaith"
"and I also have no payment for your work"
"Dyn heb gartref ydw i"
"I am a man without a home"
"Rwy'n fab i Brahman a Samana"
"I am the son of a Brahman and a Samana"
"Fe wnes i ei weld," meddai'r fferi
"I did see it," spoke the ferryman

"Doeddwn i ddim yn disgwyl unrhyw daliad gennych chi"
"I did not expect any payment from you"
"Mae'n arferiad i westeion ddwyn anrheg"
"it is custom for guests to bear a gift"
"ond doeddwn i ddim yn disgwyl hyn gennych chi chwaith"
"but I did not expect this from you either"
"Byddwch yn rhoi'r anrheg i mi dro arall"
"You will give me the gift another time"
"Ydych chi'n meddwl hynny?" gofynnodd Siddhartha, bemusedly
"Do you think so?" asked Siddhartha, bemusedly
"Rwy'n siŵr ohono," atebodd y fferi
"I am sure of it," replied the ferryman
"Hwn hefyd, dwi wedi dysgu o'r afon"
"This too, I have learned from the river"
"Mae popeth sy'n mynd yn dod yn ôl!"
"everything that goes comes back!"
"Byddwch chithau hefyd, Samana, yn dod yn ôl"
"You too, Samana, will come back"
"Nawr ffarwel! Bydded eich cyfeillgarwch yn wobr i mi"
"Now farewell! Let your friendship be my reward"
"Cofiwch fi, pan fyddwch yn gwneud offrymau i'r duwiau"
"Commemorate me, when you make offerings to the gods"
Gan wenu, maent yn gwahanu oddi wrth ei gilydd
Smiling, they parted from each other
Gan wenu, roedd Siddhartha yn hapus am y cyfeillgarwch
Smiling, Siddhartha was happy about the friendship
ac yr oedd yn hapus am garedigrwydd y fferi
and he was happy about the kindness of the ferryman
"Mae fel Govinda," meddyliodd gyda gwên
"He is like Govinda," he thought with a smile
"Mae'r cyfan rydw i'n ei gyfarfod ar fy llwybr fel Govinda"
"all I meet on my path are like Govinda"
"Mae pawb yn ddiolchgar am yr hyn sydd ganddyn nhw"
"All are thankful for what they have"
"ond dyma'r rhai fyddai â hawl i dderbyn diolch"

"but they are the ones who would have a right to receive thanks"
"pawb yn ymostyngol a hoffent fod yn ffrindiau"
"all are submissive and would like to be friends"
"Mae pawb yn hoffi ufuddhau a meddwl ychydig"
"all like to obey and think little"
"Mae pawb yn debyg i blant"
"all people are like children"

Tua chanol dydd, daeth trwy bentref
At about noon, he came through a village
O flaen y bythynnod llaid, roedd plant yn rowlio o gwmpas y stryd
In front of the mud cottages, children were rolling about in the street
roedden nhw'n chwarae gyda hadau pwmpen a chregyn môr
they were playing with pumpkin-seeds and sea-shells
sgrechasant ac ymaflyd yn eu gilydd
they screamed and wrestled with each other
ond ffoesant oll yn ddychrynllyd o'r Samana anadnabyddus
but they all timidly fled from the unknown Samana
Ym mhen draw'r pentref, roedd y llwybr yn arwain trwy nant
In the end of the village, the path led through a stream
wrth ochr y nant, roedd gwraig ifanc yn penlinio
by the side of the stream, a young woman was kneeling
roedd hi'n golchi dillad yn y nant
she was washing clothes in the stream
Pan gyfarchodd Siddhartha hi, cododd ei phen
When Siddhartha greeted her, she lifted her head
ac edrychodd i fyny ato gyda gwên
and she looked up to him with a smile
gallai weld y gwyn yn ei llygaid disglair
he could see the white in her eyes glistening
Galwodd fendith iddi
He called out a blessing to her
dyma oedd yr arferiad ymhlith teithwyr

this was the custom among travellers
a gofynnodd pa mor bell oedd hi i'r ddinas fawr
and he asked how far it was to the large city
Yna cododd hi a dod ato
Then she got up and came to him
yn hardd roedd ei cheg gwlyb yn symudliw yn ei wyneb ifanc
beautifully her wet mouth was shimmering in her young face
Mae hi'n cyfnewid cellwair doniol ag ef
She exchanged humorous banter with him
gofynnodd a oedd wedi bwyta eisoes
she asked whether he had eaten already
a gofynnodd gwestiynau chwilfrydig
and she asked curious questions
"A yw'n wir fod y Samanas yn cysgu ar ei ben ei hun yn y goedwig gyda'r nos?"
"is it true that the Samanas slept alone in the forest at night?"
"A yw'n wir nad yw Samanas yn cael cael merched gyda nhw"
"is it true Samanas are not allowed to have women with them"
Wrth siarad, rhoddodd ei throed chwith ar ei un dde
While talking, she put her left foot on his right one
symudiad menyw a fyddai am gychwyn pleser rhywiol
the movement of a woman who would want to initiate sexual pleasure
mae'r gwerslyfrau'n galw hyn yn "dringo coeden"
the textbooks call this "climbing a tree"
Teimlai Siddhartha ei waed yn gwresogi i fyny
Siddhartha felt his blood heating up
roedd yn rhaid iddo feddwl am ei freuddwyd eto
he had to think of his dream again
mae'n plygu ychydig i lawr at y wraig
he bend slightly down to the woman
a chusanodd â'i wefusau deth brown ei bron
and he kissed with his lips the brown nipple of her breast
Wrth edrych i fyny, gwelodd ei hwyneb yn gwenu

Looking up, he saw her face smiling
ac yr oedd ei llygaid yn llawn chwant
and her eyes were full of lust
Roedd Siddhartha hefyd yn teimlo awydd amdani
Siddhartha also felt desire for her
teimlodd ffynhonnell ei rywioldeb yn symud
he felt the source of his sexuality moving
ond nid oedd erioed wedi cyffwrdd gwraig o'r blaen
but he had never touched a woman before
felly petrusodd am eiliad
so he hesitated for a moment
yr oedd ei ddwylaw eisoes yn barod i estyn allan iddi
his hands were already prepared to reach out for her
ond yna clywodd lais ei hunan mewnolaf
but then he heard the voice of his innermost self
crynodd ar ei lais
he shuddered with awe at his voice
a'r llais hwn a ddywedodd wrtho na
and this voice told him no
diflannodd pob swyn o wyneb gwenu'r ferch ifanc
all charms disappeared from the young woman's smiling face
ni welai ddim arall mwyach ond cipolwg llaith
he no longer saw anything else but a damp glance
y cyfan y gallai ei weld oedd anifail benywaidd yn y gwres
all he could see was female animal in heat
Yn gwrtais, anwesodd ei boch
Politely, he petted her cheek
trodd oddi wrthi a diflannodd
he turned away from her and disappeared away
gadawodd oddi wrth y wraig siomedig gyda chamau ysgafn
he left from the disappointed woman with light steps
a diflannodd i'r pren bambŵ
and he disappeared into the bamboo-wood

cyrhaeddodd y ddinas fawr cyn yr hwyr
he reached the large city before the evening
ac yr oedd yn hapus ei fod wedi cyraedd y ddinas

and he was happy to have reached the city
am ei fod yn teimlo yr angen i fod yn mysg pobl
because he felt the need to be among people
neu ers talwm, roedd wedi byw yn y coedwigoedd
or a long time, he had lived in the forests
am y tro cyntaf ers amser maith bu'n cysgu dan do
for first time in a long time he slept under a roof
Cyn y ddinas roedd gardd wedi'i ffensio'n hyfryd
Before the city was a beautifully fenced garden
daeth y teithiwr ar draws criw bychan o weision
the traveller came across a small group of servants
yr oedd y gweision yn cario basgedi o ffrwythau
the servants were carrying baskets of fruit
roedd pedwar gwas yn cario cadair sedan addurniadol
four servants were carrying an ornamental sedan-chair
ar y gadair hon eisteddai gwraig, y feistres
on this chair sat a woman, the mistress
roedd hi ar glustogau coch o dan ganopi lliwgar
she was on red pillows under a colourful canopy
Siddhartha stopio wrth y fynedfa i'r pleser-ardd
Siddhartha stopped at the entrance to the pleasure-garden
a gwyliodd y parêd yn myned heibio
and he watched the parade go by
gwelodd weled y gweision a'r morynion
he saw saw the servants and the maids
gwelodd y basgedi a'r gadair sedan
he saw the baskets and the sedan-chair
a gwelodd y foneddiges ar y gadair
and he saw the lady on the chair
O dan ei gwallt du gwelodd wyneb eiddil iawn
Under her black hair he saw a very delicate face
ceg goch llachar, fel ffigys wedi hollti'n ffres
a bright red mouth, like a freshly cracked fig
aeliau a oedd wedi'u trin yn dda ac wedi'u paentio mewn bwa uchel
eyebrows which were well tended and painted in a high arch

llygaid tywyll smart a gwyliadwrus oeddent
they were smart and watchful dark eyes
cododd gwddf tal, clir o ddilledyn gwyrdd ac aur
a clear, tall neck rose from a green and golden garment
roedd ei dwylo'n gorffwys, yn hir ac yn denau
her hands were resting, long and thin
roedd ganddi freichledau aur llydan dros ei harddyrnau
she had wide golden bracelets over her wrists
Gwelodd Siddhartha pa mor brydferth oedd hi, a llawenychodd ei galon
Siddhartha saw how beautiful she was, and his heart rejoiced
Plygodd yn ddwfn, pan ddaeth y gadair sedan yn nes
He bowed deeply, when the sedan-chair came closer
gan sythu eto, edrychodd ar y gwyneb teg, swynol
straightening up again, he looked at the fair, charming face
darllenodd ei llygaid smart gyda'r arcau uchel
he read her smart eyes with the high arcs
anadlodd mewn persawr o rywbeth na wyddai
he breathed in a fragrance of something he did not know
Gyda gwên, amneidiodd y wraig hardd am eiliad
With a smile, the beautiful woman nodded for a moment
yna diflannodd hi i'r ardd
then she disappeared into the garden
ac yna diflannodd y gweision hefyd
and then the servants disappeared as well
"Rwy'n mynd i mewn i'r ddinas hon ag arwydd swynol" meddyliodd Siddhartha
"I am entering this city with a charming omen" Siddhartha thought
Teimlai yn syth bin wedi ei dynnu i mewn i'r ardd
He instantly felt drawn into the garden
ond meddyliodd am ei sefyllfa
but he thought about his situation
daeth yn ymwybodol o sut roedd y gweision a'r morynion wedi edrych arno

he became aware of how the servants and maids had looked at him

tybient ef yn ddirmygus, yn ddrwgdybus, ac yn ei wrthod
they thought him despicable, distrustful, and rejected him

"Rwy'n dal yn Samana" meddyliodd
"I am still a Samana" he thought

"Rwy'n dal yn asgetig ac yn gardotyn"
"I am still an ascetic and beggar"

"Rhaid i mi beidio ag aros fel hyn"
"I must not remain like this"

"Ni fyddaf yn gallu mynd i mewn i'r ardd fel hyn," chwarddodd
"I will not be able to enter the garden like this," he laughed

gofynnodd i'r person nesaf a ddaeth ar hyd y llwybr am yr ardd
he asked the next person who came along the path about the garden

a gofyn am enw y wraig
and he asked for the name of the woman

dywedwyd wrtho mai gardd Kamala, y courtesan enwog, oedd hon
he was told that this was the garden of Kamala, the famous courtesan

a dywedwyd wrtho ei bod hithau hefyd yn berchen tŷ yn y ddinas
and he was told that she also owned a house in the city

Yna, aeth i mewn i'r ddinas gyda gôl
Then, he entered the city with a goal

Gan ddilyn ei nod, caniataodd i'r ddinas ei sugno i mewn
Pursuing his goal, he allowed the city to suck him in

drifftiodd trwy lif y strydoedd
he drifted through the flow of the streets

safodd yn llonydd ar y sgwariau yn y ddinas
he stood still on the squares in the city

gorphwysodd ar risiau carreg wrth yr afon
he rested on the stairs of stone by the river

Pan ddaeth y noson, gwnaeth ffrindiau gyda chynorthwyydd barbwr
When the evening came, he made friends with a barber's assistant
roedd wedi ei weld yn gweithio yng nghysgod bwa
he had seen him working in the shade of an arch
a chafodd ef drachefn yn gweddio yn nheml Vishnu
and he found him again praying in a temple of Vishnu
adroddodd am straeon am Vishnu a'r Lakshmi
he told about stories of Vishnu and the Lakshmi
Ymysg y cychod wrth yr afon, hunodd y noson hon
Among the boats by the river, he slept this night
Daeth Siddhartha ato cyn i'r cwsmeriaid cyntaf ddod i mewn i'w siop
Siddhartha came to him before the first customers came into his shop
roedd ganddo gynorthwyydd y barbwr eillio ei farf a thorri ei wallt
he had the barber's assistant shave his beard and cut his hair
cribo ei wallt a'i eneinio ag olew coeth
he combed his hair and anointed it with fine oil
Yna aeth i gymryd ei bath yn yr afon
Then he went to take his bath in the river

yn hwyr yn y prynhawn, daeth Kamala hardd at ei gardd
late in the afternoon, beautiful Kamala approached her garden
Roedd Siddhartha yn sefyll wrth y fynedfa eto
Siddhartha was standing at the entrance again
gwnaeth fwa a derbyniodd gyfarchiad y cwrteisi
he made a bow and received the courtesan's greeting
cafodd sylw un o'r gwas
he got the attention of one of the servant
gofynodd iddo hysbysu ei feistres
he asked him to inform his mistress
"Mae Brahman ifanc yn dymuno siarad â hi"
"a young Brahman wishes to talk to her"
Ymhen ychydig, dychwelodd y gwas

After a while, the servant returned
gofynnodd y gwas i Siddhartha ei ddilyn
the servant asked Siddhartha to follow him
Dilynodd Siddhartha y gwas i mewn i bafiliwn
Siddhartha followed the servant into a pavilion
yma roedd Kamala yn gorwedd ar soffa
here Kamala was lying on a couch
a'r gwas a'i gadawodd ef yn unig gyda hi
and the servant left him alone with her
"Onid oeddet ti hefyd yn sefyll allan yna ddoe, yn fy nghyfarch i?" gofynnodd Kamala
"Weren't you also standing out there yesterday, greeting me?" asked Kamala
"Mae'n wir fy mod i eisoes wedi'ch gweld a'ch cyfarch ddoe"
"It's true that I've already seen and greeted you yesterday"
"Ond oni wnaethoch chi ddoe wisgo barf, a gwallt hir?"
"But didn't you yesterday wear a beard, and long hair?"
"ac onid oedd llwch yn eich gwallt?"
"and was there not dust in your hair?"
"Rydych chi wedi arsylwi'n dda, rydych chi wedi gweld popeth"
"You have observed well, you have seen everything"
"Rydych chi wedi gweld Siddhartha, mab Brahman"
"You have seen Siddhartha, the son of a Brahman"
"y Brahman sydd wedi gadael ei gartref i ddod yn Samana"
"the Brahman who has left his home to become a Samana"
"y Brahman sydd wedi bod yn Samana ers tair blynedd"
"the Brahman who has been a Samana for three years"
"Ond yn awr, yr wyf wedi gadael y llwybr hwnnw ac wedi dod i'r ddinas hon"
"But now, I have left that path and came into this city"
"A'r un cyntaf i mi gyfarfod, hyd yn oed cyn i mi ddod i mewn i'r ddinas, oedd chi"
"and the first one I met, even before I had entered the city, was you"
"I ddweud hyn, yr wyf wedi dod i chi, o Kamala!"

"To say this, I have come to you, oh Kamala!"
"O'r blaen, anerchodd Siddhartha bob menyw â'i lygaid i'r llawr"
"before, Siddhartha addressed all woman with his eyes to the ground"
"Chi yw'r fenyw gyntaf yr wyf yn ei chyfeirio fel arall"
"You are the first woman whom I address otherwise"
"Dydw i byth eto eisiau troi fy llygaid i'r llawr"
"Never again do I want to turn my eyes to the ground"
"Wna i ddim troi pan dwi'n dod ar draws dynes hardd"
"I won't turn when I'm coming across a beautiful woman"
Gwenodd Kamala a chwarae gyda'i ffan o blu peunod
Kamala smiled and played with her fan of peacocks' feathers
"A dim ond i ddweud wrthyf hyn, Siddhartha wedi dod i mi?"
"And only to tell me this, Siddhartha has come to me?"
"I ddweud hyn wrthych ac i ddiolch i chi am fod mor brydferth"
"To tell you this and to thank you for being so beautiful"
"Hoffwn ofyn i chi fod yn ffrind ac yn athro i mi"
"I would like to ask you to be my friend and teacher"
"Oherwydd ni wn i ddim eto am y gelfyddyd honno yr ydych wedi ei meistroli"
"for I know nothing yet of that art which you have mastered"
Ar hyn, chwarddodd Kamala yn uchel
At this, Kamala laughed aloud
"Nid yw hyn erioed wedi digwydd i mi, fy ffrind"
"Never before this has happened to me, my friend"
"Daeth Samana o'r goedwig ata i ac eisiau dysgu gen i!"
"a Samana from the forest came to me and wanted to learn from me!"
"Nid yw hyn erioed wedi digwydd i mi o'r blaen"
"Never before this has happened to me"
"Daeth Samana ata i gyda gwallt hir a hen wisg lwynog!"
"a Samana came to me with long hair and an old, torn loincloth!"

"Mae llawer o ddynion ifanc yn dod ataf"
"Many young men come to me"
"ac y mae meibion Brahman hefyd yn eu plith"
"and there are also sons of Brahmans among them"
"ond maen nhw'n dod mewn dillad hardd"
"but they come in beautiful clothes"
"Maen nhw'n dod mewn sgidiau cain"
"they come in fine shoes"
"mae ganddyn nhw bersawr yn eu gwallt
"they have perfume in their hair
"ac mae ganddyn nhw arian yn eu codenni"
"and they have money in their pouches"
"Dyma sut mae'r dynion ifanc, sy'n dod ata i"
"This is how the young men are like, who come to me"
Siaradodd Siddhartha, "Eisoes rydw i'n dechrau dysgu gennych chi"
Spoke Siddhartha, "Already I am starting to learn from you"
"Hyd yn oed ddoe, roeddwn i'n dysgu'n barod"
"Even yesterday, I was already learning"
"Rwyf eisoes wedi tynnu fy barf"
"I have already taken off my beard"
"Rwyf wedi cribo'r gwallt"
"I have combed the hair"
"Ac mae gen i olew yn fy ngwallt"
"and I have oil in my hair"
"Ychydig sydd dal ar goll ynof"
"There is little which is still missing in me"
"O un ardderchog, dillad cain, sgidiau cain, arian yn fy nghwdyn"
"oh excellent one, fine clothes, fine shoes, money in my pouch"
"Byddwch yn gwybod bod Siddhartha wedi gosod nodau anoddach iddo'i hun"
"You shall know Siddhartha has set harder goals for himself"
"ac mae wedi cyrraedd y nodau hyn"
"and he has reached these goals"
"Sut na ddylwn i gyrraedd y nod hwnnw?"

"How shouldn't I reach that goal?"
"y nod a osodais i mi fy hun ddoe"
"the goal which I have set for myself yesterday"
"i fod yn ffrind i chi ac i ddysgu llawenydd cariad oddi wrthych"
"to be your friend and to learn the joys of love from you"
"Fe welwch y byddaf yn dysgu'n gyflym, Kamala"
"You'll see that I'll learn quickly, Kamala"
"Rwyf eisoes wedi dysgu pethau anoddach na'r hyn yr ydych i fod i'w ddysgu i mi"
"I have already learned harder things than what you're supposed to teach me"
"A nawr gadewch i ni gyrraedd"
"And now let's get to it"
"Dydych chi ddim yn fodlon ar Siddhartha fel y mae?"
"You aren't satisfied with Siddhartha as he is?"
"ag olew yn ei wallt, ond heb ddillad"
"with oil in his hair, but without clothes"
"Siddhartha heb esgidiau, heb arian"
"Siddhartha without shoes, without money"
Gan chwerthin, ebychodd Kamala, "Na, fy annwyl"
Laughing, Kamala exclaimed, "No, my dear"
"Nid yw'n bodloni mi, eto"
"he doesn't satisfy me, yet"
"Dillad yw'r hyn y mae'n rhaid iddo ei gael"
"Clothes are what he must have"
"dillad tlws, ac esgidiau yw'r hyn sydd ei angen arno"
"pretty clothes, and shoes is what he needs"
"esgidiau tlws, a llawer o arian yn ei god"
"pretty shoes, and lots of money in his pouch"
"ac mae'n rhaid iddo gael anrhegion i Kamala"
"and he must have gifts for Kamala"
"Ydych chi'n ei wybod nawr, Samana o'r goedwig?"
"Do you know it now, Samana from the forest?"
"A wnaethoch chi farcio fy ngeiriau?"
"Did you mark my words?"

"Ie, yr wyf wedi nodi eich geiriau," ebychodd Siddhartha
"Yes, I have marked your words," Siddhartha exclaimed
"Sut na ddylwn i nodi geiriau sy'n dod o'r fath enau!"
"How should I not mark words which are coming from such a mouth!"
"Mae'ch ceg fel ffigys wedi cracio'n ffres, Kamala"
"Your mouth is like a freshly cracked fig, Kamala"
"Mae fy ngheg yn goch ac yn ffres hefyd"
"My mouth is red and fresh as well"
"Bydd yn cyfateb yn addas i'ch un chi, fe welwch"
"it will be a suitable match for yours, you'll see"
"Ond dywedwch wrthyf, Kamala hardd"
"But tell me, beautiful Kamala"
"Onid ydych chi'n ofni'r Samana o'r goedwig o gwbl""
"aren't you at all afraid of the Samana from the forest""
"y Samana sydd wedi dod i ddysgu sut i wneud cariad"
"the Samana who has come to learn how to make love"
"Beth bynnag am Samana ddylwn i fod?"
"Whatever for should I be afraid of a Samana?"
"Samana dwp o'r goedwig"
"a stupid Samana from the forest"
"Samana sy'n dod o'r jacals"
"a Samana who is coming from the jackals"
"Samana sydd ddim hyd yn oed yn gwybod eto beth yw merched?"
"a Samana who doesn't even know yet what women are?"
"O, mae'n gryf, y Samana"
"Oh, he's strong, the Samana"
"ac nid yw'n ofni dim byd"
"and he isn't afraid of anything"
"Fe allai eich gorfodi chi, ferch brydferth"
"He could force you, beautiful girl"
"Fe allai eich herwgipio a'ch brifo"
"He could kidnap you and hurt you"
"Na, Samana, nid oes arnaf ofn hyn"
"No, Samana, I am not afraid of this"

"A oedd unrhyw Samana neu Brahman erioed wedi ofni y gallai rhywun ddod i gydio ynddo?"
"Did any Samana or Brahman ever fear someone might come and grab him?"
"A allai ofni bod rhywun yn dwyn ei ddysg?
"could he fear someone steals his learning?
"A allai unrhyw un gymryd ei ddefosiwn crefyddol"
"could anyone take his religious devotion"
"A yw'n bosibl cymryd dyfnder ei feddwl?
"is it possible to take his depth of thought?
"Na, oherwydd ei bethau ei hun yw'r rhain"
"No, because these things are his very own"
"dim ond y wybodaeth y mae'n fodlon ei rhoi y byddai'n ei rhoi"
"he would only give away the knowledge he is willing to give"
"byddai ond yn rhoi i'r rhai y mae'n fodlon rhoi iddynt"
"he would only give to those he is willing to give to"
"Yn union fel hyn mae hefyd gyda Kamala"
"precisely like this it is also with Kamala"
"A'r un modd ydyw gyda phleserau cariad"
"and it is the same way with the pleasures of love"
"Hardd a choch yw ceg Kamala," atebodd Siddhartha
"Beautiful and red is Kamala's mouth," answered Siddhartha
"ond peidiwch â cheisio ei chusanu yn erbyn ewyllys Kamala"
"but don't try to kiss it against Kamala's will"
"Oherwydd ni chewch un diferyn o felyster ohono"
"because you will not obtain a single drop of sweetness from it"
"Rydych chi'n dysgu'n hawdd, Siddhartha"
"You are learning easily, Siddhartha"
"Dylech chi ddysgu hyn hefyd"
"you should also learn this"
"gellir cael cariad trwy gardota, prynu"
"love can be obtained by begging, buying"
"gallwch ei dderbyn fel anrheg"

"you can receive it as a gift"
"neu gallwch ddod o hyd iddo yn y stryd"
"or you can find it in the street"
"ond ni ellir dwyn cariad"
"but love cannot be stolen"
"Yn hyn, rydych chi wedi dod o hyd i'r llwybr anghywir"
"In this, you have come up with the wrong path"
"Byddai'n drueni pe baech am fynd i'r afael â chariad yn y fath ffordd anghywir"
"it would be a pity if you would want to tackle love in such a wrong manner"
Siddhartha bowed gyda gwên
Siddhartha bowed with a smile
"Byddai'n drueni, Kamala, rydych chi mor gywir"
"It would be a pity, Kamala, you are so right"
"Byddai'n drueni mawr"
"It would be such a great pity"
"Na, ni fyddaf yn colli un diferyn o melyster o'ch ceg"
"No, I shall not lose a single drop of sweetness from your mouth"
"ac ni choller melyster o'm genau"
"nor shall you lose sweetness from my mouth"
"Felly cytunir. Bydd Siddhartha yn dychwelyd"
"So it is agreed. Siddhartha will return"
"Bydd Siddhartha yn dychwelyd unwaith y bydd ganddo'r hyn sydd ei angen arno o hyd"
"Siddhartha will return once he has what he still lacks"
"Fe ddaw yn ôl gyda dillad, esgidiau ac arian"
"he will come back with clothes, shoes, and money"
"Ond siarad, Kamala hyfryd, oni allech chi roi un cyngor bach i mi o hyd?"
"But speak, lovely Kamala, couldn't you still give me one small advice?"
"Rhowch gyngor i chi? Pam lai?"
"Give you an advice? Why not?"
"Pwy na hoffai roi cyngor i Samana druan, anwybodus?"

"Who wouldn't like to give advice to a poor, ignorant Samana?"

"Annwyl Kamala, lle dylwn fynd i ddod o hyd i'r tri pheth hyn gyflymaf?"

"Dear Kamala, where I should go to find these three things most quickly?"

"Ffrind, byddai llawer yn hoffi gwybod hyn"

"Friend, many would like to know this"

"Rhaid i chi wneud yr hyn rydych chi wedi'i ddysgu a gofyn am arian"

"You must do what you've learned and ask for money"

"Nid oes unrhyw ffordd arall i ddyn tlawd gael arian"

"There is no other way for a poor man to obtain money"

"Beth allech chi ei wneud?"

"What might you be able to do?"

"Gallaf feddwl. Gallaf aros. Gallaf gyflym "meddai Siddhartha

"I can think. I can wait. I can fast" said Siddhartha

"Dim byd arall?" gofynnodd Kamala

"Nothing else?" asked Kamala

"ie, gallaf hefyd ysgrifennu barddoniaeth"

"yes, I can also write poetry"

"Hoffech chi roi cusan i mi am gerdd?"

"Would you like to give me a kiss for a poem?"

"Hoffwn, os hoffwn i'ch cerdd"

"I would like to, if I like your poem"

"Beth fyddai ei deitl?"

"What would be its title?"

Siaradodd Siddhartha, ar ôl ei fod wedi meddwl am y peth am eiliad

Siddhartha spoke, after he had thought about it for a moment

"I mewn i'w gardd gysgodol camodd y Kamala hardd"

"Into her shady garden stepped the pretty Kamala"

"Wrth fynedfa'r ardd safai'r Samana brown"

"At the garden's entrance stood the brown Samana"

"Yn ddwfn, wrth weld blodau'r lotus, Bowed y dyn yna"

"Deeply, seeing the lotus's blossom, Bowed that man"
"a gwenu, diolchodd Kamala iddo"
"and smiling, Kamala thanked him"
" Mwy hyfryd, meddyliodd y llanc, nag offrymau i dduwiau"
"More lovely, thought the young man, than offerings for gods"
Curodd Kamala ei dwylo mor uchel nes bod y breichledau aur wedi glynu
Kamala clapped her hands so loud that the golden bracelets clanged
"Prydferth yw eich penillion, o Samana brown"
"Beautiful are your verses, oh brown Samana"
"Ac yn wir, dwi'n colli dim byd pan dwi'n rhoi cusan i chi iddyn nhw"
"and truly, I'm losing nothing when I'm giving you a kiss for them"
Mae hi'n beckoned ef â'i llygaid
She beckoned him with her eyes
gogwyddodd ei ben fel bod ei wyneb yn cyffwrdd â hi
he tilted his head so that his face touched hers
ac a osododd ei enau ar ei genau hi
and he placed his mouth on her mouth
y geg a oedd fel ffigys ffres wedi hollti
the mouth which was like a freshly cracked fig
Am gyfnod hir, cusanodd Kamala ef
For a long time, Kamala kissed him
a chyda syndod dwfn teimlai Siddhartha sut y dysgodd hi iddo
and with a deep astonishment Siddhartha felt how she taught him
teimlai mor ddoeth oedd hi
he felt how wise she was
roedd yn teimlo sut roedd hi'n ei reoli
he felt how she controlled him
teimlai fel y gwrthododd hi ef
he felt how she rejected him

roedd yn teimlo sut mae hi'n denu ef
he felt how she lured him
a theimlai fel yr oedd mwy o gusanau i fod
and he felt how there were to be more kisses
roedd pob cusan yn wahanol i'r lleill
every kiss was different from the others
yr oedd yn llonydd, pan dderbyniodd y cusanau
he was still, when he received the kisses
Gan anadlu'n ddwfn, arhosodd yn sefyll lle'r oedd
Breathing deeply, he remained standing where he was
yr oedd yn synu fel plentyn am y pethau gwerth eu dysgu
he was astonished like a child about the things worth learning
datguddiodd y wybodaeth ei hun o flaen ei lygaid
the knowledge revealed itself before his eyes
"Hyfryd iawn yw eich penillion" ebychodd Kamala
"Very beautiful are your verses" exclaimed Kamala
"Pe bawn i'n gyfoethog, byddwn yn rhoi darnau o aur i chi ar eu cyfer"
"if I were rich, I would give you pieces of gold for them"
"Ond fe fydd yn anodd i chi ennill digon o arian gydag adnodau"
"But it will be difficult for you to earn enough money with verses"
"Oherwydd mae angen llawer o arian arnoch chi, os ydych chi am fod yn ffrind i Kamala"
"because you need a lot of money, if you want to be Kamala's friend"
"Y ffordd rydych chi'n gallu cusanu, Kamala!" atal dweud Siddhartha
"The way you're able to kiss, Kamala!" stammered Siddhartha
"Ie, hyn dwi'n gallu ei wneud"
"Yes, this I am able to do"
"felly nid oes gennyf ddiffyg dillad, esgidiau, breichledau"
"therefore I do not lack clothes, shoes, bracelets"
"Mae gen i'r holl bethau hardd"
"I have all the beautiful things"

"Ond beth ddaw ohonoch chi?"
"But what will become of you?"
"Onid ydych chi'n gallu gwneud dim byd arall?"
"Aren't you able to do anything else?"
"gallwch chi wneud mwy na meddwl, cyflym, a gwneud barddoniaeth?"
"can you do more than think, fast, and make poetry?"
"Rwyf hefyd yn gwybod y caneuon aberthol" meddai Siddhartha
"I also know the sacrificial songs" said Siddhartha
"Ond dydw i ddim eisiau canu'r caneuon hynny bellach"
"but I do not want to sing those songs anymore"
"Rwyf hefyd yn gwybod sut i wneud swynion hud"
"I also know how to make magic spells"
"ond nid wyf am eu siarad mwyach"
"but I do not want to speak them anymore"
"Rwyf wedi darllen yr ysgrythurau"
"I have read the scriptures"
"Stop!" Torrodd Kamala ar ei draws
"Stop!" Kamala interrupted him
"Ydych chi'n gallu darllen ac ysgrifennu?"
"You're able to read and write?"
"Yn sicr, gallaf wneud hyn, gall llawer o bobl"
"Certainly, I can do this, many people can"
"Ni all y mwyafrif o bobl," atebodd Kamala
"Most people can't," Kamala replied
"Rwyf hefyd yn un o'r rhai na allant ei wneud"
"I am also one of those who can't do it"
"Mae'n dda iawn eich bod chi'n gallu darllen ac ysgrifennu"
"It is very good that you're able to read and write"
"fe welwch hefyd ddefnydd ar gyfer y swynion hud"
"you will also find use for the magic spells"
Yn y foment hon, daeth morwyn yn rhedeg i mewn
In this moment, a maid came running in
sibrydodd neges i glust ei meistres
she whispered a message into her mistress's ear

"Mae yna ymwelydd i mi" meddai Kamala
"There's a visitor for me" exclaimed Kamala
"Brysiwch a chael eich hun i ffwrdd, Siddhartha"
"Hurry and get yourself away, Siddhartha"
"Efallai na fydd neb yn eich gweld chi i mewn yma, cofiwch hyn!"
"nobody may see you in here, remember this!"
"Yfory, fe'ch gwelaf eto"
"Tomorrow, I'll see you again"
Gorchmynnodd Kamala ei morwyn i roi dillad gwyn i Siddhartha
Kamala ordered her maid to give Siddhartha white garments
ac yna cafodd Siddhartha ei hun yn cael ei lusgo ymaith gan y forwyn
and then Siddhartha found himself being dragged away by the maid
dygwyd ef i ardd-dy o olwg unrhyw lwybrau
he was brought into a garden-house out of sight of any paths
yna arweiniwyd ef i lwyni yr ardd
then he was led into the bushes of the garden
anogwyd ef i gael ei hun allan o'r ardd cyn gynted â phosibl
he was urged to get himself out of the garden as soon as possible
a dywedwyd wrtho nad rhaid ei weled
and he was told he must not be seen
gwnaeth fel y dywedwyd wrtho
he did as he had been told
yr oedd yn gyfarwydd â'r goedwig
he was accustomed to the forest
felly llwyddodd i fynd allan heb wneud swn
so he managed to get out without making a sound

dychwelodd i'r ddinas gan gario'r dillad wedi'u rholio o dan ei fraich
he returned to the city carrying the rolled up garments under his arm

Yn y dafarn, lle mae teithwyr yn aros, safodd ei hun wrth y drws
At the inn, where travellers stay, he positioned himself by the door
heb eiriau gofynnodd am fwyd
without words he asked for food
heb air derbyniodd ddarn o rice-cake
without a word he accepted a piece of rice-cake
meddyliodd sut yr oedd wedi erfyn bob amser
he thought about how he had always begged
"Efallai cyn gynted ag yfory y byddaf yn gofyn i neb am fwyd mwyach"
"Perhaps as soon as tomorrow I will ask no one for food anymore"
Yn sydyn, ymchwyddodd balchder ynddo
Suddenly, pride flared up in him
Nid oedd yn Samana mwyach
He was no Samana any more
nid oedd yn briodol iddo mwyach erfyn am ymborth
it was no longer appropriate for him to beg for food
rhoddodd y deisen reis i gi
he gave the rice-cake to a dog
a'r noson honno arhosodd heb fwyd
and that night he remained without food
Meddyliodd Siddhartha iddo'i hun am y ddinas
Siddhartha thought to himself about the city
"Syml yw'r bywyd y mae pobl yn ei arwain yn y byd hwn"
"Simple is the life which people lead in this world"
"Nid yw'r bywyd hwn yn cyflwyno unrhyw anawsterau"
"this life presents no difficulties"
"Roedd popeth yn anodd ac yn llafurus pan oeddwn i'n Samana"
"Everything was difficult and toilsome when I was a Samana"
"Fel Samana roedd popeth yn anobeithiol"
"as a Samana everything was hopeless"
"Ond nawr mae popeth yn hawdd"

"but now everything is easy"
"Mae'n hawdd fel y wers mewn cusanu o Kamala"
"it is easy like the lesson in kissing from Kamala"
"Dwi angen dillad ac arian, dim byd arall"
"I need clothes and money, nothing else"
"Mae'r nodau hyn yn fach ac yn gyraeddadwy"
"these goals are small and achievable"
"Ni fydd nodau o'r fath yn gwneud i berson golli unrhyw gwsg"
"such goals won't make a person lose any sleep"

drannoeth dychwelodd i dŷ Kamala
the next day he returned to Kamala's house
"Mae pethau'n gweithio'n dda" galwodd ato
"Things are working out well" she called out to him
"Maen nhw'n eich disgwyl chi yn Kamaswami's"
"They are expecting you at Kamaswami's"
"Fe yw masnachwr cyfoethocaf y ddinas"
"he is the richest merchant of the city"
"Os yw'n hoffi chi, bydd yn eich derbyn i'w wasanaeth"
"If he likes you, he'll accept you into his service"
"Ond rhaid i chi fod yn smart, Samana brown"
"but you must be smart, brown Samana"
"Roedd gen i eraill yn dweud wrtho amdanoch chi"
"I had others tell him about you"
"Byddwch yn gwrtais tuag ato, mae'n bwerus iawn"
"Be polite towards him, he is very powerful"
"Ond rwy'n eich rhybuddio, peidiwch â bod yn rhy gymedrol!"
"But I warn you, don't be too modest!"
"Dydw i ddim eisiau i chi ddod yn was iddo"
"I do not want you to become his servant"
"Byddwch yn dod yn gyfartal iddo"
"you shall become his equal"
"neu fel arall ni fyddaf yn fodlon â chi"
"or else I won't be satisfied with you"
"Mae Kamaswami yn dechrau mynd yn hen ac yn ddiog"

"Kamaswami is starting to get old and lazy"
"Os yw'n hoffi chi, bydd yn ymddiried llawer i chi"
"If he likes you, he'll entrust you with a lot"
Diolchodd Siddhartha iddi a chwerthin
Siddhartha thanked her and laughed
cafodd hi allan nad oedd wedi bwyta
she found out that he had not eaten
felly hi a anfonodd iddo fara a ffrwythau
so she sent him bread and fruits
"Rydych chi wedi bod yn lwcus" meddai pan wnaethon nhw wahanu
"You've been lucky" she said when they parted
"Rwy'n agor un drws ar ôl y llall i chi"
"I'm opening one door after another for you"
"Sut dod? Oes gennych chi swyn?"
"How come? Do you have a spell?"
"Dywedais wrthych fy mod yn gwybod sut i feddwl, i aros, ac i ymprydio"
"I told you I knew how to think, to wait, and to fast"
"Ond roeddech chi'n meddwl nad oedd hyn o unrhyw ddefnydd"
"but you thought this was of no use"
"Ond mae'n ddefnyddiol ar gyfer llawer o bethau"
"But it is useful for many things"
"Kamala, fe welwch fod y Samanas gwirion yn dda am ddysgu"
"Kamala, you'll see that the stupid Samanas are good at learning"
"Fe welwch eu bod yn gallu gwneud llawer o bethau pert yn y goedwig"
"you'll see they are able to do many pretty things in the forest"
"pethau nad yw'ch hoff chi yn gallu eu gwneud"
"things which the likes of you aren't capable of"
"Y diwrnod cyn ddoe, roeddwn i'n dal i fod yn gardotyn shaggy"
"The day before yesterday, I was still a shaggy beggar"

"mor ddiweddar â ddoe rydw i wedi cusanu Kamala"
"as recently as yesterday I have kissed Kamala"
"a chyn bo hir byddaf yn fasnachwr a bydd gennyf arian"
"and soon I'll be a merchant and have money"
"a bydd gen i'r holl bethau hynny rydych chi'n mynnu eu cael"
"and I'll have all those things you insist upon"
"Wel ie," cyfaddefodd hi, "ond ble fyddech chi hebof i?"
"Well yes," she admitted, "but where would you be without me?"
"Beth fyddech chi, pe na bai Kamala yn eich helpu chi?"
"What would you be, if Kamala wasn't helping you?"
"Annwyl Kamala" meddai Siddhartha
"Dear Kamala" said Siddhartha
ac efe a sythu i'w lawn uchder
and he straightened up to his full height
"Pan ddes i atoch chi i'ch gardd, fe wnes i'r cam cyntaf"
"when I came to you into your garden, I did the first step"
"Fy adduned i oedd dysgu cariad gan y fenyw harddaf hon"
"It was my resolution to learn love from this most beautiful woman"
"yr eiliad honno roeddwn wedi gwneud y penderfyniad hwn"
"that moment I had made this resolution"
"ac roeddwn i'n gwybod y byddwn i'n ei gario allan"
"and I knew I would carry it out"
"Roeddwn i'n gwybod y byddech chi'n fy helpu"
"I knew that you would help me"
"Ar eich golwg gyntaf wrth fynedfa'r ardd roeddwn i'n ei hadnabod yn barod"
"at your first glance at the entrance of the garden I already knew it"
"Ond beth pe na bawn i'n fodlon?" gofynnodd Kamala
"But what if I hadn't been willing?" asked Kamala
"Roeddech yn fodlon" atebodd Siddhartha
"You were willing" replied Siddhartha

"Pan fyddwch chi'n taflu craig i mewn i ddŵr, mae'n cymryd y cwrs cyflymaf i'r gwaelod"

"When you throw a rock into water, it takes the fastest course to the bottom"

"Dyma sut mae hi pan mae gan Siddhartha nod"

"This is how it is when Siddhartha has a goal"

"Nid yw Siddhartha yn gwneud dim; mae'n aros, mae'n meddwl, mae'n ymprydio"

"Siddhartha does nothing; he waits, he thinks, he fasts"

"ond y mae yn myned trwy bethau y byd fel craig trwy ddwfr"

"but he passes through the things of the world like a rock through water"

"Fe basiodd trwy'r dŵr heb wneud dim"

"he passed through the water without doing anything"

"mae'n cael ei dynnu i waelod y dŵr"

"he is drawn to the bottom of the water"

"Mae'n gadael ei hun i syrthio i waelod y dŵr"

"he lets himself fall to the bottom of the water"

"Mae ei nod yn ei ddenu tuag ato"

"His goal attracts him towards it"

"Nid yw'n gadael i unrhyw beth fynd i mewn i'w enaid a allai wrthwynebu'r nod"

"he doesn't let anything enter his soul which might oppose the goal"

"Dyma mae Siddhartha wedi'i ddysgu ymhlith y Samanas"

"This is what Siddhartha has learned among the Samanas"

"Dyma beth mae ffyliaid yn ei alw'n hud"

"This is what fools call magic"

"Maen nhw'n meddwl ei fod yn cael ei wneud gan ellyllod"

"they think it is done by daemons"

"ond ni wneir dim gan ellyllon"

"but nothing is done by daemons"

"Nid oes unrhyw ellyllod yn y byd hwn"

"there are no daemons in this world"

"Gall pawb berfformio hud, os ydyn nhw'n dewis gwneud"

"Everyone can perform magic, should they choose to"
"Gall pawb gyrraedd ei nodau os yw'n gallu meddwl"
"everyone can reach his goals if he is able to think"
"Gall pawb gyrraedd ei nodau os yw'n gallu aros"
"everyone can reach his goals if he is able to wait"
"Gall pawb gyrraedd ei nodau os yw'n gallu ymprydio"
"everyone can reach his goals if he is able to fast"
Gwrandawodd Kamala arno; roedd hi'n caru ei lais
Kamala listened to him; she loved his voice
roedd hi'n caru'r edrychiad o'i lygaid
she loved the look from his eyes
"Efallai ei fod fel ti'n dweud, ffrind"
"Perhaps it is as you say, friend"
"Ond efallai bod esboniad arall"
"But perhaps there is another explanation"
"Mae Siddhartha yn ddyn golygus"
"Siddhartha is a handsome man"
"mae ei olwg yn plesio'r merched"
"his glance pleases the women"
"Daw ffortiwn da tuag ato oherwydd hyn"
"good fortune comes towards him because of this"
Gydag un cusan, ffarweliodd Siddhartha
With one kiss, Siddhartha bid his farewell
"Dymunaf mai fel hyn y dylai fod, fy athro"
"I wish that it should be this way, my teacher"
"Dymunaf y bydd fy ngolwg yn eich plesio"
"I wish that my glance shall please you"
"Dymunaf eich bod bob amser yn dod â lwc dda i mi"
"I wish that that you always bring me good fortune"

Gyda'r bobl blentynnaidd
With the Childlike People

Aeth Siddhartha i Kamaswami y masnachwr
Siddhartha went to Kamaswami the merchant
cyfeiriwyd ef i dŷ cyfoethog
he was directed into a rich house
arweiniodd gweision ef rhwng carpedi gwerthfawr i siambr
servants led him between precious carpets into a chamber
yn y siambr yr oedd yn aros meistr y tŷ
in the chamber was where he awaited the master of the house
Aeth Kamaswami i mewn i'r ystafell yn gyflym
Kamaswami entered swiftly into the room
yr oedd yn ddyn symud yn esmwyth
he was a smoothly moving man
roedd ganddo wallt llwyd iawn a llygaid deallus, gofalus iawn
he had very gray hair and very intelligent, cautious eyes
ac yr oedd ganddo enau barus
and he had a greedy mouth
Yn gwrtais, cyfarchodd y gwesteiwr a'r gwestai ei gilydd
Politely, the host and the guest greeted one another
"Rwyf wedi cael gwybod mai Brahman oeddech" dechreuodd y masnachwr
"I have been told that you were a Brahman" the merchant began
"Rwyf wedi cael gwybod eich bod yn ddyn dysgedig"
"I have been told that you are a learned man"
"a dwi wedi cael gwybod rhywbeth arall hefyd"
"and I have also been told something else"
"rydych yn ceisio bod yng ngwasanaeth masnachwr"
"you seek to be in the service of a merchant"
"A allet ti fynd yn amddifad, Brahman, er mwyn ceisio gwasanaethu?"
"Might you have become destitute, Brahman, so that you seek to serve?"

"Na," meddai Siddhartha, "nid wyf wedi mynd yn amddifad"

"No," said Siddhartha, "I have not become destitute"

"Nid wyf erioed wedi bod yn amddifad" ychwanegodd Siddhartha

"nor have I ever been destitute" added Siddhartha

"Fe ddylech chi wybod fy mod i'n dod o'r Samanas"

"You should know that I'm coming from the Samanas"

"Rwyf wedi byw gyda nhw ers amser maith"

"I have lived with them for a long time"

"Rwyt ti'n dod o'r Samanas"

"you are coming from the Samanas"

"sut allech chi fod yn unrhyw beth ond amddifad?"

"how could you be anything but destitute?"

" Onid yw y Samanas yn hollol heb feddiannau?"

"Aren't the Samanas entirely without possessions?"

"Yr wyf heb eiddo, os mai dyna yr ydych yn ei olygu" meddai Siddhartha

"I am without possessions, if that is what you mean" said Siddhartha

"Ond rydw i heb eiddo o'm gwirfodd"

"But I am without possessions voluntarily"

"ac felly nid wyf yn amddifad"

"and therefore I am not destitute"

"Ond o beth ydych chi'n bwriadu byw, a bod heb eiddo?"

"But what are you planning to live from, being without possessions?"

"Dydw i ddim wedi meddwl am hyn eto, syr"

"I haven't thought of this yet, sir"

"Am fwy na thair blynedd, rydw i wedi bod heb eiddo"

"For more than three years, I have been without possessions"

"A dwi erioed wedi meddwl beth ddylwn i fyw"

"and I have never thought about of what I should live"

"Felly rydych chi wedi byw o eiddo pobl eraill"

"So you've lived of the possessions of others"

"Mae'n debyg, dyma sut y mae?"

"Presumable, this is how it is?"
"Wel, mae masnachwyr hefyd yn byw o'r hyn y mae pobl eraill yn berchen arno"
"Well, merchants also live of what other people own"
"Wel meddai," a roddwyd i'r masnachwr
"Well said," granted the merchant
"Ond ni fyddai'n cymryd unrhyw beth gan berson arall am ddim"
"But he wouldn't take anything from another person for nothing"
"byddai'n rhoi ei nwyddau yn gyfnewid" meddai Kamaswami
"he would give his merchandise in return" said Kamaswami
"Felly mae'n ymddangos yn wir"
"So it seems to be indeed"
"Mae pawb yn cymryd, mae pawb yn rhoi, felly mae bywyd"
"Everyone takes, everyone gives, such is life"
"Ond os nad oes ots gennych i mi ofyn, mae gennyf gwestiwn"
"But if you don't mind me asking, I have a question"
"Gan fod heb eiddo, beth hoffech chi ei roi?"
"being without possessions, what would you like to give?"
"Mae pawb yn rhoi'r hyn sydd ganddo"
"Everyone gives what he has"
"Mae'r rhyfelwr yn rhoi cryfder"
"The warrior gives strength"
"mae'r masnachwr yn rhoi nwyddau"
"the merchant gives merchandise"
"yr athro yn rhoi dysgeidiaeth"
"the teacher gives teachings"
"Mae'r ffermwr yn rhoi reis"
"the farmer gives rice"
"Mae'r pysgotwr yn rhoi pysgod"
"the fisher gives fish"
"Ie yn wir. A beth sy'n rhaid i chi ei roi?"
"Yes indeed. And what is it that you've got to give?"

"**Beth ydych chi wedi'i ddysgu?**"
"What is it that you've learned?"
"**Beth ydych chi'n gallu ei wneud?**"
"what you're able to do?"
"**Gallaf feddwl. Gallaf aros. Gallaf ymprydio**"
"I can think. I can wait. I can fast"
"**Dyna popeth?** gofynnodd Kamaswami"
"That's everything?" asked Kamaswami
"**Rwy'n credu mai dyna yw popeth sydd!**"
"I believe that is everything there is!"
"**A beth yw'r defnydd o hynny?**"
"And what's the use of that?"
"**Er enghraifft; ymprydio. Beth sy'n dda i?**"
"For example; fasting. What is it good for?"
"**Mae'n dda iawn, syr**"
"It is very good, sir"
"**Mae yna adegau does gan berson ddim i'w fwyta**"
"there are times a person has nothing to eat"
"**Yna ymprydio yw'r peth callaf y gall ei wneud**"
"then fasting is the smartest thing he can do"
"**Roedd yna amser lle nad oedd Siddhartha wedi dysgu ymprydio**"
"there was a time where Siddhartha hadn't learned to fast"
"**yn yr amser hwn roedd yn rhaid iddo dderbyn unrhyw fath o wasanaeth**"
"in this time he had to accept any kind of service"
"**oherwydd byddai newyn yn ei orfodi i dderbyn y gwasanaeth**"
"because hunger would force him to accept the service"
"**Ond fel hyn, gall Siddhartha aros yn bwyllog**"
"But like this, Siddhartha can wait calmly"
"**Nid yw'n gwybod unrhyw ddiffyg amynedd, nid yw'n gwybod unrhyw argyfwng**"
"he knows no impatience, he knows no emergency"
"**am amser hir mae'n gallu gadael i newyn warchae arno**"
"for a long time he can allow hunger to besiege him"

"ac mae'n gallu chwerthin am y newyn"
"and he can laugh about the hunger"
"Dyma, syr, beth sy'n dda i ymprydio"
"This, sir, is what fasting is good for"
"Rydych chi'n iawn, Samana" cydnabu Kamaswami
"You're right, Samana" acknowledged Kamaswami
"Arhoswch am eiliad" gofynnodd i'w westai
"Wait for a moment" he asked of his guest
Gadawodd Kamaswami yr ystafell a dychwelyd gyda sgrôl
Kamaswami left the room and returned with a scroll
rhoddodd y sgrôl i Siddhartha a gofyn iddo ei darllen
he handed Siddhartha the scroll and asked him to read it
Edrychodd Siddhartha ar y sgrôl a roddwyd iddo
Siddhartha looked at the scroll handed to him
ar y sgrôl roedd cytundeb gwerthu wedi'i ysgrifennu
on the scroll a sales-contract had been written
dechreuodd ddarllen cynnwys y sgrôl
he began to read out the scroll's contents
Roedd Kamaswami yn falch iawn gyda Siddhartha
Kamaswami was very pleased with Siddhartha
"Fyddech chi'n ysgrifennu rhywbeth i mi ar y darn hwn o bapur?"
"would you write something for me on this piece of paper?"
Rhoddodd ddarn o bapur a beiro iddo
He handed him a piece of paper and a pen
Ysgrifennodd Siddhartha, a dychwelodd y papur
Siddhartha wrote, and returned the paper
Darllenodd Kamaswami, "Mae ysgrifennu'n dda, mae meddwl yn well"
Kamaswami read, "Writing is good, thinking is better"
"Mae bod yn glyfar yn dda, mae bod yn amyneddgar yn well"
"Being smart is good, being patient is better"
"Mae'n ardderchog sut rydych chi'n gallu ysgrifennu" canmolodd y masnachwr ef

"It is excellent how you're able to write" the merchant praised him
"Llawer o bethau y bydd yn rhaid i ni eu trafod gyda'n gilydd o hyd"
"Many a thing we will still have to discuss with one another"
"Am heddiw, rwy'n gofyn ichi fod yn westai i mi"
"For today, I'm asking you to be my guest"
"Dewch i fyw i'r tŷ yma os gwelwch yn dda"
"please come to live in this house"
Diolchodd Siddhartha i Kamaswami a derbyniodd ei gynnig
Siddhartha thanked Kamaswami and accepted his offer
bu yn byw yn nhy y deliwr o hyn allan
he lived in the dealer's house from now on
Dygwyd ato ddillad, ac esgidiau
Clothes were brought to him, and shoes
a phob dydd, gwas yn paratoi bath iddo
and every day, a servant prepared a bath for him

Ddwywaith y dydd, roedd digonedd o bryd o fwyd yn cael ei weini
Twice a day, a plentiful meal was served
ond dim ond unwaith y dydd y bwytaodd Siddhartha
but Siddhartha only ate once a day
ac ni fwytaodd nac ymborth, ac nid yfodd win
and he ate neither meat, nor did he drink wine
Dywedodd Kamaswami wrtho am ei grefft
Kamaswami told him about his trade
dangosodd y nwyddau a'r storfeydd iddo
he showed him the merchandise and storage-rooms
dangosodd iddo sut y gwnaed y cyfrifiadau
he showed him how the calculations were done
Daeth Siddhartha i wybod llawer o bethau newydd
Siddhartha got to know many new things
clywodd lawer ac ychydig a siaradodd
he heard a lot and spoke little
ond nid anghofiodd eiriau Kamala
but he did not forget Kamala's words

felly ni bu erioed yn ddarostyngol i'r masnachwr
so he was never subservient to the merchant
gorfododd ef i'w drin yn gydradd
he forced him to treat him as an equal
efallai iddo ei orfodi i'w drin fel hyd yn oed yn fwy na chyfartal
perhaps he forced him to treat him as even more than an equal
Cynhaliodd Kamaswami ei fusnes yn ofalus
Kamaswami conducted his business with care
ac yr oedd yn angerddol iawn am ei fusnes
and he was very passionate about his business
ond edrychodd Siddhartha ar hyn oll fel pe bai'n gêm
but Siddhartha looked upon all of this as if it was a game
ymdrechodd yn galed i ddysgu rheolau'r gêm yn fanwl gywir
he tried hard to learn the rules of the game precisely
ond ni chyffyrddodd cynnwys y gêm â'i galon
but the contents of the game did not touch his heart
Nid oedd wedi bod yn nhy Kamaswami yn hir
He had not been in Kamaswami's house for long
ond yn fuan cymerodd ran ym musnes ei landlord
but soon he took part in his landlord's business

bob dydd ymwelodd â Kamala hardd
every day he visited beautiful Kamala
Penodwyd awr i Kamala ar gyfer eu cyfarfodydd
Kamala had an hour appointed for their meetings
roedd hi'n gwisgo dillad pert ac esgidiau cain
she was wearing pretty clothes and fine shoes
ac yn fuan daeth â rhoddion iddi hefyd
and soon he brought her gifts as well
Dysgodd lawer o'i cheg goch, smart
Much he learned from her red, smart mouth
Dysgodd lawer oddi wrth ei llaw dyner, ystwyth
Much he learned from her tender, supple hand
o ran cariad, roedd Siddhartha yn dal yn fachgen
regarding love, Siddhartha was still a boy

ac yr oedd ganddo duedd i blymio i gariad yn ddall
and he had a tendency to plunge into love blindly
syrthiodd i chwant fel i bydew diwaelod
he fell into lust like into a bottomless pit
dysgodd hi yn drylwyr, gan ddechrau gyda'r pethau sylfaenol
she taught him thoroughly, starting with the basics
ni ellir cymryd pleser heb roi pleser
pleasure cannot be taken without giving pleasure
pob ystum, pob caress, pob cyffyrddiad, pob golwg
every gesture, every caress, every touch, every look
yr oedd gan bob man o'r corff, pa mor fychan ydoedd, ei gyfrinach
every spot of the body, however small it was, had its secret
byddai'r cyfrinachau yn dod â hapusrwydd i'r rhai sy'n eu hadnabod
the secrets would bring happiness to those who know them
ni ddylai cariadon wahanu oddi wrth ei gilydd ar ôl dathlu cariad
lovers must not part from one another after celebrating love
ni ddylent ymranu heb i'r naill edmygu'r llall
they must not part without one admiring the other
rhaid eu bod mor orchfygedig ag y buont yn fuddugoliaethus
they must be as defeated as they have been victorious
ni ddylai cariad ddechrau teimlo wedi cael llond bol neu ddiflasu
neither lover should start feeling fed up or bored
ni ddylent gael y teimlad drwg o fod yn sarhaus
they should not get the evil feeling of having been abusive
ac ni ddylent deimlo eu bod wedi cael eu cam-drin
and they should not feel like they have been abused
Treuliodd oriau bendigedig gyda'r artist hardd a smart
Wonderful hours he spent with the beautiful and smart artist
daeth yn fyfyriwr iddi, yn gariad iddi, yn ffrind iddi
he became her student, her lover, her friend

Yma gyda Kamala oedd gwerth a phwrpas ei fywyd presennol
Here with Kamala was the worth and purpose of his present life
nid oedd ei bwrpas gyda busnes Kamaswami
his purpose was not with the business of Kamaswami

Derbyniodd Siddhartha lythyrau a chytundebau pwysig
Siddhartha received important letters and contracts
Dechreuodd Kamaswami drafod yr holl faterion pwysig gydag ef
Kamaswami began discussing all important affairs with him
Gwelodd yn fuan nad oedd Siddhartha yn gwybod llawer am reis a gwlân
He soon saw that Siddhartha knew little about rice and wool
ond gwelodd ei fod yn gweithredu yn ffodus
but he saw that he acted in a fortunate manner
a rhagorodd Siddhartha arno mewn tawelwch a chyfartaledd
and Siddhartha surpassed him in calmness and equanimity
rhagorodd arno yn y gelfyddyd o ddeall pobl anadnabyddus o'r blaen
he surpassed him in the art of understanding previously unknown people
Siaradodd Kamaswami am Siddhartha wrth ffrind
Kamaswami spoke about Siddhartha to a friend
"Nid yw'r Brahman hwn yn fasnachwr iawn"
"This Brahman is no proper merchant"
"Fydd e byth yn fasnachwr"
"he will never be a merchant"
"I fusnes nid oes byth unrhyw angerdd yn ei enaid"
"for business there is never any passion in his soul"
"Ond mae ganddo ansawdd dirgel amdano"
"But he has a mysterious quality about him"
"mae'r ansawdd hwn yn dod â llwyddiant am bopeth ynddo'i hun"
"this quality brings success about all by itself"
"gallai fod o Seren dda ei enedigaeth"

"it could be from a good Star of his birth"
"neu gallai fod yn rhywbeth y mae wedi'i ddysgu ymhlith Samanas"
"or it could be something he has learned among Samanas"
"Mae bob amser yn ymddangos fel pe bai'n chwarae gyda'n materion busnes yn unig"
"He always seems to be merely playing with our business-affairs"
"Nid yw ei fusnes byth yn dod yn rhan ohono"
"his business never fully becomes a part of him"
"Nid yw ei fusnes byth yn rheoli drosto"
"his business never rules over him"
"Nid yw byth yn ofni methiant"
"he is never afraid of failure"
"Nid yw byth yn cynhyrfu gan golled"
"he is never upset by a loss"
Cynghorodd y cyfaill y masnachwr
The friend advised the merchant
"Rhowch iddo draean o'r elw mae'n ei wneud i chi"
"Give him a third of the profits he makes for you"
"Ond bydded hefyd yn atebol pan fydd colledion"
"but let him also be liable when there are losses"
"Yna, bydd yn dod yn fwy selog"
"Then, he'll become more zealous"
Roedd Kamaswami yn chwilfrydig, a dilynodd y cyngor
Kamaswami was curious, and followed the advice
Ond nid oedd Siddhartha yn poeni llawer am golledion nac elw
But Siddhartha cared little about loses or profits
Pan wnaeth elw, fe'i derbyniodd yn gyfartal
When he made a profit, he accepted it with equanimity
pan wnaeth golledion, fe chwarddodd hi i ffwrdd
when he made losses, he laughed it off
Roedd yn ymddangos yn wir, fel pe nad oedd yn poeni am y busnes
It seemed indeed, as if he did not care about the business

Ar un adeg, teithiodd i bentref
At one time, he travelled to a village
aeth yno i brynu cynhaeaf mawr o reis
he went there to buy a large harvest of rice
Ond pan gyrhaeddodd yno, roedd y reis eisoes wedi'i werthu
But when he got there, the rice had already been sold
masnachwr arall wedi cyrraedd y pentref o'i flaen
another merchant had gotten to the village before him
Serch hynny, arhosodd Siddhartha am sawl diwrnod yn y pentref hwnnw
Nevertheless, Siddhartha stayed for several days in that village
triniodd y ffermwyr am ddiod
he treated the farmers for a drink
rhoddodd ddarnau arian copr i'w plant
he gave copper-coins to their children
ymunodd i ddathlu priodas
he joined in the celebration of a wedding
a dychwelodd yn hynod foddlawn o'i daith
and he returned extremely satisfied from his trip
Roedd Kamaswami yn grac bod Siddhartha wedi gwastraffu amser ac arian
Kamaswami was angry that Siddhartha had wasted time and money
Atebodd Siddhartha "Stop scolding, ffrind annwyl!"
Siddhartha answered "Stop scolding, dear friend!"
"Ni chyflawnwyd unrhyw beth erioed trwy scolding"
"Nothing was ever achieved by scolding"
"Os oes colled wedi digwydd, gadewch i mi ysgwyddo'r golled honno"
"If a loss has occurred, let me bear that loss"
"Rwy'n fodlon iawn gyda'r daith hon"
"I am very satisfied with this trip"
"Rwyf wedi dod i adnabod sawl math o bobl"
"I have gotten to know many kinds of people"

"Mae Brahman wedi dod yn ffrind i mi"
"a Brahman has become my friend"
"plant wedi eistedd ar fy ngliniau"
"children have sat on my knees"
"Mae ffermwyr wedi dangos eu meysydd i mi"
"farmers have shown me their fields"
"Doedd neb yn gwybod fy mod i'n fasnachwr"
"nobody knew that I was a merchant"
"Mae hynny i gyd yn braf iawn," ebychodd Kamaswami yn ddig
"That's all very nice," exclaimed Kamaswami indignantly
"ond mewn gwirionedd, masnachwr ydych chi wedi'r cyfan"
"but in fact, you are a merchant after all"
"Neu a oedd gennych chi ddim ond teithio ar gyfer eich difyrrwch?"
"Or did you have only travel for your amusement?"
"wrth gwrs fy mod wedi teithio ar gyfer fy difyrrwch" chwarddodd Siddhartha
"of course I have travelled for my amusement" Siddhartha laughed
"Am beth arall fyddwn i wedi teithio?"
"For what else would I have travelled?"
"Rwyf wedi dod i adnabod pobl a lleoedd"
"I have gotten to know people and places"
"Rwyf wedi derbyn caredigrwydd ac ymddiriedaeth"
"I have received kindness and trust"
"Rwyf wedi dod o hyd i gyfeillgarwch yn y pentref hwn"
"I have found friendships in this village"
"Pe bawn i wedi bod yn Kamaswami, byddwn wedi teithio'n ôl yn flin"
"if I had been Kamaswami, I would have travelled back annoyed"
"Byddwn wedi bod ar frys cyn gynted ag y byddai fy mhryniant wedi methu"
"I would have been in hurry as soon as my purchase failed"
"a byddai amser ac arian yn wir wedi eu colli"

"and time and money would indeed have been lost"
"Ond fel hyn, dwi wedi cael ychydig o ddyddiau da"
"But like this, I've had a few good days"
"Rwyf wedi dysgu o fy amser yno"
"I've learned from my time there"
"a dwi wedi cael llawenydd o'r profiad"
"and I have had joy from the experience"
"Dydw i ddim wedi niweidio fy hun nac eraill trwy flinder a brys"
"I've neither harmed myself nor others by annoyance and hastiness"
"Os dychwelaf byth bydd pobl gyfeillgar yn fy nghroesawu"
"if I ever return friendly people will welcome me"
"Os dychwelaf i wneud bydd pobl sy'n gyfeillgar i fusnes yn fy nghroesawu i hefyd"
"if I return to do business friendly people will welcome me too"
"Rwy'n canmol fy hun am beidio â dangos unrhyw frys neu anfodlonrwydd"
"I praise myself for not showing any hurry or displeasure"
"Felly, gadewch hi fel y mae, fy ffrind"
"So, leave it as it is, my friend"
"a pheidiwch â niweidio'ch hun trwy scolding"
"and don't harm yourself by scolding"
"Os gwelwch Siddhartha yn niweidio ei hun, yna siaradwch â mi"
"If you see Siddhartha harming himself, then speak with me"
"a bydd Siddhartha yn mynd ar ei lwybr ei hun"
"and Siddhartha will go on his own path"
"Ond tan hynny, gadewch i ni fod yn fodlon ar ein gilydd"
"But until then, let's be satisfied with one another"
ofer oedd ymdrechion y masnachwr i argyhoeddi Siddhartha
the merchant's attempts to convince Siddhartha were futile
ni allai wneud i Siddhartha fwyta ei fara
he could not make Siddhartha eat his bread

Bwytaodd Siddhartha ei fara ei hun
Siddhartha ate his own bread
neu yn hytrach, y ddau yn bwyta bara pobl eraill
or rather, they both ate other people's bread
Ni wrandawodd Siddhartha erioed ar bryderon Kamaswami
Siddhartha never listened to Kamaswami's worries
ac roedd gan Kamaswami lawer o bryderon yr oedd am eu rhannu
and Kamaswami had many worries he wanted to share
roedd bargeinion busnes yn mynd rhagddynt mewn perygl o fethu
there were business-deals going on in danger of failing
roedd yn ymddangos bod llwythi o nwyddau wedi'u colli
shipments of merchandise seemed to have been lost
roedd yn ymddangos nad oedd dyledwyr yn gallu talu
debtors seemed to be unable to pay
Ni allai Kamaswami byth argyhoeddi Siddhartha i ddatgan geiriau o bryder
Kamaswami could never convince Siddhartha to utter words of worry
Ni allai Kamaswami wneud i Siddhartha deimlo dicter tuag at fusnes
Kamaswami could not make Siddhartha feel anger towards business
ni allai ei gael i gael crychau ar y talcen
he could not get him to to have wrinkles on the forehead
ni allai wneud i Siddhartha gysgu'n wael
he could not make Siddhartha sleep badly

un diwrnod, ceisiodd Kamaswami siarad â Siddhartha
one day, Kamaswami tried to speak with Siddhartha
"Siddhartha, rydych chi wedi methu â dysgu unrhyw beth newydd"
"Siddhartha, you have failed to learn anything new"
ond eto, Siddhartha chwerthin am hyn
but again, Siddhartha laughed at this
"A fyddech cystal â pheidio â fy mhwyllo â jôcs o'r fath"

"Would you please not kid me with such jokes"
"Yr hyn rydw i wedi'i ddysgu gennych chi yw faint mae basged o bysgod yn ei gostio"
"What I've learned from you is how much a basket of fish costs"
"a dysgais faint o log y gellir ei godi ar arian a fenthycwyd"
"and I learned how much interest may be charged on loaned money"
"Dyma'ch meysydd arbenigedd"
"These are your areas of expertise"
"Dydw i ddim wedi dysgu meddwl gennych chi, fy annwyl Kamaswami"
"I haven't learned to think from you, my dear Kamaswami"
"Dylech fod yr un sy'n ceisio dysgu oddi wrthyf"
"you ought to be the one seeking to learn from me"
Yn wir nid oedd ei enaid gyda'r fasnach
Indeed his soul was not with the trade
Roedd y busnes yn ddigon da i roi arian iddo ar gyfer Kamala
The business was good enough to provide him with money for Kamala
ac enillodd iddo lawer mwy nag oedd ei angen
and it earned him much more than he needed
Heblaw Kamala, roedd chwilfrydedd Siddhartha gyda'r bobl
Besides Kamala, Siddhartha's curiosity was with the people
eu busnesau, eu crefftau, eu pryderon, a'u pleserau
their businesses, crafts, worries, and pleasures
arferai y pethau hyn oll fod yn ddieithr iddo
all these things used to be alien to him
arferai eu gweithredoedd ffolineb fod mor bell a'r lleuad
their acts of foolishness used to be as distant as the moon
llwyddodd yn hawdd i siarad â phob un ohonynt
he easily succeeded in talking to all of them
gallai fyw gyda phob un ohonynt
he could live with all of them

a gallai barhau i ddysgu oddi wrthynt oll
and he could continue to learn from all of them
ond yr oedd rhywbeth yn ei wahanu oddi wrthynt
but there was something which separated him from them
gallai deimlo rhwyg rhyngddo a'r bobl
he could feel a divide between him and the people
y ffactor gwahanu hwn oedd ei fod yn Samana
this separating factor was him being a Samana
Gwelodd ddynolryw yn myned trwy fywyd yn blentynaidd
He saw mankind going through life in a childlike manner
mewn sawl ffordd roedden nhw'n byw fel mae anifeiliaid yn byw
in many ways they were living the way animals live
yr oedd yn caru ac hefyd yn dirmygu eu ffordd o fyw
he loved and also despised their way of life
Gwelodd hwy yn llafurio ac yn dioddef
He saw them toiling and suffering
yr oeddynt yn myned yn llwyd am bethau annheilwng o'r pris hwn
they were becoming gray for things unworthy of this price
gwnaethant bethau er arian a phleserau bychain
they did things for money and little pleasures
gwnaethant bethau am gael eu hanrhydeddu ychydig
they did things for being slightly honoured
gwelodd hwy yn gwarchae ac yn sarhau ei gilydd
he saw them scolding and insulting each other
gwelodd hwy yn cwyno am boen
he saw them complaining about pain
poenau na fyddai Samana ond yn gwenu arnynt
pains at which a Samana would only smile
a gwelodd hwynt yn dioddef o amddifadrwydd
and he saw them suffering from deprivations
amddifadedd na fyddai Samana yn ei deimlo
deprivations which a Samana would not feel
Roedd yn agored i bopeth y daeth y bobl hyn â'i ffordd
He was open to everything these people brought his way

croeso oedd y masnachwr a gynnygiodd liain iddo ar werth
welcome was the merchant who offered him linen for sale
croeso oedd y dyledwr a geisiodd fenthyciad arall
welcome was the debtor who sought another loan
croeso oedd y cardotyn a adroddodd hanes ei dlodi iddo
welcome was the beggar who told him the story of his poverty
y cardotyn nad oedd hanner mor dlawd ag unrhyw Samana
the beggar who was not half as poor as any Samana
Nid oedd yn trin y masnachwr cyfoethog a'i was yn wahanol
He did not treat the rich merchant and his servant different
gadawodd i'r gwerthwr stryd ei dwyllo wrth brynu bananas
he let street-vendor cheat him when buying bananas
Byddai Kamaswami yn aml yn cwyno wrtho am ei bryderon
Kamaswami would often complain to him about his worries
neu byddai'n ei geryddu am ei fusnes
or he would reproach him about his business
gwrandawodd yn chwilfrydig ac yn hapus
he listened curiously and happily
ond cafodd ei ddrysu gan ei gyfaill
but he was puzzled by his friend
ceisiodd ei ddeall
he tried to understand him
a chyfaddefodd ei fod yn iawn, hyd at ryw bwynt penodol
and he admitted he was right, up to a certain point
roedd llawer yn gofyn am Siddhartha
there were many who asked for Siddhartha
roedd llawer eisiau gwneud busnes ag ef
many wanted to do business with him
roedd llawer a fynnai ei dwyllo
there were many who wanted to cheat him
mynai llawer dynu rhyw gyfrinach allan ohono
many wanted to draw some secret out of him
mynnai llawer apelio at ei gydymdeimlad
many wanted to appeal to his sympathy
roedd llawer eisiau cael ei gyngor
many wanted to get his advice

Rhoddodd gyngor i'r rhai oedd ei eisiau
He gave advice to those who wanted it
tosturiodd y rhai oedd angen trueni
he pitied those who needed pity
gwnaeth roddion i'r rhai oedd yn hoffi anrhegion
he made gifts to those who liked presents
gadawodd i rai ei dwyllo ychydig
he let some cheat him a bit
roedd y gêm hon yr oedd pawb yn ei chwarae yn meddiannu ei feddyliau
this game which all people played occupied his thoughts
meddyliodd am y gêm hon lawn cymaint ag oedd ganddo am y Duwiau
he thought about this game just as much as he had about the Gods
yn ddwfn yn ei frest teimlai lais yn marw
deep in his chest he felt a dying voice
ceryddodd y llais hwn ef yn dawel
this voice admonished him quietly
a phrin y syniai y llais o'r tu mewn ohono'i hun
and he hardly perceived the voice inside of himself
Ac yna, am awr, daeth yn ymwybodol o rywbeth
And then, for an hour, he became aware of something
daeth yn ymwybodol o'r bywyd rhyfedd yr oedd yn ei arwain
he became aware of the strange life he was leading
sylweddolodd mai dim ond gêm oedd y bywyd hwn
he realized this life was only a game
ar adegau byddai'n teimlo hapusrwydd a llawenydd
at times he would feel happiness and joy
ond roedd bywyd go iawn yn dal i fynd heibio iddo
but real life was still passing him by
ac yr oedd yn myned heibio heb gyffwrdd ag ef
and it was passing by without touching him
Chwaraeodd Siddhartha gyda'i fusnes-bargeinion
Siddhartha played with his business-deals

Cafodd Siddhartha ddifyrrwch yn y bobl o'i gwmpas
Siddhartha found amusement in the people around him
ond ynghylch ei galon, nid oedd efe gyda hwynt
but regarding his heart, he was not with them
Rhedodd y ffynhonnell yn rhywle, ymhell oddi wrtho
The source ran somewhere, far away from him
rhedodd a rhedodd yn anweledig
it ran and ran invisibly
nid oedd ganddo ddim i'w wneud â'i fywyd mwyach
it had nothing to do with his life any more
ar sawl achlysur daeth ofn arno oherwydd y fath feddyliau
at several times he became scared on account of such thoughts
roedd yn dymuno y gallai gymryd rhan ym mhob un o'r gemau plentynnaidd hyn
he wished he could participate in all of these childlike games
roedd eisiau byw mewn gwirionedd
he wanted to really live
roedd e eisiau actio yn eu theatr nhw mewn gwirionedd
he wanted to really act in their theatre
yr oedd am wir fwynhau eu pleserau
he wanted to really enjoy their pleasures
ac yr oedd am fyw, yn lle dim ond sefyll gerllaw fel gwyliwr
and he wanted to live, instead of just standing by as a spectator

Ond dro ar ôl tro, daeth yn ôl i Kamala hardd
But again and again, he came back to beautiful Kamala
dysgodd gelfyddyd cariad
he learned the art of love
ac ymarferodd gwlt chwant
and he practised the cult of lust
chwant, yn yr hwn y daw rhoddi a chymeryd yn un
lust, in which giving and taking becomes one
roedd yn sgwrsio â hi ac yn dysgu ganddi
he chatted with her and learned from her
rhoddodd gyngor iddi, a derbyniodd ei chyngor
he gave her advice, and he received her advice

Roedd hi'n ei ddeall yn well nag yr oedd Govinda yn ei ddeall
She understood him better than Govinda used to understand him
roedd hi'n debycach iddo nag y bu Govinda
she was more similar to him than Govinda had been
"Rwyt ti fel fi," meddai wrthi
"You are like me," he said to her
"Rydych chi'n wahanol i'r rhan fwyaf o bobl"
"you are different from most people"
"Ti yw Kamala, dim byd arall"
"You are Kamala, nothing else"
"a thu mewn i chi, mae heddwch a lloches"
"and inside of you, there is a peace and refuge"
"lloches y gallwch chi fynd iddi bob awr o'r dydd"
"a refuge to which you can go at every hour of the day"
"Gallwch chi fod gartref gyda chi'ch hun"
"you can be at home with yourself"
"Gallaf wneud hyn hefyd"
"I can do this too"
"Ychydig o bobl sydd â'r lle hwn"
"Few people have this place"
"ac eto gallai pob un ohonynt ei gael"
"and yet all of them could have it"
"Nid yw pawb yn graff" meddai Kamala
"Not all people are smart" said Kamala
"Na," meddai Siddhartha, "nid dyna'r rheswm pam"
"No," said Siddhartha, "that's not the reason why"
"Mae Kamaswami yr un mor smart ag ydw i"
"Kamaswami is just as smart as I am"
"ond nid oes ganddo noddfa ynddo ei hun"
"but he has no refuge in himself"
"Mae gan eraill, er bod ganddyn nhw feddyliau plant"
"Others have it, although they have the minds of children"
"Mae'r rhan fwyaf o bobl, Kamala, fel deilen yn cwympo"
"Most people, Kamala, are like a falling leaf"

"deilen sy'n cael ei chwythu ac yn troi o gwmpas trwy'r awyr"
"a leaf which is blown and is turning around through the air"
"deilen sy'n simsanu, ac yn cwympo i'r llawr"
"a leaf which wavers, and tumbles to the ground"
"Ond mae eraill, ychydig, fel sêr"
"But others, a few, are like stars"
"maen nhw'n mynd ar gwrs sefydlog"
"they go on a fixed course"
"dim gwynt yn eu cyrraedd"
"no wind reaches them"
"ynddynt eu hunain y mae ganddynt eu cyfraith a'u cwrs"
"in themselves they have their law and their course"
"Ymysg yr holl ddynion dysgedig yr wyf wedi cyfarfod, yr oedd un o'r fath"
"Among all the learned men I have met, there was one of this kind"
"yr oedd yn un gwir berffeithiedig"
"he was a truly perfected one"
"Fydda i byth yn gallu ei anghofio"
"I'll never be able to forget him"
"Y Gotama hwnnw, yr un dyrchafedig"
"It is that Gotama, the exalted one"
"Mae miloedd o ddilynwyr yn gwrando ar ei ddysgeidiaeth bob dydd"
"Thousands of followers are listening to his teachings every day"
"Maen nhw'n dilyn ei gyfarwyddiadau bob awr"
"they follow his instructions every hour"
"Ond maen nhw i gyd yn ddail yn cwympo"
"but they are all falling leaves"
"nid ynddynt eu hunain y mae ganddynt ddysgeidiaeth a deddf"
"not in themselves they have teachings and a law"
Edrychodd Kamala arno gyda gwên
Kamala looked at him with a smile

"Unwaith eto, rydych chi'n siarad amdano," meddai
"Again, you're talking about him," she said
"Unwaith eto, rydych chi'n cael meddyliau Samana"
"again, you're having a Samana's thoughts"
Siddhartha dweud dim byd, ac maent yn chwarae y gêm o gariad
Siddhartha said nothing, and they played the game of love
un o'r tri deg neu ddeugain o gemau gwahanol roedd Kamala yn gwybod
one of the thirty or forty different games Kamala knew
Roedd ei chorff yn hyblyg fel corff jaguar
Her body was flexible like that of a jaguar
hyblyg fel bwa heliwr
flexible like the bow of a hunter
yr hwn oedd wedi dysgu ganddi sut i wneud cariad
he who had learned from her how to make love
yr oedd yn wybodus o lawer math o chwant
he was knowledgeable of many forms of lust
gwyddai yr hwn a ddysgodd ganddi lawer o gyfrinachau
he that learned from her knew many secrets
Am gyfnod hir, bu'n chwarae gyda Siddhartha
For a long time, she played with Siddhartha
hi a'i hudodd ac a'i gwrthododd
she enticed him and rejected him
hi a'i gorfododd ef a'i gofleidio
she forced him and embraced him
mwynhaodd ei sgiliau meistrolgar
she enjoyed his masterful skills
nes ei orchfygu a gorphwyso yn lluddedig wrth ei hochr
until he was defeated and rested exhausted by her side
Plygodd y cwrteisi drosto
The courtesan bent over him
cymerodd hi olwg hir ar ei wyneb
she took a long look at his face
mae hi'n edrych ar ei lygaid, a oedd wedi tyfu'n flinedig
she looked at his eyes, which had grown tired

"Chi yw'r cariad gorau a welais erioed" meddai'n feddylgar
"You are the best lover I have ever seen" she said thoughtfully
"Rydych chi'n gryfach nag eraill, yn fwy ystwyth, yn fwy parod"
"You're stronger than others, more supple, more willing"
"Rydych chi wedi dysgu fy nghelf yn dda, Siddhartha"
"You've learned my art well, Siddhartha"
"Ar ryw adeg, pan fydda i'n hŷn, byddwn i eisiau cario'ch plentyn"
"At some time, when I'll be older, I'd want to bear your child"
"Ac eto, fy annwyl, rydych chi wedi aros yn Samana"
"And yet, my dear, you've remained a Samana"
"ac er hyn, nid ydych yn fy ngharu i"
"and despite this, you do not love me"
"Nid oes unrhyw un yr ydych yn ei garu"
"there is nobody that you love"
"Onid yw felly?" gofynnodd Kamala
"Isn't it so?" asked Kamala
"Efallai ei fod yn dda iawn," meddai Siddhartha flinedig
"It might very well be so," Siddhartha said tiredly
"Rwyf fel chi, oherwydd nid ydych hefyd yn caru"
"I am like you, because you also do not love"
"sut arall allech chi ymarfer cariad fel crefft?"
"how else could you practise love as a craft?"
"Efallai, ni all pobl o'n math ni garu"
"Perhaps, people of our kind can't love"
"Gall y bobl blentynnaidd garu, dyna eu cyfrinach"
"The childlike people can love, that's their secret"

Sansara

Am gyfnod hir, roedd Siddhartha wedi byw yn y byd a chwant
For a long time, Siddhartha had lived in the world and lust
yr oedd yn byw fel hyn er hyny, heb fod yn rhan o hono
he lived this way though, without being a part of it
roedd wedi lladd hwn i ffwrdd pan oedd yn Samana
he had killed this off when he had been a Samana
ond yn awr yr oeddynt wedi deffro drachefn
but now they had awoken again
yr oedd wedi blasu cyfoeth, chwant, a nerth
he had tasted riches, lust, and power
bu am hir amser yn Samana yn ei galon
for a long time he had remained a Samana in his heart
Roedd Kamala, gan ei fod yn graff, wedi sylweddoli hyn yn iawn
Kamala, being smart, had realized this quite right
roedd meddwl, aros, ac ymprydio yn dal i arwain ei fywyd
thinking, waiting, and fasting still guided his life
arhosodd y bobl ifanc yn ddieithr iddo
the childlike people remained alien to him
ac arhosodd yn ddieithr i'r plantos
and he remained alien to the childlike people
Aeth blynyddoedd heibio; amgylchynu gan y bywyd da
Years passed by; surrounded by the good life
Prin y teimlai Siddhartha y blynyddoedd yn pylu
Siddhartha hardly felt the years fading away
Roedd wedi dod yn gyfoethog ac yn meddu ar dŷ ei hun
He had become rich and possessed a house of his own
yr oedd ganddo hyd yn oed ei weision ei hun
he even had his own servants
yr oedd ganddo ardd o flaen y ddinas, wrth yr afon
he had a garden before the city, by the river
Roedd y bobl yn ei hoffi ac yn dod ato am arian neu gyngor
The people liked him and came to him for money or advice
ond nid oedd neb yn agos ato, heblaw Kamala

but there was nobody close to him, except Kamala
y cyflwr disglair o fod yn effro
the bright state of being awake
y teimlad a brofasai yn anterth ei ieuenctyd
the feeling which he had experienced at the height of his youth
yn y dyddiau hyny ar ol pregeth Gotama
in those days after Gotama's sermon
ar ôl y gwahaniad oddi wrth Govinda
after the separation from Govinda
disgwyliad bywyd llawn tyndra
the tense expectation of life
y cyflwr balch o sefyll yn unig
the proud state of standing alone
bod heb ddysgeidiaeth nac athrawon
being without teachings or teachers
y parodrwydd ystwyth i wrando ar y llais dwyfol yn ei galon ei hun
the supple willingness to listen to the divine voice in his own heart
yn araf deg yr oedd y pethau hyn oll wedi dyfod yn gof
all these things had slowly become a memory
yr oedd y cof wedi bod yn fyrlym, pell, a thawel
the memory had been fleeting, distant, and quiet
y ffynhonnell sanctaidd, a arferai fod yn agos, yn awr yn unig grwgnach
the holy source, which used to be near, now only murmured
y ffynon sanctaidd, yr hon a arferai grwgnach o'i fewn ei hun
the holy source, which used to murmur within himself
Serch hynny, llawer o bethau yr oedd wedi'u dysgu gan y Samanas
Nevertheless, many things he had learned from the Samanas
yr oedd wedi dysgu gan Gotama
he had learned from Gotama
yr oedd wedi dysgu gan ei dad y Brahman

he had learned from his father the Brahman
yr oedd ei dad wedi aros o fewn ei fodolaeth am amser maith
his father had remained within his being for a long time
byw yn gymedrol, llawenydd meddwl, oriau myfyrdod
moderate living, the joy of thinking, hours of meditation
gwybodaeth ddirgel yr hunan; ei endid tragywyddol
the secret knowledge of the self; his eternal entity
yr hunan nad yw'n gorff nac yn ymwybyddiaeth
the self which is neither body nor consciousness
Llawer rhan o hyn oedd ganddo o hyd
Many a part of this he still had
ond yr oedd y naill ran ar ol y llall wedi ei boddi
but one part after another had been submerged
ac yn y diwedd casglodd pob rhan lwch
and eventually each part gathered dust
bydd olwyn crochenydd, unwaith yn symud, yn troi am amser hir
a potter's wheel, once in motion, will turn for a long time
dim ond yn araf y mae'n colli ei egni
it loses its vigour only slowly
a daw i ben dim ond ar ôl amser
and it comes to a stop only after time
Roedd enaid Siddhartha wedi parhau i droi olwyn asgetigiaeth
Siddhartha's soul had kept on turning the wheel of asceticism
roedd olwyn y meddwl wedi dal i droi am amser hir
the wheel of thinking had kept turning for a long time
yr oedd olwyn y gwahaniaethiad wedi troi er ys talm o hyd
the wheel of differentiation had still turned for a long time
ond trodd yn araf a phetrusgar
but it turned slowly and hesitantly
ac yr oedd yn agos i ddyfod i stop
and it was close to coming to a standstill
Yn araf, fel lleithder yn mynd i mewn i goesyn marw coed
Slowly, like humidity entering the dying stem of a tree

llenwi'r coesyn yn araf a gwneud iddo bydru
filling the stem slowly and making it rot
roedd y byd a'r sloth wedi mynd i mewn i enaid Siddhartha
the world and sloth had entered Siddhartha's soul
yn araf deg llanwodd ei enaid a'i wneud yn drwm
slowly it filled his soul and made it heavy
gwnaeth i'w enaid flino a'i roi i gysgu
it made his soul tired and put it to sleep
Ar y llaw arall, roedd ei synhwyrau wedi dod yn fyw
On the other hand, his senses had become alive
roedd llawer o'i synhwyrau wedi'i ddysgu
there was much his senses had learned
roedd llawer o'i synhwyrau wedi'i brofi
there was much his senses had experienced
Roedd Siddhartha wedi dysgu masnachu
Siddhartha had learned to trade
roedd wedi dysgu sut i ddefnyddio ei bŵer dros bobl
he had learned how to use his power over people
roedd wedi dysgu sut i fwynhau ei hun gyda menyw
he had learned how to enjoy himself with a woman
roedd wedi dysgu sut i wisgo dillad hardd
he had learned how to wear beautiful clothes
roedd wedi dysgu sut i roi gorchmynion i weision
he had learned how to give orders to servants
roedd wedi dysgu sut i ymdrochi mewn dyfroedd persawrus
he had learned how to bathe in perfumed waters
Roedd wedi dysgu sut i fwyta'n dyner ac wedi'i baratoi'n ofalus
He had learned how to eat tenderly and carefully prepared food
yr oedd hyd yn oed yn bwyta pysgod, cig, a dofednod
he even ate fish, meat, and poultry
sbeisys a melysion a gwin, sy'n achosi sloth ac anghofrwydd
spices and sweets and wine, which causes sloth and forgetfulness

Roedd wedi dysgu chwarae gyda dis ac ar fwrdd gwyddbwyll
He had learned to play with dice and on a chess-board
roedd wedi dysgu gwylio merched yn dawnsio
he had learned to watch dancing girls
dysgodd gael ei gario o gwmpas mewn cadair sedan
he learned to have himself carried about in a sedan-chair
dysgodd gysgu ar wely meddal
he learned to sleep on a soft bed
Ond roedd yn dal i deimlo'n wahanol i eraill
But still he felt different from others
roedd yn dal i deimlo'n well na'r lleill
he still felt superior to the others
yr oedd bob amser yn eu gwylio â rhyw watwargerdd
he always watched them with some mockery
yr oedd rhyw ddirmyg gwatwar bob amser ynghylch y modd yr oedd yn teimlo yn eu cylch
there was always some mocking disdain to how he felt about them
yr un dirmyg a deimla Samana dros bobl y byd
the same disdain a Samana feels for the people of the world

Roedd Kamaswami yn sâl ac yn teimlo'n flin
Kamaswami was ailing and felt annoyed
teimlai wedi ei sarhau gan Siddhartha
he felt insulted by Siddhartha
a thrallodwyd ef gan ei ofidiau fel masnachwr
and he was vexed by his worries as a merchant
Roedd Siddhartha bob amser wedi gwylio'r pethau hyn gyda gwatwar
Siddhartha had always watched these things with mockery
ond yr oedd ei wawd wedi blino yn fwy
but his mockery had become more tired
yr oedd ei ragoriaeth wedi myned yn fwy tawel
his superiority had become more quiet
mor araf anganfyddadwy â'r tymor glawog yn mynd heibio
as slowly imperceptible as the rainy season passing by

yn araf deg, roedd Siddhartha wedi tybio rhywbeth o ffyrdd y bobl blentynnaidd
slowly, Siddhartha had assumed something of the childlike people's ways
yr oedd wedi ennill peth o'u plentyndod
he had gained some of their childishness
ac yr oedd wedi ennill peth o'u braw
and he had gained some of their fearfulness
Ac eto, po fwyaf y deuai yn debyg iddynt, mwyaf y cenfigenai efe wrthynt
And yet, the more be become like them the more he envied them
Roedd yn eiddigeddus ohonynt am yr un peth oedd ar goll ohono
He envied them for the one thing that was missing from him
y pwysigrwydd y gallent ei roi ar eu bywydau
the importance they were able to attach to their lives
maint yr angerdd yn eu llawenydd a'u hofnau
the amount of passion in their joys and fears
hapusrwydd ofnus ond melys o fod yn gyson mewn cariad
the fearful but sweet happiness of being constantly in love
Roedd y bobl hyn mewn cariad â nhw eu hunain drwy'r amser
These people were in love with themselves all of the time
roedd merched yn caru eu plant, gydag anrhydedd neu arian
women loved their children, with honours or money
roedd y dynion yn caru eu hunain gyda chynlluniau neu obeithion
the men loved themselves with plans or hopes
Ond ni ddysgodd hyn ganddynt
But he did not learn this from them
ni ddysgodd orfoledd plant
he did not learn the joy of children
ac ni ddysgodd eu ffolineb hwynt
and he did not learn their foolishness
yr hyn a ddysgai yn benaf oedd eu pethau annymunol

what he mostly learned were their unpleasant things
ac efe a ddirmygodd y pethau hyn
and he despised these things
yn y boreu, ar ol cael cwmni
in the morning, after having had company
mwy a mwy arhosodd yn y gwely am amser hir
more and more he stayed in bed for a long time
teimlai na fedrai feddwl, ac yr oedd wedi blino
he felt unable to think, and was tired
aeth yn ddig ac yn ddiamynedd pan ddiflasodd Kamaswami ef â'i ofidiau
he became angry and impatient when Kamaswami bored him with his worries
chwarddodd yn rhy uchel pan gollodd gêm o ddis
he laughed just too loud when he lost a game of dice
Roedd ei wyneb yn dal yn gallach ac yn fwy ysbrydol nag eraill
His face was still smarter and more spiritual than others
ond anaml y chwerthinai ei wyneb mwyach
but his face rarely laughed anymore
yn araf deg, cymerodd ei wyneb nodweddion eraill
slowly, his face assumed other features
y nodweddion a geir yn aml yn wynebau pobl gyfoethog
the features often found in the faces of rich people
nodweddion anfodlonrwydd, salwch, digrifwch
features of discontent, of sickliness, of ill-humour
nodweddion sloth, a diffyg cariad
features of sloth, and of a lack of love
clefyd yr enaid sydd gan bobl gyfoethog
the disease of the soul which rich people have
Yn araf bach, gafaelodd y clefyd hwn ynddo
Slowly, this disease grabbed hold of him
fel tarth tenau, daeth blinder dros Siddhartha
like a thin mist, tiredness came over Siddhartha
yn araf deg, roedd y niwl hwn yn mynd ychydig yn ddwysach bob dydd

slowly, this mist got a bit denser every day
roedd yn mynd braidd yn fwy grwgnach bob mis
it got a bit murkier every month
a phob blwyddyn roedd yn mynd ychydig yn drymach
and every year it got a bit heavier
mae ffrogiau'n mynd yn hen gydag amser
dresses become old with time
mae dillad yn colli eu lliw hardd dros amser
clothes lose their beautiful colour over time
maent yn cael staeniau, crychau, wedi'u gwisgo i ffwrdd wrth y gwythiennau
they get stains, wrinkles, worn off at the seams
maent yn dechrau dangos smotiau edau yma ac acw
they start to show threadbare spots here and there
dyma sut oedd bywyd newydd Siddhartha
this is how Siddhartha's new life was
y bywyd a gychwynnodd ar ôl iddo wahanu oddi wrth Govinda
the life which he had started after his separation from Govinda
roedd ei fywyd wedi mynd yn hen ac wedi colli lliw
his life had grown old and lost colour
bu llai o ysblander iddo wrth i'r blynyddoedd fynd heibio
there was less splendour to it as the years passed by
roedd ei fywyd yn hel crychau a staeniau
his life was gathering wrinkles and stains
ac yn guddiedig yn y gwaelod, yr oedd siomedigaeth a ffieidd-dra yn aros
and hidden at bottom, disappointment and disgust were waiting
roedden nhw'n dangos eu hylltra
they were showing their ugliness
Ni sylwodd Siddhartha ar y pethau hyn
Siddhartha did not notice these things
cofiodd y llais llachar a dibynadwy y tu mewn iddo
he remembered the bright and reliable voice inside of him

sylwodd fod y llais wedi mynd yn dawel
he noticed the voice had become silent
yr Iesu oedd wedi deffro ynddo y pryd hyny
the voice which had awoken in him at that time
y llais oedd wedi ei arwain yn ei amseroedd gorau
the voice that had guided him in his best times
yr oedd wedi ei ddal gan y byd
he had been captured by the world
yr oedd wedi cael ei ddal gan chwant, trachwantrwydd, sloth
he had been captured by lust, covetousness, sloth
ac o'r diwedd yr oedd wedi cael ei ddal gan ei wedd mwyaf dirmygus
and finally he had been captured by his most despised vice
y cam a watwarodd fwyaf
the vice which he mocked the most
yr un mwyaf ffôl o bob drygioni
the most foolish one of all vices
yr oedd wedi gollwng trachwant yn ei galon
he had let greed into his heart
Yr oedd eiddo, meddiannau, a chyfoeth hefyd wedi ei ddal o'r diwedd
Property, possessions, and riches also had finally captured him
Nid oedd cael pethau bellach yn gêm iddo
having things was no longer a game to him
yr oedd ei eiddo wedi myned yn hualau ac yn faich
his possessions had become a shackle and a burden
Roedd wedi digwydd mewn ffordd ryfedd a chyfeiliornus
It had happened in a strange and devious way
Roedd Siddhartha wedi cael y cam hwn o'r gêm dis
Siddhartha had gotten this vice from the game of dice
roedd wedi peidio â bod yn Samana yn ei galon
he had stopped being a Samana in his heart
ac yna dechreuodd chwarae'r gêm am arian
and then he began to play the game for money
yn gyntaf ymunodd â'r gêm gyda gwên

first he joined the game with a smile
ar hyn o bryd chwaraeodd yn unig yn achlysurol
at this time he only played casually
yr oedd am ymuno ag arferion y bobl blentynaidd
he wanted to join the customs of the childlike people
ond yn awr chwareuai gyda chynddaredd ac angerdd cynyddol
but now he played with an increasing rage and passion
Roedd yn gamblwr ofnus ymhlith y masnachwyr eraill
He was a feared gambler among the other merchants
roedd ei betiau mor fentrus fel mai ychydig oedd yn meiddio ei gymryd ymlaen
his stakes were so audacious that few dared to take him on
Chwaraeodd y gêm oherwydd poen yn ei galon
He played the game due to a pain of his heart
roedd colli a gwastraffu ei arian druenus yn dod â llawenydd blin iddo
losing and wasting his wretched money brought him an angry joy
ni allai ddangos ei ddirmyg tuag at gyfoeth mewn unrhyw ffordd arall
he could demonstrate his disdain for wealth in no other way
nis gallai watwar gau dduw y masnachwyr mewn ffordd well
he could not mock the merchants' false god in a better way
felly fe gamblo gyda stanciau uchel
so he gambled with high stakes
casodd ei hun yn ddidrugaredd a gwatwarodd ei hun
he mercilessly hated himself and mocked himself
enillodd filoedd, taflodd ymaith filoedd
he won thousands, threw away thousands
collodd arian, gemwaith, tŷ yn y wlad
he lost money, jewellery, a house in the country
enillodd eto, ac yna collodd eto
he won it again, and then he lost again
yr oedd yn caru yr ofn a deimlai tra yr oedd yn treiglo y dis

he loved the fear he felt while he was rolling the dice
roedd wrth ei fodd yn teimlo'n bryderus am golli'r hyn yr oedd yn ei gamblo
he loved feeling worried about losing what he gambled
roedd bob amser eisiau codi'r ofn hwn i lefel ychydig yn uwch
he always wanted to get this fear to a slightly higher level
ni theimlai ond rhywbeth tebyg i ddedwyddwch pan y teimlai yr ofn hwn
he only felt something like happiness when he felt this fear
rhywbeth tebyg i feddwdod ydoedd
it was something like an intoxication
rhywbeth fel ffurf uchel ar fywyd
something like an elevated form of life
rhywbeth disgleiriach yng nghanol ei fywyd diflas
something brighter in the midst of his dull life
Ac ar ol pob colled fawr, gosodwyd ei feddwl ar gyfoeth newydd
And after each big loss, his mind was set on new riches
dilynodd y fasnach yn fwy selog
he pursued the trade more zealously
gorfododd ei ddyledwyr yn llymach i dalu
he forced his debtors more strictly to pay
oherwydd ei fod eisiau parhau i gamblo
because he wanted to continue gambling
roedd am barhau i wastraffu
he wanted to continue squandering
roedd am barhau i ddangos ei ddirmyg tuag at gyfoeth
he wanted to continue demonstrating his disdain of wealth
Collodd Siddhartha ei dawelwch pan ddigwyddodd colledion
Siddhartha lost his calmness when losses occurred
collodd ei amynedd pan nad oedd yn cael ei dalu mewn pryd
he lost his patience when he was not paid on time
collodd ei garedigrwydd tuag at gardotwyr

he lost his kindness towards beggars
Fe gamblo i ffwrdd ddegau o filoedd wrth un rholyn o'r dis
He gambled away tens of thousands at one roll of the dice
daeth yn fwy llym ac yn fwy mân yn ei fusnes
he became more strict and more petty in his business
yn achlysurol, roedd yn breuddwydio gyda'r nos am arian!
occasionally, he was dreaming at night about money!
pryd bynnag y deffrodd o'r swyn hyll hwn, daliodd i ffoi
whenever he woke up from this ugly spell, he continued fleeing
pryd bynnag y byddai'n gweld ei wyneb yn y drych wedi heneiddio, daeth o hyd i gêm newydd
whenever he found his face in the mirror to have aged, he found a new game
pa bryd bynnag y deuai embaras a ffieidd-dod drosto, efe a fferru ei feddwl
whenever embarrassment and disgust came over him, he numbed his mind
fferru ei feddwl â rhyw a gwin
he numbed his mind with sex and wine
ac oddiyno efe a ffodd yn ol i'r ysfa i bentyru a chael meddiannau
and from there he fled back into the urge to pile up and obtain possessions
Yn y cylch dibwrpas hwn rhedodd
In this pointless cycle he ran
o'i fywyd mae'n mynd yn flinedig, yn hen, ac yn sâl
from his life he grow tired, old, and ill

Yna daeth yr amser pan rybuddiodd breuddwyd ef
Then the time came when a dream warned him
Roedd wedi treulio oriau'r noson gyda Kamala
He had spent the hours of the evening with Kamala
yr oedd wedi bod yn ei hardd bleser-ardd
he had been in her beautiful pleasure-garden
Roedden nhw wedi bod yn eistedd o dan y coed, yn siarad
They had been sitting under the trees, talking

ac roedd Kamala wedi dweud geiriau meddylgar
and Kamala had said thoughtful words
geiriau lle'r oedd tristwch a blinder yn guddiedig
words behind which a sadness and tiredness lay hidden
Roedd hi wedi gofyn iddo ddweud wrthi am Gotama
She had asked him to tell her about Gotama
ni allai hi glywed digon ohono
she could not hear enough of him
roedd hi'n caru pa mor glir oedd ei lygaid
she loved how clear his eyes were
roedd hi'n caru pa mor llonydd a hardd oedd ei enau
she loved how still and beautiful his mouth was
roedd hi'n caru caredigrwydd ei wên
she loved the kindness of his smile
roedd hi'n caru pa mor heddychlon oedd ei daith gerdded
she loved how peaceful his walk had been
Am amser hir, roedd yn rhaid iddo ddweud wrthi am y Bwdha dyrchafedig
For a long time, he had to tell her about the exalted Buddha
ac yr oedd Kamala wedi ochneidio, ac yn siarad
and Kamala had sighed, and spoke
"Un diwrnod, efallai yn fuan, byddaf hefyd yn dilyn y Bwdha hwnnw"
"One day, perhaps soon, I'll also follow that Buddha"
"Fe roddaf fy ngardd bleser iddo yn anrheg"
"I'll give him my pleasure-garden for a gift"
"a byddaf yn llochesu yn ei ddysgeidiaeth ef"
"and I will take my refuge in his teachings"
Ond wedi hyn, hi oedd wedi ei gyffroi
But after this, she had aroused him
roedd hi wedi ei glymu wrthi hi yn y weithred o wneud cariad
she had tied him to her in the act of making love
gyda brwdfrydedd poenus, brathu a dagrau
with painful fervour, biting and in tears

yr oedd fel pe bai am wasgu'r diferyn melys olaf allan o'r gwin hwn
it was as if she wanted to squeeze the last sweet drop out of this wine
Nid oedd erioed wedi dod mor rhyfedd o glir i Siddhartha o'r blaen
Never before had it become so strangely clear to Siddhartha
teimlai mor agos oedd chwant i farwolaeth
he felt how close lust was akin to death
gosododd wrth ei hochr, ac roedd wyneb Kamala yn agos ato
he laid by her side, and Kamala's face was close to him
o dan ei llygaid ac yn ymyl corneli ei cheg
under her eyes and next to the corners of her mouth
yr oedd mor eglur ag erioed o'r blaen
it was as clear as never before
yno darllenodd arysgrif ofnus
there read a fearful inscription
arysgrif o linellau bychain a rhigolau bychain
an inscription of small lines and slight grooves
arysgrif sy'n atgoffa rhywun o'r hydref a'r henaint
an inscription reminiscent of autumn and old age
yma ac acw, blew llwyd ymhlith ei rai duon
here and there, gray hairs among his black ones
Sylwodd Siddhartha ei hun, nad oedd ond yn ei bedwardegau, ar yr un peth
Siddhartha himself, who was only in his forties, noticed the same thing
Roedd blinder wedi'i ysgrifennu ar wyneb hardd Kamala
Tiredness was written on Kamala's beautiful face
blinder o gerdded llwybr hir
tiredness from walking a long path
llwybr heb gyrchfan hapus
a path which has no happy destination
blinder a dechrau gwywo
tiredness and the beginning of withering
ofn henaint, hydref, a gorfod marw

fear of old age, autumn, and having to die
Gydag ochenaid, roedd wedi ffarwelio â hi
With a sigh, he had bid his farewell to her
yr enaid yn llawn cyndynrwydd, ac yn llawn o bryder cudd
the soul full of reluctance, and full of concealed anxiety

Roedd Siddhartha wedi treulio'r noson yn ei dŷ gyda merched yn dawnsio
Siddhartha had spent the night in his house with dancing girls
gweithredai fel pe buasai yn rhagori arnynt
he acted as if he was superior to them
gweithredodd yn rhagori ar gyd-aelodau ei gast
he acted superior towards the fellow-members of his caste
ond nid oedd hyn yn wir mwyach
but this was no longer true
yr oedd wedi yfed llawer o win y noson honno
he had drunk much wine that night
ac aeth i'w wely yn hir ar ol hanner nos
and he went to bed a long time after midnight
yn flinedig ac eto yn gyffrous, yn agos at wylofain ac anobaith
tired and yet excited, close to weeping and despair
bu am hir amser yn ceisio cysgu, ond ofer fu
for a long time he sought to sleep, but it was in vain
yr oedd ei galon yn llawn trallod
his heart was full of misery
meddyliodd na allai ddwyn mwyach
he thought he could not bear any longer
yr oedd yn llawn o ffieidd-dod, a deimlai yn treiddio i'w holl gorff
he was full of a disgust, which he felt penetrating his entire body
fel blas gwrthyrrol llugoer y gwin
like the lukewarm repulsive taste of the wine
roedd y gerddoriaeth ddiflas ychydig yn rhy hapus
the dull music was a little too happy
roedd gwên y merched yn dawnsio ychydig yn rhy feddal

the smile of the dancing girls was a little too soft
roedd arogl eu gwallt a'u bronnau ychydig yn rhy felys
the scent of their hair and breasts was a little too sweet
Ond yn fwy na chan ddim arall, roedd yn ffieiddio ganddo'i hun
But more than by anything else, he was disgusted by himself
ffieiddiwyd ef gan ei wallt persawrus
he was disgusted by his perfumed hair
ffieiddiwyd ef gan arogl gwin o'i enau
he was disgusted by the smell of wine from his mouth
ffieiddiwyd ef gan ddirgelwch ei groen
he was disgusted by the listlessness of his skin
Fel pan fydd rhywun sydd wedi bwyta ac yfed llawer gormod
Like when someone who has eaten and drunk far too much
maent yn ei chwydu yn ôl i fyny eto gyda phoen dirdynnol
they vomit it back up again with agonising pain
ond maent yn teimlo rhyddhad gan y chwydu
but they feel relieved by the vomiting
dymunai y dyn di-gwsg hwn ymryddhau o'r pleserau hyn
this sleepless man wished to free himself of these pleasures
roedd am gael gwared ar yr arferion hyn
he wanted to be rid of these habits
roedd am ddianc rhag yr holl fywyd dibwrpas hwn
he wanted to escape all of this pointless life
ac yr oedd am ddianc rhagddo ei hun
and he wanted to escape from himself
nid oedd tan olau y bore pan oedd ychydig o gwsg wedi syrthio
it wasn't until the light of the morning when he had slightly fallen sleep
roedd y gweithgareddau cyntaf ar y stryd eisoes yn dechrau
the first activities in the street were already beginning
am rai munudau roedd wedi dod o hyd i awgrym o gwsg
for a few moments he had found a hint of sleep
Yn yr eiliadau hynny, roedd ganddo freuddwyd

In those moments, he had a dream
Roedd Kamala yn berchen ar aderyn canu bach, prin mewn cawell aur
Kamala owned a small, rare singing bird in a golden cage
cenid iddo bob amser yn y boreu
it always sung to him in the morning
ond yna breuddwydiodd fod yr aderyn hwn wedi mynd yn fud
but then he dreamt this bird had become mute
ers i hyn godi ei sylw, camodd o flaen y cawell
since this arose his attention, he stepped in front of the cage
edrychodd ar yr aderyn y tu mewn i'r cawell
he looked at the bird inside the cage
yr oedd yr aderyn bychan wedi marw, ac yn gorwedd yn anystwyth ar lawr
the small bird was dead, and lay stiff on the ground
Cymerodd yr aderyn marw allan o'i gawell
He took the dead bird out of its cage
cymerodd eiliad i bwyso'r aderyn marw yn ei law
he took a moment to weigh the dead bird in his hand
ac yna ei daflu i ffwrdd, allan yn y stryd
and then threw it away, out in the street
yn yr un foment roedd yn teimlo sioc ofnadwy
in the same moment he felt terribly shocked
ei galon loes fel pe buasai wedi taflu ymaith bob gwerth
his heart hurt as if he had thrown away all value
roedd popeth da wedi bod y tu mewn i'r aderyn marw hwn
everything good had been inside of this dead bird
Gan ddechrau o'r freuddwyd hon, roedd yn teimlo ei fod wedi'i amgylchynu gan dristwch dwfn
Starting up from this dream, he felt encompassed by a deep sadness
roedd popeth yn ymddangos yn ddiwerth iddo
everything seemed worthless to him
diwerth a dibwrpas oedd y ffordd yr oedd wedi bod yn mynd trwy fywyd

worthless and pointless was the way he had been going through life
ni adawyd dim oedd yn fyw yn ei ddwylo
nothing which was alive was left in his hands
ni ellid cadw dim oedd yn flasus mewn rhyw fodd
nothing which was in some way delicious could be kept
fyddai dim byd gwerth ei gadw yn aros
nothing worth keeping would stay
ar ei ben ei hun safai yno, yn wag fel castaway ar y lan
alone he stood there, empty like a castaway on the shore

Gyda meddwl tywyll, aeth Siddhartha at ei bleser-ardd
With a gloomy mind, Siddhartha went to his pleasure-garden
cloodd y porth ac eistedd dan bren mango
he locked the gate and sat down under a mango-tree
teimlai angau yn ei galon ac arswyd yn ei frest
he felt death in his heart and horror in his chest
roedd yn synhwyro sut roedd popeth yn marw ac yn gwywo ynddo
he sensed how everything died and withered in him
Erbyn hyn, casglodd ei feddyliau yn ei feddwl
By and by, he gathered his thoughts in his mind
unwaith eto, efe a aeth trwy holl lwybr ei fywyd
once again, he went through the entire path of his life
dechreuodd gyda'r dyddiau cyntaf y gallai gofio
he started with the first days he could remember
Pa bryd y bu amser erioed pan oedd wedi teimlo gwir wynfyd?
When was there ever a time when he had felt a true bliss?
O ie, sawl gwaith roedd wedi profi'r fath beth
Oh yes, several times he had experienced such a thing
Yn ei flynyddoedd fel bachgen roedd wedi cael blas ar wynfyd
In his years as a boy he had had a taste of bliss
yr oedd wedi teimlo dedwyddwch yn ei galon pan gafodd glod gan y Brahmans

he had felt happiness in his heart when he obtained praise from the Brahmans
"Mae llwybr o flaen yr un sydd wedi gwahaniaethu ei hun"
"There is a path in front of the one who has distinguished himself"
yr oedd wedi teimlo gwynfyd wrth adrodd yr adnodau sanctaidd
he had felt bliss reciting the holy verses
yr oedd wedi teimlo gwynfyd yn ymryson â'r rhai dysgedig
he had felt bliss disputing with the learned ones
yr oedd wedi teimlo gwynfyd pan yn gynorthwywr yn yr offrymau
he had felt bliss when he was an assistant in the offerings
Yna, roedd wedi ei deimlo yn ei galon
Then, he had felt it in his heart
"Mae yna lwybr o'ch blaen"
"There is a path in front of you"
"Rydych chi wedi'ch tynghedu i'r llwybr hwn"
"you are destined for this path"
"Mae'r duwiau yn aros amdanoch chi"
"the gods are awaiting you"
Ac eto, yn ddyn ifanc, roedd wedi teimlo gwynfyd
And again, as a young man, he had felt bliss
pan oedd ei feddyliau yn ei wahanu oddi wrth y rhai oedd yn meddwl ar yr un pethau
when his thoughts separated him from those thinking on the same things
pan yr ymaflydodd mewn poen i bwrpas Brahman
when he wrestled in pain for the purpose of Brahman
pan oedd pob gwybodaeth a gafwyd yn unig yn ennyn syched newydd ynddo
when every obtained knowledge only kindled new thirst in him
yng nghanol y boen teimlai yr un peth iawn
in the midst of the pain he felt this very same thing
"Ewch ymlaen! Rydych yn cael eu galw ar!"

"Go on! You are called upon!"
Roedd wedi clywed y llais hwn pan oedd wedi gadael ei gartref
He had heard this voice when he had left his home
clywodd y llais hwn pan ddewisodd fywyd Samana
he heard heard this voice when he had chosen the life of a Samana
a thrachefn clywodd y llais hwn pan adawodd y Samanas
and again he heard this voice when left the Samanas
yr oedd wedi clywed y llais pan aeth i weld yr un perffeithiedig
he had heard the voice when he went to see the perfected one
ac wedi iddo fyned ymaith oddi wrth yr un perffeithiedig, efe a glybu yr lesu
and when he had gone away from the perfected one, he had heard the voice
yr oedd wedi clywed y llais pan aeth i mewn i'r ansicr
he had heard the voice when he went into the uncertain
Am ba hyd ni chlywodd efe y llais hwn mwyach?
For how long had he not heard this voice anymore?
am ba hyd na chyrhaeddodd uchder mwyach?
for how long had he reached no height anymore?
mor wastad a diflas oedd y modd yr aeth trwy fywyd ?
how even and dull was the manner in which he went through life?
am flynyddoedd maith heb nod uchel
for many long years without a high goal
yr oedd wedi bod heb syched na drychiad
he had been without thirst or elevation
yr oedd wedi bod yn foddlon ar bleserau bychain chwantus
he had been content with small lustful pleasures
ac eto ni foddlonwyd ef erioed !
and yet he was never satisfied!
Am yr holl flynyddoedd hyn roedd wedi ymdrechu'n galed i ddod yn debyg i'r lleill

For all of these years he had tried hard to become like the others
roedd yn dyheu am fod yn un o'r bobl blentynnaidd
he longed to be one of the childlike people
ond nid oedd yn gwybod mai dyna oedd ei eisiau mewn gwirionedd
but he didn't know that that was what he really wanted
bu ei fywyd yn llawer mwy truenus a thlotach na'u bywyd hwy
his life had been much more miserable and poorer than theirs
oherwydd nid eiddo ef oedd eu nodau a'u pryderon
because their goals and worries were not his
dim ond gêm iddo oedd holl fyd y Kamaswami-bobl
the entire world of the Kamaswami-people had only been a game to him
roedd eu bywydau yn ddawns y byddai'n ei wylio
their lives were a dance he would watch
fe wnaethant berfformio comedi y gallai ddifyrru ei hun â hi
they performed a comedy he could amuse himself with
Dim ond Kamala oedd wedi bod yn annwyl ac yn werthfawr iddo
Only Kamala had been dear and valuable to him
ond a oedd hi'n dal yn werthfawr iddo?
but was she still valuable to him?
Oedd e dal ei hangen hi?
Did he still need her?
Neu oedd hi dal ei angen?
Or did she still need him?
Oni chwaraeasant gêm heb ddiweddglo?
Did they not play a game without an ending?
Oedd angen byw i hyn?
Was it necessary to live for this?
Na, nid oedd yn angenrheidiol!
No, it was not necessary!
Enw'r gêm hon oedd Sansara
The name of this game was Sansara

gêm i blant a oedd efallai'n bleserus i'w chwarae unwaith
a game for children which was perhaps enjoyable to play once
efallai y gellid ei chwarae ddwywaith
maybe it could be played twice
efallai y gallech chi ei chwarae ddeg gwaith
perhaps you could play it ten times
ond a ddylech chi ei chwarae am byth?
but should you play it for ever and ever?
Yna, roedd Siddhartha yn gwybod bod y gêm drosodd
Then, Siddhartha knew that the game was over
roedd yn gwybod na allai ei chwarae mwyach
he knew that he could not play it any more
Rhedodd crynwyr dros ei gorff a'r tu mewn iddo
Shivers ran over his body and inside of him
teimlai fod rhywbeth wedi marw
he felt that something had died

Y diwrnod cyfan hwnnw, eisteddodd o dan y goeden mango
That entire day, he sat under the mango-tree
yr oedd yn meddwl am ei dad
he was thinking of his father
roedd yn meddwl am Govinda
he was thinking of Govinda
ac yr oedd yn meddwl am Gotama
and he was thinking of Gotama
A oedd yn rhaid iddo eu gadael i ddod yn Kamaswami?
Did he have to leave them to become a Kamaswami?
Roedd yn dal i eistedd yno pan oedd y nos wedi disgyn
He was still sitting there when the night had fallen
daliodd olwg ar y ser, a meddyliodd wrtho ei hun
he caught sight of the stars, and thought to himself
"Dyma fi'n eistedd o dan fy nghoeden mango yn fy ngardd bleser"
"Here I'm sitting under my mango-tree in my pleasure-garden"
Gwenodd ychydig iddo'i hun
He smiled a little to himself

a oedd gwir angen bod yn berchen ar ardd?
was it really necessary to own a garden?
onid gêm ffôl ydoedd?
was it not a foolish game?
a oedd angen iddo fod yn berchen mango-goed?
did he need to own a mango-tree?
Rhoddodd derfyn ar hyn hefyd
He also put an end to this
hwn hefyd a fu farw ynddo ef
this also died in him
Cododd a ffarweliodd â'r mango-bren
He rose and bid his farewell to the mango-tree
ffarweliodd â'r ardd bleser
he bid his farewell to the pleasure-garden
Gan ei fod wedi bod heb fwyd y dydd hwn, teimlai newyn cryf
Since he had been without food this day, he felt strong hunger
ac efe a feddyliodd am ei dŷ yn y ddinas
and he thought of his house in the city
meddyliodd am ei siambr a'i wely
he thought of his chamber and bed
meddyliodd am y bwrdd gyda'r prydau arno
he thought of the table with the meals on it
Gwenodd yn flinedig, ysgydwodd ei hun, a ffarweliodd â'r pethau hyn
He smiled tiredly, shook himself, and bid his farewell to these things
Yn yr un awr o'r nos, gadawodd Siddhartha ei ardd
In the same hour of the night, Siddhartha left his garden
gadawodd y ddinas ac ni ddaeth yn ôl
he left the city and never came back

Am gyfnod hir, roedd pobl Kamaswami yn edrych amdano
For a long time, Kamaswami had people look for him
tybient ei fod wedi syrthio i ddwylaw lladron
they thought he had fallen into the hands of robbers
Nid oedd gan Kamala neb yn edrych amdano

Kamala had no one look for him
ni syfrdanwyd hi gan ei ddiflaniad
she was not astonished by his disappearance
Onid oedd hi bob amser yn ei ddisgwyl?
Did she not always expect it?
Onid Samana oedd efe?
Was he not a Samana?
dyn nad oedd gartref yn unman, yn bererin
a man who was at home nowhere, a pilgrim
roedd hi wedi teimlo hyn y tro diwethaf iddyn nhw fod gyda'i gilydd
she had felt this the last time they had been together
roedd hi'n hapus er gwaethaf holl boen y golled
she was happy despite all the pain of the loss
roedd hi'n hapus ei bod hi wedi bod gydag ef y tro diwethaf
she was happy she had been with him one last time
roedd hi'n hapus ei bod wedi ei dynnu mor serchog at ei chalon
she was happy she had pulled him so affectionately to her heart
roedd hi'n hapus ei bod wedi teimlo'n hollol feddiannol a threiddiedig ganddo
she was happy she had felt completely possessed and penetrated by him
Pan dderbyniodd y newyddion, aeth at y ffenestr
When she received the news, she went to the window
wrth y ffenestr daliai aderyn canu prin
at the window she held a rare singing bird
daliwyd yr aderyn yn gaeth mewn cawell aur
the bird was held captive in a golden cage
Agorodd hi ddrws y cawell
She opened the door of the cage
cymerodd yr aderyn allan a gadael iddo hedfan
she took the bird out and let it fly
Am amser hir, mae hi'n syllu ar ei ôl
For a long time, she gazed after it

O'r diwrnod hwn ymlaen, ni chafodd hi ddim mwy o ymwelwyr
From this day on, she received no more visitors
a chadwodd ei thŷ dan glo
and she kept her house locked
Ond ar ôl peth amser, daeth yn ymwybodol ei bod yn feichiog
But after some time, she became aware that she was pregnant
roedd hi'n feichiog o'r tro diwethaf y bu gyda Siddhartha
she was pregnant from the last time she was with Siddhartha

Wrth yr Afon
By the River

Cerddodd Siddhartha drwy'r goedwig
Siddhartha walked through the forest
yr oedd eisoes ymhell o'r ddinas
he was already far from the city
ac ni wyddai efe ond un peth
and he knew nothing but one thing
doedd dim mynd yn ôl iddo
there was no going back for him
yr oedd yr oes a fu fyw ganddo am lawer o flynyddoedd ar ben
the life that he had lived for many years was over
yr oedd wedi cael blas ar y bywyd hwn i gyd
he had tasted all of this life
yr oedd wedi sugno pob peth allan o'r bywyd hwn
he had sucked everything out of this life
nes ei fod yn ffieiddio ag ef
until he was disgusted with it
yr oedd yr aderyn canu y breuddwydiodd am dano wedi marw
the singing bird he had dreamt of was dead
ac yr oedd yr aderyn yn ei galon hefyd wedi marw
and the bird in his heart was dead too
yr oedd wedi ei lyncu yn ddwfn yn Sansara
he had been deeply entangled in Sansara
yr oedd wedi sugno ffieidd-dra a marwolaeth i'w gorff
he had sucked up disgust and death into his body
fel sbwng yn sugno dŵr nes ei fod yn llawn
like a sponge sucks up water until it is full
yr oedd yn llawn trallod a marwolaeth
he was full of misery and death
nid oedd dim ar ôl yn y byd hwn a allasai ei ddenu
there was nothing left in this world which could have attracted him
ni allai dim fod wedi rhoi llawenydd na chysur iddo

nothing could have given him joy or comfort
dymunai yn angerddol wybod dim am dano ei hun mwyach
he passionately wished to know nothing about himself anymore
roedd eisiau gorffwys a bod yn farw
he wanted to have rest and be dead
dymunai fod boll fellten i'w daro yn farw !
he wished there was a lightning-bolt to strike him dead!
Pe na bai ond teigr i'w ddifa!
If there only was a tiger to devour him!
Pe bai dim ond gwin gwenwynig a fyddai'n fferru ei synhwyrau
If there only was a poisonous wine which would numb his senses
gwin a ddug iddo anghof a chwsg
a wine which brought him forgetfulness and sleep
gwin na fyddai'n deffro ohono
a wine from which he wouldn't awake from
A oedd unrhyw fath o fudr o hyd nad oedd wedi baeddu ei hun ag ef?
Was there still any kind of filth he had not soiled himself with?
a oedd pechod neu weithred ffôl nad oedd wedi'i chyflawni?
was there a sin or foolish act he had not committed?
a oedd yna drueni yr enaid na wyddai?
was there a dreariness of the soul he didn't know?
a oedd dim nad oedd wedi ei ddwyn arno ei hun?
was there anything he had not brought upon himself?
A oedd yn dal yn bosibl i fod yn fyw?
Was it still at all possible to be alive?
A oedd yn bosibl anadlu i mewn dro ar ôl tro?
Was it possible to breathe in again and again?
A allai ddal i anadlu allan?
Could he still breathe out?
a oedd efe yn gallu dwyn newyn ?
was he able to bear hunger?

a oedd unrhyw ffordd i fwyta eto?
was there any way to eat again?
oedd yn bosibl cysgu eto?
was it possible to sleep again?
a allai gysgu gyda gwraig eto?
could he sleep with a woman again?
onid oedd y cylch hwn wedi dihysbyddu ei hun?
had this cycle not exhausted itself?
onid oedd pethau wedi eu dwyn i'w terfyn?
were things not brought to their conclusion?

Cyrhaeddodd Siddhartha yr afon fawr yn y goedwig
Siddhartha reached the large river in the forest
dyma'r un afon a groesodd pan oedd yn dal yn ddyn ifanc
it was the same river he crossed when he had still been a young man
yr un afon a groesodd o dref Gotama ydoedd
it was the same river he crossed from the town of Gotama
cofiodd fferi a oedd wedi mynd ag ef dros yr afon
he remembered a ferryman who had taken him over the river
Wrth yr afon hon ataliodd, ac yn betrusgar safai wrth y lan
By this river he stopped, and hesitantly he stood at the bank
Roedd blinder a newyn wedi ei wanhau
Tiredness and hunger had weakened him
"am beth ddylwn i gerdded ymlaen?"
"what should I walk on for?"
"i ba nod oedd ar ôl i fynd?"
"to what goal was there left to go?"
Na, doedd dim mwy o nodau
No, there were no more goals
nid oedd dim ar ôl ond dyhead poenus i ysgwyd y freuddwyd hon i ffwrdd
there was nothing left but a painful yearning to shake off this dream
yr oedd yn dyheu am boeri'r hen win hwn
he yearned to spit out this stale wine
roedd am roi terfyn ar y bywyd truenus a chywilyddus hwn

he wanted to put an end to this miserable and shameful life
coeden cnau coco yn plygu dros lan yr afon
a coconut-tree bent over the bank of the river
Siddhartha pwyso yn erbyn ei gefnffordd gyda'i ysgwydd
Siddhartha leaned against its trunk with his shoulder
cofleidiodd y boncyff ag un fraich
he embraced the trunk with one arm
ac efe a edrychodd i lawr i'r dwr gwyrdd
and he looked down into the green water
rhedai y dwfr am dano
the water ran under him
edrychodd i lawr a chafodd ei hun yn gwbl lan â'r dymuniad i ollwng gafael
he looked down and found himself to be entirely filled with the wish to let go
yr oedd am foddi yn y dyfroedd hyn
he wanted to drown in these waters
roedd y dŵr yn adlewyrchu gwacter brawychus yn ôl arno
the water reflected a frightening emptiness back at him
atebodd y dwfr i'r gwacter ofnadwy oedd yn ei enaid
the water answered to the terrible emptiness in his soul
Oedd, roedd wedi cyrraedd y diwedd
Yes, he had reached the end
Nid oedd dim ar ôl iddo, heblaw ei ddinistrio ei hun
There was nothing left for him, except to annihilate himself
roedd am chwalu'r methiant yr oedd wedi llunio ei fywyd iddo
he wanted to smash the failure into which he had shaped his life
yr oedd am daflu ei fywyd o flaen traed duwiau chwerthinllyd o chwerthin
he wanted to throw his life before the feet of mockingly laughing gods
Hwn oedd y chwydu mawr yr oedd wedi dyheu am dano; marwolaeth
This was the great vomiting he had longed for; death

y malu i ddarnau o'r ffurf yr oedd yn ei gasáu
the smashing to bits of the form he hated
Bydded iddo fod yn fwyd i bysgod a chrocodeiliaid
Let him be food for fishes and crocodiles
Siddhartha y ci, lloerig
Siddhartha the dog, a lunatic
corff truenus a pwdr; enaid gwan a chamdriniedig!
a depraved and rotten body; a weakened and abused soul!
bydded iddo gael ei dorri'n ddarnau gan y daemons
let him be chopped to bits by the daemons
Gydag wyneb gwyrgam, syllu i'r dŵr
With a distorted face, he stared into the water
gwelodd adlewyrchiad ei wyneb a phoeri arno
he saw the reflection of his face and spat at it
Mewn blinder dwfn, cymerodd ei fraich i ffwrdd oddi wrth foncyff y goeden
In deep tiredness, he took his arm away from the trunk of the tree
trodd dipyn, er mwyn gadael iddo ei hun syrthio yn syth i lawr
he turned a bit, in order to let himself fall straight down
er mwyn boddi o'r diwedd yn yr afon
in order to finally drown in the river
Gyda'i lygaid ar gau, llithrodd tuag at farwolaeth
With his eyes closed, he slipped towards death
Yna, allan o ardaloedd anghysbell ei enaid, swn cynhyrfu
Then, out of remote areas of his soul, a sound stirred up
swn a gynhyrfwyd allan o amseroedd gorffennol ei fywyd sydd bellach yn flinedig
a sound stirred up out of past times of his now weary life
Roedd yn air unigol, un sillaf
It was a singular word, a single syllable
heb feddwl ei fod yn siarad y llais ag ef ei hun
without thinking he spoke the voice to himself
sluriodd ddechrau a diwedd holl weddïau'r Brahmans

he slurred the beginning and the end of all prayers of the Brahmans
llefarodd y sanctaidd Om
he spoke the holy Om
"dyna'r hyn sy'n berffaith" neu "y cwblhad"
"that what is perfect" or "the completion"
Ac yn y foment sylweddolodd ynfydrwydd ei weithredoedd
And in the moment he realized the foolishness of his actions
cyffyrddodd sŵn Om â chlust Siddhartha
the sound of Om touched Siddhartha's ear
deffrodd ei ysbryd cwsg yn sydyn
his dormant spirit suddenly woke up
Cafodd Siddhartha sioc fawr
Siddhartha was deeply shocked
gwelodd fel hyn yr oedd pethau gydag ef
he saw this was how things were with him
yr oedd wedi ei dynghedu gymaint fel ei fod wedi gallu ceisio angau
he was so doomed that he had been able to seek death
yr oedd wedi colli ei ffordd gymaint fel y dymunodd y diwedd
he had lost his way so much that he wished the end
yr oedd dymuniad plentyn wedi gallu tyfu ynddo
the wish of a child had been able to grow in him
roedd wedi dymuno cael gorffwys drwy ddinistrio ei gorff!
he had wished to find rest by annihilating his body!
holl ing y cyfnod diweddar
all the agony of recent times
pob sylweddoliad sobreiddiol a greodd ei fywyd
all sobering realizations that his life had created
yr holl anobaith a deimlai
all the desperation that he had felt
ni ddygodd y pethau hyn oddi amgylch y foment hon
these things did not bring about this moment
pan ddaeth yr Om i mewn i'w ymwybyddiaeth daeth yn ymwybodol ohono'i hun

when the Om entered his consciousness he became aware of himself
sylweddolodd ei drallod a'i amryfusedd
he realized his misery and his error
Om! siaradodd ag ef ei hun
Om! he spoke to himself
Om! a thrachefn gwyddai am Brahman
Om! and again he knew about Brahman
Om! gwyddai am annistwylledd bywyd
Om! he knew about the indestructibility of life
Om! gwyddai am y cwbl sydd ddwyfol, yr hwn a anghofiasai
Om! he knew about all that is divine, which he had forgotten
Ond nid oedd hyn ond moment a fflachiodd o'i flaen
But this was only a moment that flashed before him
Wrth droed y goeden cnau coco, cwympodd Siddhartha
By the foot of the coconut-tree, Siddhartha collapsed
tarawyd ef i lawr gan flinder
he was struck down by tiredness
mwmian "Om", gosododd ei ben ar wraidd y goeden
mumbling "Om", he placed his head on the root of the tree
a syrthiodd i drwmgwsg
and he fell into a deep sleep
Dwfn oedd ei gwsg, a heb freuddwydion
Deep was his sleep, and without dreams
nid oedd wedi gwybod y fath gwsg mwyach am amser maith
for a long time he had not known such a sleep any more

Pan ddeffrodd ar ol oriau lawer, teimlai fel pe buasai deng mlynedd wedi myned heibio
When he woke up after many hours, he felt as if ten years had passed
clywodd y dŵr yn llifo'n dawel
he heard the water quietly flowing
ni wyddai pa le yr oedd
he did not know where he was
ac ni wyddai pwy a'i dygasai yma

and he did not know who had brought him here
agorodd ei lygaid ac edrychodd gyda syndod
he opened his eyes and looked with astonishment
yr oedd coed a'r awyr uwch ei ben
there were trees and the sky above him
cofiodd ble roedd a sut y cyrhaeddodd yma
he remembered where he was and how he got here
Ond cymerodd amser hir iddo am hyn
But it took him a long while for this
roedd y gorffennol yn ymddangos iddo fel pe bai wedi'i orchuddio â gorchudd
the past seemed to him as if it had been covered by a veil
anfeidrol bell, anfeidrol bell, anfeidrol ddiystyr
infinitely distant, infinitely far away, infinitely meaningless
Ni wyddai ond fod ei fywyd blaenorol wedi ei adael
He only knew that his previous life had been abandoned
roedd y bywyd gorffennol hwn yn ymddangos iddo fel hen ymgnawdoliad blaenorol iawn
this past life seemed to him like a very old, previous incarnation
teimlai y bywyd blaenorol hwn fel cyn-enedigaeth o'i hunan bresenol
this past life felt like a pre-birth of his present self
yn llawn ffieidd-dra a trueni, yr oedd wedi bwriadu taflu ei einioes ymaith
full of disgust and wretchedness, he had intended to throw his life away
yr oedd wedi dyfod i'w synwyr wrth afon, o dan goeden cnau coco
he had come to his senses by a river, under a coconut-tree
yr oedd y gair sanctaidd " Om " ar ei wefusau
the holy word "Om" was on his lips
yr oedd wedi syrthio i gysgu ac yn awr wedi deffro
he had fallen asleep and had now woken up
yr oedd yn edrych ar y byd fel dyn newydd
he was looking at the world as a new man

Yn dawel bach, fe lefarodd y gair "Om" wrtho'i hun
Quietly, he spoke the word "Om" to himself
yr "Om" yr oedd yn siarad pan oedd wedi syrthio i gysgu
the "Om" he was speaking when he had fallen asleep
teimlai ei gwsg fel dim mwy nag adrodd hir fyfyriol o "Om"
his sleep felt like nothing more than a long meditative recitation of "Om"
roedd ei holl gwsg wedi meddwl am "Om"
all his sleep had been a thinking of "Om"
boddi a chwblhau mynd i mewn i "Om"
a submergence and complete entering into "Om"
a mynd i mewn i'r perffeithiedig a chwblhau
a going into the perfected and completed
Am gwsg bendigedig oedd hwn wedi bod!
What a wonderful sleep this had been!
ni bu erioed o'r blaen mor adfywiol gan gwsg
he had never before been so refreshed by sleep
Efallai, ei fod wedi marw mewn gwirionedd
Perhaps, he really had died
efallai ei fod wedi boddi a chael ei aileni mewn corff newydd?
maybe he had drowned and was reborn in a new body?
Ond na, roedd yn gwybod ei hun a phwy ydoedd
But no, he knew himself and who he was
gwyddai ei ddwylaw a'i draed
he knew his hands and his feet
gwyddai pa le y gorweddai
he knew the place where he lay
gwyddai yr hunan hwn yn ei frest
he knew this self in his chest
Siddhartha yr ecsentrig, yr un rhyfedd
Siddhartha the eccentric, the weird one
ond er hynny, trawsnewidiwyd y Siddhartha hwn
but this Siddhartha was nevertheless transformed
roedd yn rhyfedd o dda wedi gorffwys ac yn effro
he was strangely well rested and awake

ac yr oedd yn llawen ac yn chwilfrydig
and he was joyful and curious

Siddhartha sythu i fyny ac edrych o gwmpas
Siddhartha straightened up and looked around
yna gwelodd berson yn eistedd gyferbyn ag ef
then he saw a person sitting opposite to him
mynach mewn gwisg felen gyda phen eillio
a monk in a yellow robe with a shaven head
yr oedd yn eistedd yn y sefyllfa o fyfyrio
he was sitting in the position of pondering
Sylwodd ar y dyn, nad oedd ganddo na gwallt ar ei ben na barf
He observed the man, who had neither hair on his head nor a beard
nid oedd wedi sylwi arno yn hir pan yn adnabod y mynach hwn
he had not observed him for long when he recognised this monk
Govinda, cyfaill ei ieuenctid ydoedd
it was Govinda, the friend of his youth
Govinda, a oedd wedi cymryd ei loches gyda'r Bwdha dyrchafedig
Govinda, who had taken his refuge with the exalted Buddha
Fel Siddhartha, roedd Govinda hefyd wedi heneiddio
Like Siddhartha, Govinda had also aged
ond yr oedd ei wyneb yn dal yr un nodweddion
but his face still bore the same features
yr oedd ei wyneb yn dal i fynegi sêl a ffyddlondeb
his face still expressed zeal and faithfulness
gallech weld ei fod yn dal i chwilio, ond yn ofnus
you could see he was still searching, but timidly
Synhwyrodd Govinda ei syllu, agorodd ei lygaid, ac edrychodd arno
Govinda sensed his gaze, opened his eyes, and looked at him
Gwelodd Siddhartha nad oedd Govinda yn ei adnabod
Siddhartha saw that Govinda did not recognise him

Roedd Govinda yn hapus i'w ganfod yn effro
Govinda was happy to find him awake
mae'n debyg, roedd wedi bod yn eistedd yma ers amser maith
apparently, he had been sitting here for a long time
roedd wedi bod yn aros iddo ddeffro
he had been waiting for him to wake up
arosodd, er nad oedd yn ei adnabod
he waited, although he did not know him
"Rwyf wedi bod yn cysgu" meddai Siddhartha
"I have been sleeping" said Siddhartha
"Sut wnaethoch chi gyrraedd yma?"
"How did you get here?"
"Rydych chi wedi bod yn cysgu" atebodd Govinda
"You have been sleeping" answered Govinda
"Nid yw'n dda bod yn cysgu yn y fath leoedd"
"It is not good to be sleeping in such places"
"mae gan nadroedd ac anifeiliaid y goedwig eu llwybrau yma"
"snakes and the animals of the forest have their paths here"
"Rwyf, syr, yn ddilynwr i'r Gotama dyrchafedig"
"I, oh sir, am a follower of the exalted Gotama"
"Roeddwn i ar bererindod ar y llwybr hwn"
"I was on a pilgrimage on this path"
"Gwelais i chi'n gorwedd ac yn cysgu mewn man lle mae'n beryglus cysgu"
"I saw you lying and sleeping in a place where it is dangerous to sleep"
"Felly, ceisiais eich deffro"
"Therefore, I sought to wake you up"
"Ond gwelais fod eich cwsg yn ddwfn iawn"
"but I saw that your sleep was very deep"
"felly arhosais ar ôl o fy ngrŵp"
"so I stayed behind from my group"
"Ac eisteddais gyda chi nes i chi ddeffro"
"and I sat with you until you woke up"

"Ac yna, felly mae'n ymddangos, rydw i wedi cwympo i gysgu fy hun"
"And then, so it seems, I have fallen asleep myself"
"Mi wnes i, a oedd am warchod eich cwsg, syrthio i gysgu"
"I, who wanted to guard your sleep, fell asleep"
"Yn ddrwg, dwi wedi gwasanaethu chi"
"Badly, I have served you"
"Roedd blinder wedi fy llethu"
"tiredness had overwhelmed me"
"Ond gan eich bod yn effro, gadewch i mi fynd i ddal i fyny gyda fy mrodyr"
"But since you're awake, let me go to catch up with my brothers"
"Rwy'n diolch i chi, Samana, am wylio allan dros fy nghwsg" siarad Siddhartha
"I thank you, Samana, for watching out over my sleep" spoke Siddhartha
"Rydych chi'n gyfeillgar, chi ddilynwyr yr un dyrchafedig"
"You're friendly, you followers of the exalted one"
"Nawr cewch fynd atyn nhw"
"Now you may go to them"
"Rwy'n mynd, syr. Boed i chi fod mewn iechyd da bob amser"
"I'm going, sir. May you always be in good health"
"Diolch i ti, Samana"
"I thank you, Samana"
Gwnaeth Govinda yr ystum o gyfarchiad a dywedodd "Ffarwel"
Govinda made the gesture of a salutation and said "Farewell"
"Ffarwel, Govinda" meddai Siddhartha
"Farewell, Govinda" said Siddhartha
Stopiodd y mynach fel pe bai'n cael ei daro gan fellten
The monk stopped as if struck by lightning
"Caniatewch i mi ofyn, syr, o ba le y gwyddoch fy enw?"
"Permit me to ask, sir, from where do you know my name?"

Gwenodd Siddhartha, "Rwy'n gwybod i chi, o Govinda, o gwt eich tad"
"Siddhartha smiled, "I know you, oh Govinda, from your father's hut"
"a dwi'n dy nabod di o ysgol y Brahmans"
"and I know you from the school of the Brahmans"
"A gwn i chi o'r offrymau"
"and I know you from the offerings"
"A dwi'n dy adnabod o'n taith ni i'r Samanas"
"and I know you from our walk to the Samanas"
"A gwn i chi o'r pryd y gwnaethoch loches gyda'r un dyrchafedig"
"and I know you from when you took refuge with the exalted one"
"Siddhartha wyt ti," ebychodd Govinda yn uchel, "Nawr, dwi'n dy adnabod di"
"You're Siddhartha," Govinda exclaimed loudly, "Now, I recognise you"
"Dydw i ddim yn deall sut na allwn i eich adnabod ar unwaith"
"I don't comprehend how I couldn't recognise you right away"
"Siddhartha, mae fy llawenydd yn wych eich gweld eto"
"Siddhartha, my joy is great to see you again"
"Mae hefyd yn rhoi llawenydd i mi, i weld chi eto" siarad Siddhartha
"It also gives me joy, to see you again" spoke Siddhartha
"Rydych chi wedi bod yn warchodwr fy nghwsg"
"You've been the guard of my sleep"
"Unwaith eto, diolch i chi am hyn"
"again, I thank you for this"
"Ond ni fyddai angen unrhyw warchodwr arnaf"
"but I wouldn't have required any guard"
"I ble wyt ti'n mynd, o ffrind?"
"Where are you going to, oh friend?"
"Dydw i'n mynd i unman," atebodd Govinda
"I'm going nowhere," answered Govinda

"Rydyn ni'n mynachod bob amser yn teithio"
"We monks are always travelling"
"Pryd bynnag nad yw'n dymor glawog, rydyn ni'n symud o un lle i'r llall"
"whenever it is not the rainy season, we move from one place to another"
"Rydym yn byw yn unol â rheolau'r ddysgeidiaeth a drosglwyddwyd i ni"
"we live according to the rules of the teachings passed on to us"
"Rydym yn derbyn elusen, ac yna symudwn ymlaen"
"we accept alms, and then we move on"
"Mae bob amser fel hyn"
"It is always like this"
"Ond ti, Siddhartha, ble wyt ti'n mynd i?"
"But you, Siddhartha, where are you going to?"
"i mi mae fel y mae gyda chi"
"for me it is as it is with you"
"Dydw i ddim yn mynd i unman; dim ond teithio ydw i"
"I'm going nowhere; I'm just travelling"
"Rydw i hefyd ar bererindod"
"I'm also on a pilgrimage"
Siaradodd Govinda "Rydych chi'n dweud eich bod chi ar bererindod, a dwi'n eich credu chi"
Govinda spoke "You say you're on a pilgrimage, and I believe you"
"Ond, maddeuwch i mi, o Siddhartha, nid ydych yn edrych fel pererin"
"But, forgive me, oh Siddhartha, you do not look like a pilgrim"
"Rydych chi'n gwisgo dillad dyn cyfoethog"
"You're wearing a rich man's garments"
"Rydych chi'n gwisgo esgidiau gŵr o fri"
"you're wearing the shoes of a distinguished gentleman"
"Ac nid gwallt pererin yw dy wallt, ag arogl persawr."

"and your hair, with the fragrance of perfume, is not a pilgrim's hair"
"Nid oes gennych wallt Samana"
"you do not have the hair of a Samana"
"Rydych chi'n iawn, fy annwyl"
"you are right, my dear"
"Rydych chi wedi sylwi ar bethau'n dda"
"you have observed things well"
"Mae eich llygaid craff yn gweld popeth"
"your keen eyes see everything"
"Ond nid wyf wedi dweud wrthych fy mod yn Samana"
"But I haven't said to you that I was a Samana"
"Dywedais fy mod ar bererindod"
"I said I'm on a pilgrimage"
"Ac felly y mae, rydw i ar bererindod"
"And so it is, I'm on a pilgrimage"
"Rydych chi ar bererindod" meddai Govinda
"You're on a pilgrimage" said Govinda
"Ond ychydig fyddai'n mynd ar bererindod mewn dillad o'r fath"
"But few would go on a pilgrimage in such clothes"
"ychydig a fyddai'n plymio mewn esgidiau o'r fath"
"few would pilger in such shoes"
"ac ychydig o bererinion sydd â gwallt o'r fath"
"and few pilgrims have such hair"
"Dydw i erioed wedi cwrdd â'r fath bererin"
"I have never met such a pilgrim"
"a dwi wedi bod yn bererindod ers blynyddoedd lawer"
"and I have been a pilgrim for many years"
"Rwy'n credu chi, fy annwyl Govinda"
"I believe you, my dear Govinda"
"Ond nawr, heddiw, rydych chi wedi cwrdd â phererin yn union fel hyn"
"But now, today, you've met a pilgrim just like this"
"pererin yn gwisgo'r mathau hyn o esgidiau a dilledyn"
"a pilgrim wearing these kinds of shoes and garment"

"Cofiwch, fy annwyl, nid yw byd yr ymddangosiadau yn dragwyddol"
"Remember, my dear, the world of appearances is not eternal"
"Mae ein hesgidiau a'n dillad yn unrhyw beth ond tragwyddol"
"our shoes and garments are anything but eternal"
"Nid yw ein gwallt a'n cyrff yn dragwyddol chwaith"
"our hair and bodies are not eternal either"
"Rwy'n gwisgo dillad dyn cyfoethog"
"I'm wearing a rich man's clothes"
"Rydych chi wedi gweld hyn yn iawn"
"you've seen this quite right"
"Rwy'n gwisgo nhw, oherwydd rydw i wedi bod yn ddyn cyfoethog"
"I'm wearing them, because I have been a rich man"
"A dwi'n gwisgo fy ngwallt fel y bobl fydol a chwantus"
"and I'm wearing my hair like the worldly and lustful people"
"achos dwi wedi bod yn un ohonyn nhw"
"because I have been one of them"
"A beth wyt ti nawr, Siddhartha?" gofynnodd Govinda
"And what are you now, Siddhartha?" Govinda asked
"Dydw i ddim yn ei wybod, yn union fel chi"
"I don't know it, just like you"
"Roeddwn i'n ddyn cyfoethog, a nawr nid wyf yn ddyn cyfoethog mwyach"
"I was a rich man, and now I am not a rich man anymore"
"a beth fydda i yfory, wn i ddim"
"and what I'll be tomorrow, I don't know"
"Rydych chi wedi colli eich cyfoeth?" gofynnodd Govinda
"You've lost your riches?" asked Govinda
"Rydw i wedi colli fy nghyfoeth, neu maen nhw wedi colli fi"
"I've lost my riches, or they have lost me"
"Digwyddodd fy nghyfoeth rywsut lithro oddi wrthyf"
"My riches somehow happened to slip away from me"

"Mae olwyn yr amlygiadau corfforol yn troi'n gyflym, Govinda"
"The wheel of physical manifestations is turning quickly, Govinda"
"Ble mae Siddhartha y Brahman?"
"Where is Siddhartha the Brahman?"
"Ble mae Siddhartha y Samana?"
"Where is Siddhartha the Samana?"
"Ble mae Siddhartha y dyn cyfoethog?"
"Where is Siddhartha the rich man?"
"Mae pethau nad ydynt yn dragwyddol yn newid yn gyflym, Govinda, rydych chi'n ei wybod"
"Non-eternal things change quickly, Govinda, you know it"
Edrychodd Govinda ar ffrind ei ieuenctid am amser hir
Govinda looked at the friend of his youth for a long time
edrychodd arno gydag amheuaeth yn ei lygaid
he looked at him with doubt in his eyes
Wedi hyny, efe a roddes iddo y cyfarchiad a ddefnyddiai un ar foneddwr
After that, he gave him the salutation which one would use on a gentleman
ac efe a aeth ar ei ffordd, ac a barhaodd ei bererindod
and he went on his way, and continued his pilgrimage
Gyda wyneb gwenu, Siddhartha gwylio ef yn gadael
With a smiling face, Siddhartha watched him leave
carodd ef o hyd, y gwr ffyddlon, ofnus hwn
he loved him still, this faithful, fearful man
sut na allai fod wedi caru pawb a phopeth yn y foment hon?
how could he not have loved everybody and everything in this moment?
yn yr awr ogoneddus ar ol ei gwsg bendigedig, wedi ei lenwi ag Om !
in the glorious hour after his wonderful sleep, filled with Om!
Y swyngyfaredd, a oedd wedi digwydd y tu mewn iddo yn ei gwsg

The enchantment, which had happened inside of him in his sleep
y swyngyfaredd hwn oedd pob peth a garai
this enchantment was everything that he loved
yr oedd yn llawn cariad llawen at bob peth a welai
he was full of joyful love for everything he saw
yn union dyma oedd ei salwch o'r blaen
exactly this had been his sickness before
nid oedd wedi gallu caru neb na dim
he had not been able to love anybody or anything
Gydag wyneb gwenu, gwyliodd Siddhartha y mynach yn gadael
With a smiling face, Siddhartha watched the leaving monk

Yr oedd y cwsg wedi ei gryfhau yn fawr
The sleep had strengthened him a lot
ond rhoddodd newyn boen mawr iddo
but hunger gave him great pain
nid oedd wedi bwyta er ys dau ddiwrnod erbyn hyn
by now he had not eaten for two days
yr oedd yr amseroedd wedi hen fynd heibio pan allai wrthsefyll y fath newyn
the times were long past when he could resist such hunger
Gyda thristwch, ac eto gyda gwên hefyd, meddyliodd am yr amser hwnnw
With sadness, and yet also with a smile, he thought of that time
Yn y dyddiau hynny, felly mae'n cofio, ei fod wedi ymffrostio o dri pheth i Kamala
In those days, so he remembered, he had boasted of three things to Kamala
yr oedd wedi gallu gwneyd tair gorchest bonheddig a diguro
he had been able to do three noble and undefeatable feats
yr oedd yn gallu ymprydio, aros, a meddwl
he was able to fast, wait, and think
Yr oedd y rhain yn eiddo iddo; ei nerth a'i nerth
These had been his possessions; his power and strength

ym mlynyddoedd prysur, llafurus ei ieuenctid, yr oedd wedi dysgu y tair camp hyn
in the busy, laborious years of his youth, he had learned these three feats
Ac yn awr, roedd ei gampau wedi cefnu arno
And now, his feats had abandoned him
nid oedd dim o'i gampau yn eiddo iddo mwyach
none of his feats were his any more
nac ymprydio, nac aros, na meddwl
neither fasting, nor waiting, nor thinking
yr oedd wedi eu rhoddi i fyny am y pethau mwyaf truenus
he had given them up for the most wretched things
beth sy'n pylu gyflymaf?
what is it that fades most quickly?
chwant cnawdol, y bywyd da, a chyfoeth !
sensual lust, the good life, and riches!
Yr oedd ei fywyd yn wir wedi bod yn rhyfedd
His life had indeed been strange
Ac yn awr, felly roedd yn ymddangos, roedd wedi dod yn berson plentynnaidd mewn gwirionedd
And now, so it seemed, he had really become a childlike person
Meddyliodd Siddhartha am ei sefyllfa
Siddhartha thought about his situation
Yr oedd meddwl yn galed iddo yn awr
Thinking was hard for him now
nid oedd yn teimlo fel meddwl mewn gwirionedd
he did not really feel like thinking
ond gorfododd ei hun i feddwl
but he forced himself to think
"Mae'r holl bethau marwol hawddaf hyn wedi llithro oddi wrthyf"
"all these most easily perishing things have slipped from me"
"Eto, nawr dwi'n sefyll yma o dan yr haul"
"again, now I'm standing here under the sun"
"Rwy'n sefyll yma yn union fel plentyn bach"

"I am standing here just like a little child"
"Does dim byd gyda fi, does gen i ddim galluoedd"
"nothing is mine, I have no abilities"
"Does dim byd y gallaf ei wneud"
"there is nothing I could bring about"
"Dydw i wedi dysgu dim byd o fy mywyd"
"I have learned nothing from my life"
"Pa mor rhyfeddol yw hyn i gyd!"
"How wondrous all of this is!"
"Mae'n rhyfeddol nad ydw i bellach yn ifanc"
"it's wondrous that I'm no longer young"
"Mae fy ngwallt yn hanner llwyd yn barod ac mae fy nerth yn pylu"
"my hair is already half gray and my strength is fading"
"a nawr dwi'n dechrau eto ar y dechrau, fel plentyn!"
"and now I'm starting again at the beginning, as a child!"
Unwaith eto, roedd yn rhaid iddo wenu iddo'i hun
Again, he had to smile to himself
Oedd, roedd ei dynged wedi bod yn rhyfedd!
Yes, his fate had been strange!
Roedd pethau'n mynd i lawr y rhiw gydag ef
Things were going downhill with him
ac yn awr yr oedd eto yn wynebu y byd yn noeth a gwirion
and now he was again facing the world naked and stupid
Ond ni allai deimlo'n drist am hyn
But he could not feel sad about this
na, roedd hyd yn oed yn teimlo ysfa fawr i chwerthin
no, he even felt a great urge to laugh
teimlai ysfa i chwerthin am dano ei hun
he felt an urge to laugh about himself
teimlai awydd i chwerthin am y byd rhyfedd, ffol hwn
he felt an urge to laugh about this strange, foolish world
"Mae pethau'n mynd lawr allt gyda chi!" meddai wrtho'i hun
"Things are going downhill with you!" he said to himself
a chwarddodd am ei sefyllfa
and he laughed about his situation

gan ei fod yn ei ddweud digwyddodd edrych ar yr afon
as he was saying it he happened to glance at the river
ac efe hefyd a welai yr afon yn myned i waered
and he also saw the river going downhill
canu oedd hi a bod yn hapus am bopeth
it was singing and being happy about everything
Hoffodd hyn, a gwenodd yn garedig ar yr afon
He liked this, and kindly he smiled at the river
Onid hon oedd yr afon y bwriadai foddi ei hun ynddi?
Was this not the river in which he had intended to drown himself?
yn y gorffennol, gan mlynedd yn ôl
in past times, a hundred years ago
neu a oedd efe wedi breuddwydio hyn?
or had he dreamed this?
"Rhyfedd yn wir oedd fy mywyd" meddyliodd
"Wondrous indeed was my life" he thought
"Mae fy mywyd wedi cymryd gwyriadau rhyfeddol"
"my life has taken wondrous detours"
"Fel bachgen, dim ond duwiau ac offrymau wnes i ddelio â nhw"
"As a boy, I only dealt with gods and offerings"
"Yn ifanc, dim ond ag asgetigiaeth roeddwn i'n delio"
"As a youth, I only dealt with asceticism"
"Treuliais fy amser yn meddwl a myfyrio"
"I spent my time in thinking and meditation"
"Roeddwn i'n chwilio am Brahman
"I was searching for Brahman
"A mi a addolais y tragwyddol yn yr Atman"
"and I worshipped the eternal in the Atman"
"Ond fel dyn ifanc, dilynais yr edifeirwch"
"But as a young man, I followed the penitents"
"Roeddwn i'n byw yn y goedwig ac yn dioddef gwres a rhew"
"I lived in the forest and suffered heat and frost"
"yno dysgais sut i oresgyn newyn"

"there I learned how to overcome hunger"
"A dysgais fy nghorff i ddod yn farw"
"and I taught my body to become dead"
"Yn rhyfeddol, yn fuan wedyn, daeth mewnwelediad tuag ataf"
"Wonderfully, soon afterwards, insight came towards me"
"cipolwg ar ffurf dysgeidiaeth y Bwdha mawr"
"insight in the form of the great Buddha's teachings"
"Teimlais y wybodaeth o undod y byd"
"I felt the knowledge of the oneness of the world"
"Roeddwn i'n teimlo ei fod yn cylchu ynof fel fy ngwaed fy hun"
"I felt it circling in me like my own blood"
"Ond roedd yn rhaid i mi hefyd adael Bwdha a'r wybodaeth wych"
"But I also had to leave Buddha and the great knowledge"
"Fe es i a dysgu'r grefft o gariad gyda Kamala"
"I went and learned the art of love with Kamala"
"Dysgais fasnachu a busnes gyda Kamaswami"
"I learned trading and business with Kamaswami"
"Pentyrais arian, a'i wastraffu eto"
"I piled up money, and wasted it again"
"Dysgais garu fy stumog a phlesio fy synhwyrau"
"I learned to love my stomach and please my senses"
"Roedd yn rhaid i mi dreulio blynyddoedd lawer yn colli fy ysbryd"
"I had to spend many years losing my spirit"
"a bu'n rhaid i mi ddad-ddysgu meddwl eto"
"and I had to unlearn thinking again"
"yno roeddwn i wedi anghofio'r undod"
"there I had forgotten the oneness"
" Onid yw fel pe bawn wedi troi yn araf o ddyn yn blentyn " ?
"Isn't it just as if I had turned slowly from a man into a child"?
"O feddyliwr i berson tebyg i blentyn"
"from a thinker into a childlike person"

"Ac eto, mae'r llwybr hwn wedi bod yn dda iawn"
"And yet, this path has been very good"
"Ac eto, nid yw'r aderyn yn fy mrest wedi marw"
"and yet, the bird in my chest has not died"
"pa lwybr fu hwn!"
"what a path has this been!"
"Roedd yn rhaid i mi basio trwy gymaint o wiriondeb"
"I had to pass through so much stupidity"
"Roedd yn rhaid i mi basio trwy gymaint o ddrwg"
"I had to pass through so much vice"
"Roedd yn rhaid i mi wneud cymaint o gamgymeriadau"
"I had to make so many errors"
"Roedd yn rhaid i mi deimlo cymaint o ffieidd-dod a siom"
"I had to feel so much disgust and disappointment"
"Roedd yn rhaid i mi wneud hyn i gyd i ddod yn blentyn eto"
"I had to do all this to become a child again"
"ac yna gallwn i ddechrau eto"
"and then I could start over again"
"Ond dyna oedd y ffordd iawn i'w wneud"
"But it was the right way to do it"
"Mae fy nghalon yn dweud ie iddo ac mae fy llygaid yn gwenu iddo"
"my heart says yes to it and my eyes smile to it"
"Rwyf wedi gorfod profi anobaith"
"I've had to experience despair"
"Rwyf wedi gorfod suddo i'r meddyliau mwyaf ffôl"
"I've had to sink down to the most foolish of all thoughts"
"Rwyf wedi gorfod meddwl am hunanladdiad"
"I've had to think to the thoughts of suicide"
"dim ond wedyn y byddaf yn gallu profi dwyfol ras"
"only then would I be able to experience divine grace"
"dim ond wedyn y gallwn i glywed Om eto"
"only then could I hear Om again"
"dim ond wedyn y byddwn i'n gallu cysgu'n iawn a deffro eto"

"only then would I be able to sleep properly and awake again"
"Roedd yn rhaid i mi ddod yn ffwl, i ddod o hyd i Atman ynof eto"
"I had to become a fool, to find Atman in me again"
"Roedd yn rhaid i mi bechu, er mwyn gallu byw eto"
"I had to sin, to be able to live again"
"I ba le arall y gallai fy llwybr fy arwain?"
"Where else might my path lead me to?"
"Mae'n ffôl, y llwybr hwn, mae'n symud mewn dolennau"
"It is foolish, this path, it moves in loops"
"efallai ei fod yn mynd o gwmpas mewn cylch"
"perhaps it is going around in a circle"
"Gadewch i'r llwybr hwn fynd lle mae'n hoffi"
"Let this path go where it likes"
"lle bynnag mae'r llwybr hwn yn mynd, rydw i eisiau ei ddilyn"
"where ever this path goes, I want to follow it"
teimlai lawenydd yn treiglo fel tonnau yn ei frest
he felt joy rolling like waves in his chest
gofynai i'w galon, " o ba le y cawsoch y dedwyddwch hwn?"
he asked his heart, "from where did you get this happiness?"
"a yw'n dod efallai o'r hir, cwsg da?"
"does it perhaps come from that long, good sleep?"
"y cwsg sydd wedi gwneud cymaint o dda i mi"
"the sleep which has done me so much good"
" neu a ydyw yn tarddu o'r gair Om, yr hwn a ddywedais ?"
"or does it come from the word Om, which I said?"
"Neu a yw'n dod o'r ffaith fy mod wedi dianc?"
"Or does it come from the fact that I have escaped?"
" a ydyw y dedwyddwch hwn yn dyfod o sefyll fel plentyn dan yr awyr ?"
"does this happiness come from standing like a child under the sky?"
"O pa mor dda yw hi i fod wedi ffoi"
"Oh how good is it to have fled"
"Mae'n wych cael dod yn rhydd!"

"it is great to have become free!"
"Pa mor lân a hardd yw'r aer yma"
"How clean and beautiful the air here is"
"Mae'r aer yn dda i anadlu"
"the air is good to breath"
"lle rhedais i ffwrdd o bopeth wedi'i arogli o eli"
"where I ran away from everything smelled of ointments"
"sbeisys, gwin, gormodedd, sloth"
"spices, wine, excess, sloth"
"Sut roeddwn i'n casáu'r byd hwn o'r cyfoethog"
"How I hated this world of the rich"
"Roeddwn i'n casáu'r rhai sy'n ymhyfrydu mewn bwyd da a'r gamblwyr!"
"I hated those who revel in fine food and the gamblers!"
"Roeddwn i'n casáu fy hun am aros yn y byd ofnadwy hwn cyhyd!
"I hated myself for staying in this terrible world for so long!"
"Rwyf wedi amddifadu, gwenwyno, ac arteithio fy hun"
"I have deprived, poisoned, and tortured myself"
"Rwyf wedi gwneud fy hun yn hen ac yn ddrwg!"
"I have made myself old and evil!"
"Na, ni fyddaf byth eto'n gwneud y pethau roeddwn i'n hoffi eu gwneud cymaint"
"No, I will never again do the things I liked doing so much"
"Ni fyddaf yn twyllo fy hun i feddwl bod Siddhartha yn ddoeth!"
"I won't delude myself into thinking that Siddhartha was wise!"
"Ond dyma un peth rydw i wedi'i wneud yn dda"
"But this one thing I have done well"
"Dyma dwi'n hoffi, mae'n rhaid i mi ganmol hwn"
"this I like, this I must praise"
"Rwy'n hoffi bod diwedd ar y casineb hwnnw yn fy erbyn fy hun bellach"
"I like that there is now an end to that hatred against myself"
"mae diwedd ar y bywyd ffôl a diflas hwnnw!"

"there is an end to that foolish and dreary life!"
"Rwy'n canmol chi, Siddhartha, ar ôl cymaint o flynyddoedd o ffolineb"
"I praise you, Siddhartha, after so many years of foolishness"
"Rydych wedi cael syniad unwaith eto"
"you have once again had an idea"
"Rydych chi wedi clywed yr aderyn yn eich brest yn canu"
"you have heard the bird in your chest singing"
"a dilynaist ti gân yr aderyn!"
"and you followed the song of the bird!"
gyda'r meddyliau hyn canmolodd ei hun
with these thoughts he praised himself
yr oedd wedi cael llawenydd ynddo ei hun drachefn
he had found joy in himself again
gwrandawodd yn chwilfrydig ar ei stumog yn sïo gyda newyn
he listened curiously to his stomach rumbling with hunger
roedd wedi blasu a phoeri allan darn o ddioddefaint a diflastod
he had tasted and spat out a piece of suffering and misery
yn yr amseroedd a'r dyddiau diweddar hyn, fel hyn y teimlai
in these recent times and days, this is how he felt
yr oedd wedi ei ysoddi hyd at anobaith a marwolaeth
he had devoured it up to the point of desperation and death
roedd sut roedd popeth wedi digwydd yn dda
how everything had happened was good
gallai fod wedi aros gyda Kamaswami am lawer hirach
he could have stayed with Kamaswami for much longer
gallai fod wedi gwneud mwy o arian, ac yna ei wastraffu
he could have made more money, and then wasted it
gallai fod wedi llenwi ei stumog a gadael i'w enaid farw o syched
he could have filled his stomach and let his soul die of thirst
gallai fod wedi byw yn y uffern clustogog feddal hon yn llawer hirach
he could have lived in this soft upholstered hell much longer

pe na bai hyn wedi digwydd, byddai wedi parhau â'r bywyd hwn
if this had not happened, he would have continued this life
moment o anobaith llwyr ac anobaith
the moment of complete hopelessness and despair
y foment fwyaf eithafol pan oedd yn hongian dros y dyfroedd rhuthro
the most extreme moment when he hung over the rushing waters
y foment yr oedd yn barod i ddifetha ei hun
the moment he was ready to destroy himself
y foment yr oedd wedi teimlo yr anobaith a'r ffieidd-dra dwfn hwn
the moment he had felt this despair and deep disgust
nid oedd wedi ildio iddo
he had not succumbed to it
roedd yr aderyn yn dal yn fyw wedi'r cyfan
the bird was still alive after all
dyma pam ei fod yn teimlo llawenydd ac yn chwerthin
this was why he felt joy and laughed
dyma pam roedd ei wyneb yn gwenu'n llachar o dan ei wallt
this was why his face was smiling brightly under his hair
ei wallt oedd erbyn hyn wedi troi yn llwyd
his hair which had now turned gray
"Mae'n dda," meddyliodd, "cael blas ar bopeth i chi'ch hun"
"It is good," he thought, "to get a taste of everything for oneself"
"Popeth y mae angen i rywun ei wybod"
"everything which one needs to know"
"Nid yw chwant am y byd a chyfoeth yn perthyn i'r pethau da"
"lust for the world and riches do not belong to the good things"
"Rwyf eisoes wedi dysgu hyn yn blentyn"
"I have already learned this as a child"
"Rwyf wedi ei adnabod ers amser maith"

"I have known it for a long time"
"Ond doeddwn i ddim wedi ei brofi tan nawr"
"but I hadn't experienced it until now"
"A nawr fy mod i wedi ei brofi dwi'n ei wybod"
"And now that I I've experienced it I know it"
"Nid yn fy nghof yn unig yr wyf yn ei wybod, ond yn fy llygaid, fy nghalon a'm stumog"
"I don't just know it in my memory, but in my eyes, heart, and stomach"
" y mae yn dda genyf wybod hyn !"
"it is good for me to know this!"

Am gyfnod hir, bu'n myfyrio ar ei drawsnewidiad
For a long time, he pondered his transformation
gwrandawodd ar yr aderyn, fel yr oedd yn canu mewn llawenydd
he listened to the bird, as it sang for joy
Oni buasai yr aderyn hwn farw ynddo?
Had this bird not died in him?
oni buasai iddo deimlo marwolaeth yr aderyn hwn ?
had he not felt this bird's death?
Na, roedd rhywbeth arall o'i fewn wedi marw
No, something else from within him had died
rhywbeth oedd yn dyheu am farw wedi marw
something which yearned to die had died
Onid dyma yr arferai efe fwriadu ei ladd ?
Was it not this that he used to intend to kill?
Onid ei hunan bychan, ofnus, a balch oedd wedi marw?
Was it not his his small, frightened, and proud self that had died?
yr oedd wedi ymaflyd yn ei hunan am gynifer o flynyddoedd
he had wrestled with his self for so many years
yr hunan oedd wedi ei orchfygu drachefn a thrachefn
the self which had defeated him again and again
yr hunan oedd yn ol eto ar ol pob lladdiad
the self which was back again after every killing

yr hunan a waharddai lawenydd a theimlai ofn?
the self which prohibited joy and felt fear?
Onid yr hunan oedd heddyw wedi dyfod o'r diwedd i'w farwolaeth?
Was it not this self which today had finally come to its death?
yma yn y goedwig, wrth ymyl yr afon hyfryd hon
here in the forest, by this lovely river
Onid o herwydd y farwolaeth hon, yr oedd efe yn awr fel plentyn?
Was it not due to this death, that he was now like a child?
mor llawn o ymddiried a llawenydd, heb ofn
so full of trust and joy, without fear
Nawr cafodd Siddhartha hefyd ryw syniad pam ei fod wedi ymladd yn ofer fel hyn
Now Siddhartha also got some idea of why he had fought this self in vain
roedd yn gwybod pam na allai ymladd ei hun fel Brahman
he knew why he couldn't fight his self as a Brahman
Roedd gormod o wybodaeth wedi ei ddal yn ôl
Too much knowledge had held him back
gormod o adnodau sanctaidd, rheolau aberthol, a hunan-ddarostyngiad
too many holy verses, sacrificial rules, and self-castigation
yr holl bethau hyn a'i daliodd ef yn ôl
all these things held him back
cymaint yn ei wneud ac yn ymdrechu i gyrraedd y nod hwnnw!
so much doing and striving for that goal!
yr oedd wedi bod yn llawn haerllugrwydd
he had been full of arrogance
ef oedd y callaf erioed
he was always the smartest
roedd bob amser yn gweithio fwyaf
he was always working the most
roedd bob amser wedi bod un cam ar y blaen i bob un arall
he had always been one step ahead of all others

yr oedd bob amser yn un gwybodus ac ysbrydol
he was always the knowing and spiritual one
ystyrid ef bob amser yn offeiriad neu yn un doeth
he was always considered the priest or wise one
yr oedd ei hunan wedi cilio i fod yn offeiriad, haerllugrwydd, ac ysbrydolrwydd
his self had retreated into being a priest, arrogance, and spirituality
yno yr eisteddodd yn gadarn a thyfodd yr holl amser hwn
there it sat firmly and grew all this time
ac yr oedd wedi meddwl y gallai ei ladd trwy ymprydio
and he had thought he could kill it by fasting
Yn awr gwelodd ei fywyd fel y daeth
Now he saw his life as it had become
gwelodd fod y llais cyfrinachol wedi bod yn iawn
he saw that the secret voice had been right
ni buasai yr un athraw byth yn gallu dwyn oddiamgylch ei iachawdwriaeth
no teacher would ever have been able to bring about his salvation
Felly, roedd yn rhaid iddo fynd allan i'r byd
Therefore, he had to go out into the world
bu raid iddo golli ei hun i chwant a nerth
he had to lose himself to lust and power
bu raid iddo golli ei hun i wragedd ac arian
he had to lose himself to women and money
bu'n rhaid iddo ddod yn fasnachwr, yn gamblwr dis, yn yfwr
he had to become a merchant, a dice-gambler, a drinker
a bu raid iddo ddyfod yn berson barus
and he had to become a greedy person
bu raid iddo wneyd hyn nes marw yr offeiriad a Samana ynddo
he had to do this until the priest and Samana in him was dead
Felly, bu'n rhaid iddo barhau i ddwyn y blynyddoedd hyll hyn

Therefore, he had to continue bearing these ugly years
yr oedd yn rhaid iddo ddwyn y ffieidd-dra a'r ddysgeidiaeth
he had to bear the disgust and the teachings
bu'n rhaid iddo ddioddef dibwrpas bywyd diflas a gwastraffus
he had to bear the pointlessness of a dreary and wasted life
bu raid iddo ei derfynu hyd ei ddiwedd chwerw
he had to conclude it up to its bitter end
bu'n rhaid iddo wneud hyn hyd nes y gallai Siddhartha y lustful hefyd farw
he had to do this until Siddhartha the lustful could also die
Roedd wedi marw ac roedd Siddhartha newydd wedi deffro o'r cwsg
He had died and a new Siddhartha had woken up from the sleep
byddai'r Siddhartha newydd hwn hefyd yn heneiddio
this new Siddhartha would also grow old
byddai'n rhaid iddo farw yn y pen draw hefyd
he would also have to die eventually
Roedd Siddhartha yn farwol o hyd, fel y mae pob ffurf gorfforol
Siddhartha was still mortal, as is every physical form
Ond heddiw roedd yn ifanc ac yn blentyn ac yn llawn llawenydd
But today he was young and a child and full of joy
Roedd yn meddwl y meddyliau hyn iddo'i hun
He thought these thoughts to himself
gwrandawodd â gwên ar ei stumog
he listened with a smile to his stomach
gwrandawai yn ddiolchgar ar wenynen wenieithus
he listened gratefully to a buzzing bee
Yn siriol, edrychodd i mewn i'r afon frysiog
Cheerfully, he looked into the rushing river
nid oedd erioed o'r blaen yn hoffi dwfr cymaint a hwn
he had never before liked a water as much as this one
nid oedd erioed o'r blaen wedi canfod y llais mor gryfach

he had never before perceived the voice so stronger
nid oedd erioed wedi deall dameg y dwfr symudol mor gryf
he had never understood the parable of the moving water so strongly
nid oedd erioed o'r blaen wedi sylwi mor brydferth symudodd yr afon
he had never before noticed how beautifully the river moved
Roedd yn ymddangos iddo, fel pe bai gan yr afon rywbeth arbennig i'w ddweud wrtho
It seemed to him, as if the river had something special to tell him
rhywbeth nad oedd yn ei wybod eto, a oedd yn dal i ddisgwyl amdano
something he did not know yet, which was still awaiting him
Yn yr afon hon, roedd Siddhartha wedi bwriadu boddi ei hun
In this river, Siddhartha had intended to drown himself
yn yr afon hon yr oedd yr hen Siddhartha blinedig, anobeithiol wedi boddi heddyw
in this river the old, tired, desperate Siddhartha had drowned today
Ond roedd y Siddhartha newydd yn teimlo cariad dwfn at y dŵr rhuthro hwn
But the new Siddhartha felt a deep love for this rushing water
a phenderfynodd drosto ei hun, i beidio ei gadael yn fuan iawn
and he decided for himself, not to leave it very soon

Y Fferi
The Ferryman

"Wrth yr afon hon rwyf am aros," meddwl Siddhartha
"By this river I want to stay," thought Siddhartha
" dyma'r un afon yr wyf wedi ei chroesi amser maith yn ôl"
"it is the same river which I have crossed a long time ago"
"Roeddwn i ar fy ffordd at y bobl blentynnaidd"
"I was on my way to the childlike people"
"Roedd fferi cyfeillgar wedi fy arwain ar draws yr afon"
"a friendly ferryman had guided me across the river"
"Fe yw'r un rydw i eisiau mynd iddo"
"he is the one I want to go to"
"gan gychwyn o'i gwt, arweiniodd fy llwybr fi at fywyd newydd"
"starting out from his hut, my path led me to a new life"
"llwybr oedd wedi heneiddio ac sydd bellach wedi marw"
"a path which had grown old and is now dead"
" fy llwybr presenol hefyd a gymmer ei ddechreuad yno !"
"my present path shall also take its start there!"
Yn dyner, edrychodd i mewn i'r dŵr rhuthro
Tenderly, he looked into the rushing water
edrychodd i mewn i'r llinellau gwyrdd tryloyw y tynnodd y dŵr
he looked into the transparent green lines the water drew
roedd y llinellau grisial o ddŵr yn gyfoethog o gyfrinachau
the crystal lines of water were rich in secrets
gwelodd berlau llachar yn codi o'r dyfnder
he saw bright pearls rising from the deep
swigod aer tawel yn arnofio ar yr arwyneb adlewyrchol
quiet bubbles of air floating on the reflecting surface
glas yr awyr a ddarlunnir yn y swigod
the blue of the sky depicted in the bubbles
edrychodd yr afon arno â mil o lygaid
the river looked at him with a thousand eyes
roedd gan yr afon lygaid gwyrdd a llygaid gwyn
the river had green eyes and white eyes

roedd gan yr afon lygaid grisial a llygaid glas awyr
the river had crystal eyes and sky-blue eyes
roedd yn hoff iawn o'r dŵr hwn, roedd wrth ei fodd
he loved this water very much, it delighted him
roedd yn ddiolchgar i'r dŵr
he was grateful to the water
Yn ei galon clywodd y llais yn siarad
In his heart he heard the voice talking
"Carwch y dŵr hwn! Arhoswch yn agos ato!"
"Love this water! Stay near it!"
"Dysgwch o'r dŵr!" ei lais a orchmynnodd iddo
"Learn from the water!" his voice commanded him
O ie, roedd eisiau dysgu ohono
Oh yes, he wanted to learn from it
roedd eisiau gwrando ar y dŵr
he wanted to listen to the water
Yr hwn a fyddai yn deall cyfrinachau y dwfr hwn
He who would understand this water's secrets
byddai hefyd yn deall llawer o bethau eraill
he would also understand many other things
fel hyn yr ymddangosai iddo
this is how it seemed to him
Ond allan o holl gyfrinachau'r afon, heddiw dim ond un welodd
But out of all secrets of the river, today he only saw one
cyffyrddodd y gyfrinach hon â'i enaid
this secret touched his soul
rhedodd y dwfr hwn a rhedodd, yn ddibaid
this water ran and ran, incessantly
rhedai y dwfr, ond er hyny yr oedd yno bob amser
the water ran, but nevertheless it was always there
yr un oedd y dwfr bob amser, bob amser
the water always, at all times, was the same
ac ar yr un pryd yr oedd yn newydd ymhob moment
and at the same time it was new in every moment
mawr fyddai yr hwn a fedrai amgyffred hyn

he who could grasp this would be great
ond nid oedd yn ei ddeall nac yn ei amgyffred
but he didn't understand or grasp it
ni theimlai ond rhyw syniad o hono yn cynhyrfu
he only felt some idea of it stirring
yr oedd fel cof pell, yn lleisiau dwyfol
it was like a distant memory, a divine voices

Cododd Siddhartha wrth i weithrediadau newyn yn ei gorff fynd yn annioddefol
Siddhartha rose as the workings of hunger in his body became unbearable
Mewn sioc cerddodd ymhellach i ffwrdd o'r ddinas
In a daze he walked further away from the city
cerddodd i fyny'r afon ar hyd y llwybr wrth ymyl y lan
he walked up the river along the path by the bank
gwrandawodd ar gerrynt y dwr
he listened to the current of the water
gwrandawodd ar y newyn sïon yn ei gorff
he listened to the rumbling hunger in his body
Pan gyrhaeddodd y fferi, roedd y cwch newydd gyrraedd
When he reached the ferry, the boat was just arriving
yr un fferi a fu unwaith yn cludo'r Samana ifanc ar draws yr afon
the same ferryman who had once transported the young Samana across the river
safodd yn y cwch a Siddhartha yn ei adnabod
he stood in the boat and Siddhartha recognised him
yr oedd hefyd wedi heneiddio yn fawr
he had also aged very much
synnai'r fferi wrth weld dyn mor gain yn cerdded ar droed
the ferryman was astonished to see such an elegant man walking on foot
"Hoffech chi fferi fi draw?" gofynnodd
"Would you like to ferry me over?" he asked
cymerodd ef i'w gwch a'i wthio oddi ar y clawdd
he took him into his boat and pushed it off the bank

"Mae'n fywyd hardd rydych chi wedi'i ddewis i chi'ch hun"
siaradodd y teithiwr
"It's a beautiful life you have chosen for yourself" the passenger spoke
"Rhaid ei bod hi'n brydferth byw wrth y dŵr hwn bob dydd"
"It must be beautiful to live by this water every day"
"a rhaid ei bod hi'n brydferth mordeithio arno ar yr afon"
"and it must be beautiful to cruise on it on the river"
Gyda gwên, symudodd y dyn wrth y rhwyf o ochr i ochr
With a smile, the man at the oar moved from side to side
"Mae mor brydferth ag y dywedwch, syr"
"It is as beautiful as you say, sir"
"Ond onid yw pob bywyd a phob gwaith yn brydferth?"
"But isn't every life and all work beautiful?"
"Efallai bod hyn yn wir" atebodd Siddhartha
"This may be true" replied Siddhartha
"Ond yr wyf yn eiddigeddus wrthych am eich bywyd"
"But I envy you for your life"
"Ah, buan iawn y byddech chi'n rhoi'r gorau i'w fwynhau"
"Ah, you would soon stop enjoying it"
"Nid yw hyn yn waith i bobl sy'n gwisgo dillad mân"
"This is no work for people wearing fine clothes"
Chwarddodd Siddhartha ar yr arsylwi
Siddhartha laughed at the observation
"Unwaith o'r blaen, edrychwyd arna i heddiw oherwydd fy nillad"
"Once before, I have been looked upon today because of my clothes"
"Mae diffyg ymddiriedaeth wedi bod arna i"
"I have been looked upon with distrust"
"Maen nhw'n niwsans i mi"
"they are a nuisance to me"
"Oni fyddech chi, fferi, yn hoffi derbyn y dillad hyn"
"Wouldn't you, ferryman, like to accept these clothes"

"Oherwydd rhaid i chi wybod, does gen i ddim arian i dalu eich pris"
"because you must know, I have no money to pay your fare"
"Rwyt ti'n cellwair, syr," chwarddodd y fferi
"You're joking, sir," the ferryman laughed
"Dydw i ddim yn cellwair, ffrind"
"I'm not joking, friend"
"Unwaith o'r blaen rydych chi wedi fy gludo ar draws y dŵr hwn yn eich cwch"
"once before you have ferried me across this water in your boat"
"Fe wnaethoch chi hynny er gwobr amherthnasol gweithred dda"
"you did it for the immaterial reward of a good deed"
"fferi fi ar draws yr afon a derbyn fy nillad amdano"
"ferry me across the river and accept my clothes for it"
"Ac a ydych chi, syr, yn bwriadu parhau i deithio heb ddillad?"
"And do you, sir, intent to continue travelling without clothes?"
"Ah, yn bennaf oll, fyddwn i ddim eisiau parhau i deithio o gwbl"
"Ah, most of all I wouldn't want to continue travelling at all"
"Byddai'n well gen i petaech chi wedi rhoi hen liain lwyn i mi"
"I would rather you gave me an old loincloth"
"Hoffwn pe baech yn fy nghadw gyda chi fel eich cynorthwy-ydd"
"I would like it if you kept me with you as your assistant"
"neu yn hytrach, hoffwn pe baech yn fy nerbyn fel eich hyfforddai"
"or rather, I would like if you accepted me as your trainee"
"Oherwydd yn gyntaf bydd yn rhaid i mi ddysgu sut i drin y cwch"
"because first I'll have to learn how to handle the boat"
Am amser hir, edrychodd y fferi ar y dieithryn

For a long time, the ferryman looked at the stranger
yr oedd yn chwilio yn ei gof am y dyn rhyfedd hwn
he was searching in his memory for this strange man
"Nawr rwy'n adnabod chi," meddai o'r diwedd
"Now I recognise you," he finally said
"Ar un adeg, rydych chi wedi cysgu yn fy nghwt"
"At one time, you've slept in my hut"
"Roedd hyn amser maith yn ôl, mwy nag ugain mlynedd o bosibl"
"this was a long time ago, possibly more than twenty years"
"ac rydych chi wedi cael eich cludo ar draws yr afon gennyf i"
"and you've been ferried across the river by me"
"y diwrnod hwnnw fe wnaethon ni wahanu fel ffrindiau da"
"that day we parted like good friends"
"Onid ydych chi wedi bod yn Samana?"
"Haven't you been a Samana?"
"Ni allaf feddwl am eich enw mwyach"
"I can't think of your name anymore"
"Fy enw i yw Siddhartha, ac roeddwn i'n Samana"
"My name is Siddhartha, and I was a Samana"
"Roeddwn i'n dal i fod yn Samana pan welsoch chi fi ddiwethaf"
"I had still been a Samana when you last saw me"
"Felly croeso, Siddhartha. Fy enw i yw Vasudeva"
"So be welcome, Siddhartha. My name is Vasudeva"
"Byddwch chi, felly gobeithio, yn westai i mi heddiw hefyd"
"You will, so I hope, be my guest today as well"
"a chewch chi gysgu yn fy nghwt"
"and you may sleep in my hut"
"ac efallai y byddwch chi'n dweud wrthyf, o ble rydych chi'n dod"
"and you may tell me, where you're coming from"
"a chewch ddweud wrthyf pam mae'r dillad hardd hyn yn gymaint o niwsans i chi"

"and you may tell me why these beautiful clothes are such a nuisance to you"
Roedden nhw wedi cyrraedd canol yr afon
They had reached the middle of the river
Gwthiodd Vasudeva y rhwyf gyda mwy o nerth
Vasudeva pushed the oar with more strength
er mwyn goresgyn y presennol
in order to overcome the current
Gweithiodd yn dawel, gyda breichiau brawny
He worked calmly, with brawny arms
ei lygaid wedi eu gosod ar flaen y cwch
his eyes were fixed in on the front of the boat
Eisteddodd Siddhartha a'i wylio
Siddhartha sat and watched him
cofiodd ei amser fel Samana
he remembered his time as a Samana
cofiodd fel yr oedd cariad at y dyn hwn wedi cynhyrfu yn ei galon
he remembered how love for this man had stirred in his heart
Yn ddiolchgar, derbyniodd wahoddiad Vasudeva
Gratefully, he accepted Vasudeva's invitation
Wedi iddynt gyrraedd y clawdd, helpodd ef i glymu'r cwch wrth y polion
When they had reached the bank, he helped him to tie the boat to the stakes
wedi hyn, gofynnodd y fferi iddo fynd i mewn i'r cwt
after this, the ferryman asked him to enter the hut
offrymodd iddo fara a dwfr, a bwytaodd Siddhartha gyda phleser eiddgar
he offered him bread and water, and Siddhartha ate with eager pleasure
a bwytaodd hefyd gyda phleser eiddgar o'r ffrwythau mango a gynigiwyd iddo gan Vasudeva
and he also ate with eager pleasure of the mango fruits Vasudeva offered him

Wedi hynny, roedd hi bron yn amser y machlud

Afterwards, it was almost the time of the sunset
eisteddasant ar foncyff wrth y banc
they sat on a log by the bank
Dywedodd Siddhartha wrth y fferi o ble y daeth yn wreiddiol
Siddhartha told the ferryman about where he originally came from
dywedodd wrtho am ei fywyd fel yr oedd wedi ei weld heddiw
he told him about his life as he had seen it today
y ffordd yr oedd wedi ei weld yn yr awr honno o anobaith
the way he had seen it in that hour of despair
parhaodd hanes ei fywyd yn hwyr yn y nos
the tale of his life lasted late into the night
Gwrandawodd Vasudeva gyda sylw mawr
Vasudeva listened with great attention
Wrth wrando'n ofalus, fe adawodd i bopeth fynd i mewn i'w feddwl
Listening carefully, he let everything enter his mind
man geni a phlentyndod, y dysgu hwnnw i gyd
birthplace and childhood, all that learning
pob chwil, pob llawenydd, pob trallod
all that searching, all joy, all distress
Dyma oedd un o rinweddau mwyaf y fferi
This was one of the greatest virtues of the ferryman
fel ychydig yn unig, gwyddai pa fodd i wrando
like only a few, he knew how to listen
nid oedd yn rhaid iddo lefaru gair
he did not have to speak a word
ond roedd y siaradwr yn synhwyro sut roedd Vasudeva yn gadael i'w eiriau fynd i mewn i'w feddwl
but the speaker sensed how Vasudeva let his words enter his mind
yr oedd ei feddwl yn dawel, yn agored, ac yn aros
his mind was quiet, open, and waiting
ni chollodd un gair

he did not lose a single word
nid oedd yn aros am un gair gyda diffyg amynedd
he did not await a single word with impatience
ni chwanegodd ei glod na'i gerydd
he did not add his praise or rebuke
dim ond gwrando oedd o, a dim byd arall
he was just listening, and nothing else
Teimlai Siddhartha mor hapus yw cyffesu i'r fath wrandäwr
Siddhartha felt what a happy fortune it is to confess to such a listener
teimlai yn ffodus i gladdu yn ei galon ei fywyd ei hun
he felt fortunate to bury in his heart his own life
claddodd ei chwiliad a'i ddyoddefaint ei hun
he buried his own search and suffering
adroddodd hanes bywyd Siddhartha
he told the tale of Siddhartha's life
pan soniodd am y goeden wrth yr afon
when he spoke of the tree by the river
pan soniodd am ei gwymp dwfn
when he spoke of his deep fall
pan lefarodd am yr Om sanctaidd
when he spoke of the holy Om
pan soniodd am sut yr oedd wedi teimlo y fath gariad at yr afon
when he spoke of how he had felt such a love for the river
gwrandawodd y fferi ar y pethau hyn gyda dwywaith cymaint o sylw
the ferryman listened to these things with twice as much attention
cafodd ei amsugno'n llwyr ac yn llwyr ganddo
he was entirely and completely absorbed by it
yr oedd yn gwrando a'i lygaid ar gau
he was listening with his eyes closed
pan syrthiodd Siddhartha yn dawel digwyddodd distawrwydd hir
when Siddhartha fell silent a long silence occurred

yna siaradodd Vasudeva "Mae fel roeddwn i'n meddwl"
then Vasudeva spoke "It is as I thought"
"Mae'r afon wedi siarad â chi"
"The river has spoken to you"
"Mae'r afon yn ffrind i chi hefyd"
"the river is your friend as well"
"Mae'r afon yn siarad â chi hefyd"
"the river speaks to you as well"
"Mae hynny'n dda, mae hynny'n dda iawn"
"That is good, that is very good"
"Aros gyda mi, Siddhartha, fy ffrind"
"Stay with me, Siddhartha, my friend"
"Roeddwn i'n arfer cael gwraig"
"I used to have a wife"
"Roedd ei gwely wrth ymyl fy un i"
"her bed was next to mine"
"Ond mae hi wedi marw amser maith yn ôl"
"but she has died a long time ago"
"Am amser hir, rydw i wedi byw ar fy mhen fy hun"
"for a long time, I have lived alone"
"Nawr, byddwch chi'n byw gyda mi"
"Now, you shall live with me"
"mae digon o le a bwyd i'r ddau ohonom"
"there is enough space and food for both of us"
"Rwy'n diolch i chi," meddai Siddhartha
"I thank you," said Siddhartha
"Rwy'n diolch i chi ac yn derbyn"
"I thank you and accept"
"Ac rwyf hefyd yn diolch i chi am hyn, Vasudeva"
"And I also thank you for this, Vasudeva"
"Diolch am wrando arna i mor dda"
"I thank you for listening to me so well"
"Mae pobl sy'n gwybod sut i wrando yn brin"
"people who know how to listen are rare"
"Dydw i ddim wedi cwrdd ag un person oedd yn ei adnabod cystal â chi"

"I have not met a single person who knew it as well as you do"
"Byddaf hefyd yn dysgu yn hyn o beth gennych chi"
"I will also learn in this respect from you"
"Byddwch yn ei ddysgu," siaradodd Vasudeva
"You will learn it," spoke Vasudeva
"ond ni fyddwch yn ei ddysgu oddi wrthyf"
"but you will not learn it from me"
"Mae'r afon wedi fy nysgu i wrando"
"The river has taught me to listen"
"byddwch yn dysgu gwrando o'r afon hefyd"
"you will learn to listen from the river as well"
"Mae'n gwybod popeth, yr afon"
"It knows everything, the river"
"gellir dysgu popeth o'r afon"
"everything can be learned from the river"
"Gweler, rydych chi eisoes wedi dysgu hyn o'r dŵr hefyd"
"See, you've already learned this from the water too"
"Rydych chi wedi dysgu ei bod yn dda ymdrechu i lawr"
"you have learned that it is good to strive downwards"
"Rwyt ti wedi dysgu suddo a cheisio dyfnder"
"you have learned to sink and to seek depth"
"Mae'r Siddhartha cyfoethog a chain yn dod yn was i rhwyfwr"
"The rich and elegant Siddhartha is becoming an oarsman's servant"
"mae'r Brahman Siddhartha dysgedig yn dod yn fferi"
"the learned Brahman Siddhartha becomes a ferryman"
"Mae hyn hefyd wedi cael ei ddweud wrthych wrth yr afon"
"this has also been told to you by the river"
"Byddwch chi'n dysgu'r peth arall ohono hefyd"
"You'll learn the other thing from it as well"
Siaradodd Siddhartha ar ôl saib hir
Siddhartha spoke after a long pause
"Pa bethau eraill y byddaf yn eu dysgu, Vasudeva?"
"What other things will I learn, Vasudeva?"
Cododd Vasudeva. "Mae'n hwyr," meddai

Vasudeva rose. "It is late," he said
a Vasudeva yn cynnig mynd i gysgu
and Vasudeva proposed going to sleep
"Ni allaf ddweud y peth arall hwnnw wrthych, o ffrind"
"I can't tell you that other thing, oh friend"
"Byddwch chi'n dysgu'r peth arall, neu efallai eich bod chi'n ei wybod yn barod"
"You'll learn the other thing, or perhaps you know it already"
"Gweler, dydw i ddim yn ddyn dysgedig"
"See, I'm no learned man"
"Does gen i ddim sgil arbennig mewn siarad"
"I have no special skill in speaking"
"Hefyd does gen i ddim sgil arbennig mewn meddwl"
"I also have no special skill in thinking"
"Y cyfan dwi'n gallu ei wneud yw gwrando a bod yn dduwiol"
"All I'm able to do is to listen and to be godly"
"Dwi wedi dysgu dim byd arall"
"I have learned nothing else"
"Pe bawn i'n gallu ei ddweud a'i ddysgu, efallai y byddwn i'n ddyn doeth"
"If I was able to say and teach it, I might be a wise man"
"Ond fel hyn dwi ond yn fferi"
"but like this I am only a ferryman"
"a fy nhasg i yw cludo pobl ar draws yr afon"
"and it is my task to ferry people across the river"
"Rwyf wedi cludo miloedd lawer o bobl"
"I have transported many thousands of people"
"ac i bob un ohonynt, nid yw fy afon wedi bod yn ddim ond rhwystr"
"and to all of them, my river has been nothing but an obstacle"
"roedd yn rhywbeth oedd yn amharu ar eu teithiau"
"it was something that got in the way of their travels"
"teithiasant i chwilio am arian a busnes"
"they travelled to seek money and business"
"teithiasant ar gyfer priodasau a phererindodau"

"they travelled for weddings and pilgrimages"
"ac roedd yr afon yn rhwystro eu llwybr"
"and the river was obstructing their path"
"gwaith y fferi oedd eu cael yn gyflym ar draws y rhwystr hwnnw"
"the ferryman's job was to get them quickly across that obstacle"
"Ond i rai ymhlith miloedd, ychydig, mae'r afon wedi peidio â bod yn rhwystr"
"But for some among thousands, a few, the river has stopped being an obstacle"
"maen nhw wedi clywed ei lais ac maen nhw wedi gwrando arno"
"they have heard its voice and they have listened to it"
"ac mae'r afon wedi dod yn gysegredig iddyn nhw"
"and the river has become sacred to them"
"mae'n dod yn gysegredig iddyn nhw gan ei fod wedi dod yn gysegredig i mi"
"it become sacred to them as it has become sacred to me"
"am y tro, gadewch inni orffwys, Siddhartha"
"for now, let us rest, Siddhartha"

Arhosodd Siddhartha gyda'r fferi a dysgodd i weithredu'r cwch
Siddhartha stayed with the ferryman and learned to operate the boat
pan nad oedd dim i'w wneud ar y fferi, bu'n gweithio gyda Vasudeva yn y maes reis
when there was nothing to do at the ferry, he worked with Vasudeva in the rice-field
casglodd goed a thynnu'r ffrwyth oddi ar y coed banana
he gathered wood and plucked the fruit off the banana-trees
Dysgodd adeiladu rhwyf a sut i drwsio'r cwch
He learned to build an oar and how to mend the boat
dysgodd sut i wehyddu basgedi ac ad-dalu'r cwt
he learned how to weave baskets and repaid the hut
ac yr oedd yn llawen o herwydd pob peth a ddysgai

and he was joyful because of everything he learned
aeth y dyddiau a'r misoedd heibio yn gyflym
the days and months passed quickly
Ond yn fwy nag y gallai Vasudeva ei ddysgu, cafodd ei ddysgu gan yr afon
But more than Vasudeva could teach him, he was taught by the river
Yn ddi-baid, dysgodd o'r afon
Incessantly, he learned from the river
Yn bennaf oll, dysgodd wrando
Most of all, he learned to listen
dysgodd dalu sylw manwl â chalon dawel
he learned to pay close attention with a quiet heart
dysgodd gadw enaid arosol, agored
he learned to keep a waiting, open soul
dysgodd wrando heb angerdd
he learned to listen without passion
dysgodd wrando heb ddymuniad
he learned to listen without a wish
dysgodd wrando heb farn
he learned to listen without judgement
dysgodd wrando heb farn
he learned to listen without an opinion

Mewn modd cyfeillgar, roedd yn byw ochr yn ochr â Vasudeva
In a friendly manner, he lived side by side with Vasudeva
yn achlysurol byddent yn cyfnewid rhai geiriau
occasionally they exchanged some words
yna, yn faith, meddyliasant am y geiriau
then, at length, they thought about the words
Nid oedd Vasudeva yn gyfaill geiriau
Vasudeva was no friend of words
Anaml y llwyddodd Siddhartha i'w berswadio i siarad
Siddhartha rarely succeeded in persuading him to speak
"Wnest ti hefyd ddysgu'r gyfrinach honno o'r afon?"
"did you too learn that secret from the river?"

"y gyfrinach nad oes amser?"
"the secret that there is no time?"
Roedd wyneb Vasudeva yn llawn gwên llachar
Vasudeva's face was filled with a bright smile
"Ie, Siddhartha," siaradodd
"Yes, Siddhartha," he spoke
"Dysgais fod yr afon ym mhobman ar unwaith"
"I learned that the river is everywhere at once"
"mae wrth ei tharddle ac wrth geg yr afon"
"it is at the source and at the mouth of the river"
"Mae wrth y rhaeadr ac wrth y fferi"
"it is at the waterfall and at the ferry"
"Mae ar y dyfroedd gwyllt ac yn y môr"
"it is at the rapids and in the sea"
"mae yn y mynyddoedd ac ym mhobman ar unwaith"
"it is in the mountains and everywhere at once"
"a dysgais nad oes ond yr amser presennol i'r afon"
"and I learned that there is only the present time for the river"
"Nid oes ganddo gysgod y gorffennol"
"it does not have the shadow of the past"
"ac nid oes ganddo gysgod y dyfodol"
"and it does not have the shadow of the future"
"yw hyn yr ydych yn ei olygu?" gofynnodd
"is this what you mean?" he asked
"Dyma beth oeddwn yn ei olygu," meddai Siddhartha
"This is what I meant," said Siddhartha
"A phan oeddwn i wedi ei ddysgu, edrychais ar fy mywyd"
"And when I had learned it, I looked at my life"
"a afon oedd fy mywyd hefyd"
"and my life was also a river"
"dim ond cysgodol oedd wedi gwahanu'r bachgen Siddhartha oddi wrth y dyn Siddhartha"
"the boy Siddhartha was only separated from the man Siddhartha by a shadow"
"a chysgod yn gwahanu'r dyn Siddhartha oddi wrth yr hen ddyn Siddhartha"

"and a shadow separated the man Siddhartha from the old man Siddhartha"
"mae pethau'n cael eu gwahanu gan gysgod, nid gan rywbeth go iawn"
"things are separated by a shadow, not by something real"
"Hefyd, nid oedd genedigaethau blaenorol Siddhartha yn y gorffennol"
"Also, Siddhartha's previous births were not in the past"
"ac nid yw ei farwolaeth a'i ddychweliad i Brahma yn y dyfodol"
"and his death and his return to Brahma is not in the future"
"Doedd dim byd, fydd dim byd, ond mae popeth yn"
"nothing was, nothing will be, but everything is"
"Mae gan bopeth fodolaeth ac mae'n bresennol"
"everything has existence and is present"
Siaradodd Siddhartha ag ecstasi
Siddhartha spoke with ecstasy
yr oedd yr oleuedigaeth hon wedi ei swyno yn fawr
this enlightenment had delighted him deeply
"nid oedd yr holl amser dioddefaint?"
"was not all suffering time?"
"Onid oedd pob math o boenydio eich hun yn fath o amser?"
"were not all forms of tormenting oneself a form of time?"
"Nid oedd popeth yn galed ac yn elyniaethus oherwydd amser?"
"was not everything hard and hostile because of time?"
" Onid yw pob peth drwg wedi ei orchfygu pan orchfyga amser ?"
"is not everything evil overcome when one overcomes time?"
"cyn gynted ag y bydd amser yn gadael y meddwl, a yw dioddefaint yn gadael hefyd?"
"as soon as time leaves the mind, does suffering leave too?"
Roedd Siddhartha wedi siarad mewn hyfrydwch ecstatig
Siddhartha had spoken in ecstatic delight
ond gwenodd Vasudeva arno yn llachar ac amneidiodd mewn cadarnhad

but Vasudeva smiled at him brightly and nodded in confirmation

yn dawel amneidiodd a brwsio ei law dros Siddhartha yn ysgwydd
silently he nodded and brushed his hand over Siddhartha's shoulder

ac yna trodd yn ol at ei waith
and then he turned back to his work

A Siddhartha a ofynnodd i Vasudeva eilwaith
And Siddhartha asked Vasudeva again another time

roedd yr afon newydd gynyddu ei llif yn y tymor glawog
the river had just increased its flow in the rainy season

a gwnaeth sŵn nerthol
and it made a powerful noise

"Onid felly, o gyfaill, mae gan yr afon lawer o leisiau?"
"Isn't it so, oh friend, the river has many voices?"

"Onid yw llais brenin a rhyfelwr?"
"Hasn't it the voice of a king and of a warrior?"

"Onid yw llais tarw ac aderyn y nos?"
"Hasn't it the voice of of a bull and of a bird of the night?"

"Onid yw llais gwraig yn rhoi genedigaeth ac yn ocheneidio?"
"Hasn't it the voice of a woman giving birth and of a sighing man?"

" ac onid oes ganddi hefyd fil o leisiau eraill ?"
"and does it not also have a thousand other voices?"

"Mae fel y dywedwch ei fod," amneidiodd Vasudeva
"it is as you say it is," Vasudeva nodded

"Mae holl leisiau'r creaduriaid yn ei llais"
"all voices of the creatures are in its voice"

"A ydych chi'n gwybod ..." parhaodd Siddhartha
"And do you know..." Siddhartha continued

"Pa air mae'n ei siarad pan fyddwch chi'n llwyddo i glywed lleisiau i gyd ar unwaith?"
"what word does it speak when you succeed in hearing all of voices at once?"

- 219 -

Yn ffodus, roedd wyneb Vasudeva yn gwenu
Happily, Vasudeva's face was smiling
plygu drosodd i Siddhartha a siarad yr Om sanctaidd yn ei glust
he bent over to Siddhartha and spoke the holy Om into his ear
A dyma'r union beth roedd Siddhartha hefyd wedi bod yn ei glywed
And this had been the very thing which Siddhartha had also been hearing

dro ar ôl tro, daeth ei wên yn debycach i wên y fferi
time after time, his smile became more similar to the ferryman's
daeth ei wên bron yr un mor ddisglair â gwên y fferi
his smile became almost just as bright as the ferryman's
yr oedd bron yr un mor drwyadl ddisglair gyda gwynfyd
it was almost just as thoroughly glowing with bliss
disgleirio allan o fil o wrinkles bach
shining out of thousand small wrinkles
yn union fel gwên plentyn
just like the smile of a child
yn union fel gwên hen ddyn
just like the smile of an old man
Yr oedd llawer o deithwyr, wrth weled y ddau fferi, yn meddwl mai brodyr oeddynt
Many travellers, seeing the two ferrymen, thought they were brothers
Yn aml, byddent yn eistedd gyda'r nos gyda'i gilydd wrth ymyl y banc
Often, they sat in the evening together by the bank
ni ddywedasant ddim a gwrandawodd y ddau ar y dwfr
they said nothing and both listened to the water
y dwfr, yr hwn nid oedd yn ddwfr iddynt
the water, which was not water to them
nid dwfr ydoedd, ond llais y bywyd
it wasn't water, but the voice of life
llais yr hyn sy'n bodoli a'r hyn sy'n datblygu'n dragwyddol

the voice of what exists and what is eternally taking shape
digwyddodd o bryd i'w gilydd fod y ddau yn meddwl yr un peth
it happened from time to time that both thought of the same thing
meddyliasant am ymddiddan o'r dydd o'r blaen
they thought of a conversation from the day before
meddyliasant am un o'u teithwyr
they thought of one of their travellers
meddyliasant am farwolaeth a'u plentyndod
they thought of death and their childhood
clywsant yr afon yn dweud yr un peth wrthynt
they heard the river tell them the same thing
y ddau wrth eu bodd gyda'r un ateb i'r un cwestiwn
both delighted about the same answer to the same question
Roedd rhywbeth am y ddau fferi a drosglwyddwyd i eraill
There was something about the two ferrymen which was transmitted to others
yr oedd yn rhywbeth a deimlai llawer o'r teithwyr
it was something which many of the travellers felt
byddai teithwyr yn achlysurol yn edrych ar wynebau y fferi
travellers would occasionally look at the faces of the ferrymen
ac yna adroddasant hanes eu bywyd
and then they told the story of their life
cyffesasant bob math o bethau drwg
they confessed all sorts of evil things
a gofynasant am gysur a chyngor
and they asked for comfort and advice
weithiau byddai rhywun yn gofyn am ganiatâd i aros am noson
occasionally someone asked for permission to stay for a night
roedden nhw hefyd eisiau gwrando ar yr afon
they also wanted to listen to the river
Digwyddodd hefyd i bobl chwilfrydig ddod
It also happened that curious people came
roedden nhw wedi cael gwybod bod dau ddyn doeth

they had been told that there were two wise men
neu wedi cael gwybod bod dau ddewin
or they had been told there were two sorcerers
Gofynnodd y bobl chwilfrydig lawer o gwestiynau
The curious people asked many questions
ond ni chawsant atebion i'w cwestiynau
but they got no answers to their questions
ni chawsant na swynwyr na doethion
they found neither sorcerers nor wise men
dim ond dau hen ŵr bach cyfeillgar a gawsant, a oedd yn ymddangos yn fud
they only found two friendly little old men, who seemed to be mute
roedden nhw fel petaen nhw wedi mynd braidd yn rhyfedd yn y goedwig ar eu pennau eu hunain
they seemed to have become a bit strange in the forest by themselves
A chwarddodd y bobl chwilfrydig am yr hyn a glywsant
And the curious people laughed about what they had heard
dywedasant fod pobl gyffredin yn ffôl yn lledaenu sibrydion gwag
they said common people were foolishly spreading empty rumours

Aeth y blynyddoedd heibio, a doedd neb yn eu cyfri
The years passed by, and nobody counted them
Yna, ar un adeg, daeth mynachod heibio ar bererindod
Then, at one time, monks came by on a pilgrimage
roedden nhw'n ddilynwyr Gotama, y Bwdha
they were followers of Gotama, the Buddha
gofynasant am gael eu cludo ar draws yr afon
they asked to be ferried across the river
dywedasant wrthynt eu bod ar frys i fynd yn ôl at eu hathro doeth
they told them they were in a hurry to get back to their wise teacher
newyddion wedi lledaenu yr un dyrchafedig yn farwol glaf

news had spread the exalted one was deadly sick
buan y byddai farw ei farwolaeth ddynol olaf
he would soon die his last human death
er mwyn dyfod yn un â'r iachawdwriaeth
in order to become one with the salvation
Nid hir y daeth haid newydd o fynachod
It was not long until a new flock of monks came
yr oeddynt hefyd ar eu pererindod
they were also on their pilgrimage
soniai y rhan fwyaf o'r teithwyr am ddim amgen na Gotama
most of the travellers spoke of nothing other than Gotama
ei farwolaeth oedd ar ddod oedd y cyfan a feddylient amdano
his impending death was all they thought about
pe buasai rhyfel, byddai cymaint yn teithio
if there had been war, just as many would travel
yn union fel y deuai llawer i goroni brenin
just as many would come to the coronation of a king
casglasant fel morgrug yn gyrn
they gathered like ants in droves
roedden nhw'n heidio, fel cael eu tynnu ymlaen gan swyn hud
they flocked, like being drawn onwards by a magic spell
aethant i'r lle yr oedd y Bwdha mawr yn disgwyl am ei farwolaeth
they went to where the great Buddha was awaiting his death
yr un perffeithiedig o oes oedd dyfod yn un â'r gogoniant
the perfected one of an era was to become one with the glory
Yn aml, meddyliai Siddhartha yn y dyddiau hynny am y dyn doeth oedd yn marw
Often, Siddhartha thought in those days of the dying wise man
yr athraw mawr yr oedd ei lais wedi ceryddu cenhedloedd
the great teacher whose voice had admonished nations
yr un oedd wedi deffro cannoedd o filoedd
the one who had awoken hundreds of thousands

gwr y clywsai ei lais unwaith hefyd
a man whose voice he had also once heard
athro yr oedd ei wyneb sanctaidd hefyd wedi ei weld unwaith gyda pharch
a teacher whose holy face he had also once seen with respect
Yn garedig, meddyliodd amdano
Kindly, he thought of him
gwelodd ei lwybr i berffeithrwydd o flaen ei lygaid
he saw his path to perfection before his eyes
a chofiodd â gwên y geiriau hynny a ddywedasai wrtho
and he remembered with a smile those words he had said to him
pan oedd yn ddyn ifanc ac yn siarad â'r un dyrchafedig
when he was a young man and spoke to the exalted one
Roedden nhw wedi bod, felly roedd yn ymddangos iddo, geiriau balch a gwerthfawr
They had been, so it seemed to him, proud and precious words
gyda gwên, cofiodd y geiriau
with a smile, he remembered the the words
gwyddai nad oedd dim yn sefyll rhwng Gotama ac ef mwyach
he knew that there was nothing standing between Gotama and him any more
roedd yn gwybod hyn ers amser maith yn barod
he had known this for a long time already
er ei fod etto yn analluog i dderbyn ei ddysgeidiaeth
though he was still unable to accept his teachings
nid oedd unrhyw ddysgeidiaeth person gwir chwilfrydig
there was no teaching a truly searching person
rhywun a oedd wir eisiau dod o hyd, gallai dderbyn
someone who truly wanted to find, could accept
Ond gallai'r sawl a gafodd yr ateb gymeradwyo unrhyw ddysgeidiaeth
But he who had found the answer could approve of any teaching

pob llwybr, pob nod, roedden nhw i gyd yr un peth
every path, every goal, they were all the same
nid oedd dim yn sefyll rhyngddo a'r holl filoedd eraill mwyach
there was nothing standing between him and all the other thousands any more
y miloedd oedd yn byw yn yr hyn sydd dragwyddol
the thousands who lived in that what is eternal
y miloedd a anadlant yr hyn sydd ddwyfol
the thousands who breathed what is divine

Ar un o'r dyddiau hyn, aeth Kamala ato hefyd
On one of these days, Kamala also went to him
roedd hi'n arfer bod y harddaf o'r cwrteisi
she used to be the most beautiful of the courtesans
Amser maith yn ôl, roedd hi wedi ymddeol o'i bywyd blaenorol
A long time ago, she had retired from her previous life
roedd hi wedi rhoi ei gardd i fynachod Gotama yn anrheg
she had given her garden to the monks of Gotama as a gift
yr oedd hi wedi llochesu yn y ddysgeidiaeth
she had taken her refuge in the teachings
yr oedd hi ymhlith cyfeillion a chymwynaswyr y pererinion
she was among the friends and benefactors of the pilgrims
roedd hi ynghyd â Siddhartha, y bachgen
she was together with Siddhartha, the boy
Siddhartha y bachgen oedd ei mab
Siddhartha the boy was her son
roedd hi wedi mynd ar ei ffordd oherwydd y newyddion am farwolaeth Gotama bron
she had gone on her way due to the news of the near death of Gotama
roedd hi mewn dillad syml ac ar droed
she was in simple clothes and on foot
ac yr oedd hi Gyda'i mab bach
and she was With her little son
roedd hi'n teithio ar lan yr afon

she was travelling by the river
ond yr oedd y bachgen wedi blino yn fuan
but the boy had soon grown tired
dymunai fyned yn ol adref
he desired to go back home
dymunodd orffwys a bwyta
he desired to rest and eat
aeth yn anufudd a dechrau swnian
he became disobedient and started whining
Yn aml roedd yn rhaid i Kamala gymryd seibiant gydag ef
Kamala often had to take a rest with him
roedd yn gyfarwydd â chael yr hyn yr oedd ei eisiau
he was accustomed to getting what he wanted
roedd yn rhaid iddi ei fwydo a'i gysuro
she had to feed him and comfort him
bu'n rhaid iddi warth arno am ei ymddygiad
she had to scold him for his behaviour
Nid oedd yn deall pam y bu'n rhaid iddo fynd ar y bererindod flinedig hon
He did not comprehend why he had to go on this exhausting pilgrimage
ni wyddai paham y bu raid iddo fyned i le anhysbys
he did not know why he had to go to an unknown place
roedd yn gwybod pam roedd yn rhaid iddo weld dieithryn sanctaidd yn marw
he did know why he had to see a holy dying stranger
"Felly beth os bu farw?" cwynai
"So what if he died?" he complained
pam y dylai hyn ei boeni?
why should this concern him?
Roedd y pererinion yn dod yn agos at fferi Vasudeva
The pilgrims were getting close to Vasudeva's ferry
Siddhartha bach unwaith eto gorfodi ei fam i orffwys
little Siddhartha once again forced his mother to rest
Roedd Kamala hefyd wedi blino
Kamala had also become tired

tra roedd y bachgen yn cnoi banana, mae hi'n cwrcwd i lawr ar y ddaear
while the boy was chewing a banana, she crouched down on the ground
caeodd ei llygaid ychydig a gorffwysodd
she closed her eyes a bit and rested
Ond yn sydyn, fe lefarodd sgrech wylofain
But suddenly, she uttered a wailing scream
edrychodd y bachgen arni mewn ofn
the boy looked at her in fear
gwelodd ei hwyneb wedi tyfu'n welw o arswyd
he saw her face had grown pale from horror
ac oddi tan ei gwisg, ffodd neidr fechan ddu
and from under her dress, a small, black snake fled
neidr yr oedd Kamala wedi ei brathu ganddi
a snake by which Kamala had been bitten
Ar frys, rhedodd y ddau ar hyd y llwybr, i gyrraedd pobl
Hurriedly, they both ran along the path, to reach people
daethant yn agos at y fferi a chwympodd Kamala
they got near to the ferry and Kamala collapsed
nid oedd hi'n gallu mynd ymhellach
she was not able to go any further
dechreuodd y bachgen grio yn druenus
the boy started crying miserably
ni amharwyd ar ei waedd ond pan gusanodd ei fam
his cries were only interrupted when he kissed his mother
ymunodd hefyd â'i sgrechiadau uchel am help
she also joined his loud screams for help
sgrechiodd hi nes i'r sain gyrraedd clustiau Vasudeva
she screamed until the sound reached Vasudeva's ears
Daeth Vasudeva yn gyflym a chymerodd y wraig ar ei freichiau
Vasudeva quickly came and took the woman on his arms
cariodd yntau hi i'r cwch a rhedodd y bachgen ar ei hyd
he carried her into the boat and the boy ran along
yn fuan cyrhaeddasant y cwt, lle safai Siddhartha wrth y stôf

soon they reached the hut, where Siddhartha stood by the stove
dim ond cynnau'r tân yr oedd
he was just lighting the fire
Edrychodd i fyny a gweld wyneb y bachgen yn gyntaf
He looked up and first saw the boy's face
roedd yn ei atgoffa'n rhyfeddol o rywbeth
it wondrously reminded him of something
fel rhybudd i gofio rhywbeth yr oedd wedi anghofio
like a warning to remember something he had forgotten
Yna gwelodd Kamala, y mae'n cydnabod ar unwaith
Then he saw Kamala, whom he instantly recognised
gorweddodd yn anymwybodol ym mreichiau'r fferi
she lay unconscious in the ferryman's arms
yn awr gwyddai mai ei fab ei hun ydoedd
now he knew that it was his own son
ei fab yr oedd ei wyneb wedi bod yn gymaint o rybudd iddo
his son whose face had been such a warning reminder to him
a'r galon a gynhyrfodd yn ei frest
and the heart stirred in his chest
Roedd clwyf Kamala wedi'i olchi, ond roedd eisoes wedi troi'n ddu
Kamala's wound was washed, but had already turned black
a'i chorff hi oedd wedi chwyddo
and her body was swollen
gwnaed hi i yfed diod iachusol
she was made to drink a healing potion
Dychwelodd ei hymwybyddiaeth a gorweddodd ar wely Siddhartha
Her consciousness returned and she lay on Siddhartha's bed
Safai Siddhartha dros Kamala, yr oedd yn arfer ei garu gymaint
Siddhartha stood over Kamala, who he used to love so much
Roedd yn ymddangos fel breuddwyd iddi
It seemed like a dream to her
gyda gwên, edrychodd ar wyneb ei ffrind

with a smile, she looked at her friend's face
yn araf deg sylweddolodd ei sefyllfa
slowly she realized her situation
cofiodd ei bod wedi cael ei brathu
she remembered she had been bitten
a hi a alwodd yn ofnus am ei mab
and she timidly called for her son
"Mae gyda chi, peidiwch â phoeni," meddai Siddhartha
"He's with you, don't worry," said Siddhartha
Edrychodd Kamala i mewn i'w lygaid
Kamala looked into his eyes
Siaradodd â thafod trwm, wedi'i pharlysu gan y gwenwyn
She spoke with a heavy tongue, paralysed by the poison
"Rydych chi wedi mynd yn hen, fy annwyl," meddai
"You've become old, my dear," she said
"Rydych chi wedi mynd yn llwyd," ychwanegodd
"you've become gray," she added
"Ond rwyt ti fel y Samana ifanc, a ddaeth heb ddillad"
"But you are like the young Samana, who came without clothes"
"Rydych chi fel y Samana a ddaeth i mewn i fy ngardd gyda thraed llychlyd"
"you're like the Samana who came into my garden with dusty feet"
"Rydych chi'n llawer mwy tebyg iddo nag oeddech chi pan adawoch chi fi"
"You are much more like him than you were when you left me"
"Yn y llygaid, rydych chi'n debyg iddo, Siddhartha"
"In the eyes, you're like him, Siddhartha"
"Ysywaeth, rwyf hefyd wedi heneiddio"
"Alas, I have also grown old"
"A allech chi fy adnabod o hyd?"
"could you still recognise me?"
Gwenodd Siddhartha, "Ar unwaith, yr wyf yn cydnabod chi, Kamala, fy annwyl"

Siddhartha smiled, "Instantly, I recognised you, Kamala, my dear"
Pwyntiodd Kamala at ei bachgen
Kamala pointed to her boy
"A wnaethoch chi ei adnabod yn ogystal?"
"Did you recognise him as well?"
"Ef yw eich mab," cadarnhaodd hi
"He is your son," she confirmed
Daeth ei llygaid yn ddryslyd a syrthiodd ar gau
Her eyes became confused and fell shut
Wylodd y bachgen a chymerodd Siddhartha ef ar ei liniau
The boy wept and Siddhartha took him on his knees
gadawodd iddo wylo a phuro ei wallt
he let him weep and petted his hair
wrth olwg wyneb y plentyn, daeth gweddi Brahman i'w feddwl
at the sight of the child's face, a Brahman prayer came to his mind
gweddi a ddysgasai amser maith yn ol
a prayer which he had learned a long time ago
adeg pan oedd wedi bod yn fachgen bach ei hun
a time when he had been a little boy himself
Yn araf bach, gyda llais canu, dechreuodd siarad
Slowly, with a singing voice, he started to speak
o'i orffennol a'i blentyndod, daeth y geiriau yn llifo ato
from his past and childhood, the words came flowing to him
A chyda'r gân honno, tawelodd y bachgen
And with that song, the boy became calm
nid oedd ond yn awr ac yn y man yn traethu sob
he was only now and then uttering a sob
ac o'r diwedd syrthiodd i gysgu
and finally he fell asleep
Gosododd Siddhartha ef ar wely Vasudeva
Siddhartha placed him on Vasudeva's bed
Safodd Vasudeva wrth y stôf a choginio reis
Vasudeva stood by the stove and cooked rice

Rhoddodd Siddhartha iddo edrych, a dychwelodd gyda gwên
Siddhartha gave him a look, which he returned with a smile
"Bydd hi'n marw," meddai Siddhartha yn dawel
"She'll die," Siddhartha said quietly
Roedd Vasudeva yn gwybod ei fod yn wir, ac amneidiodd
Vasudeva knew it was true, and nodded
dros ei wyneb cyfeillgar rhedodd golau tân y stôf
over his friendly face ran the light of the stove's fire
unwaith eto, dychwelodd Kamala i ymwybyddiaeth
once again, Kamala returned to consciousness
ystumiodd poen y gwenwyn ei hwyneb
the pain of the poison distorted her face
Roedd llygaid Siddhartha yn darllen y dioddefaint ar ei cheg
Siddhartha's eyes read the suffering on her mouth
o'i gruddiau gwelw gwelai ei bod yn dioddef
from her pale cheeks he could see that she was suffering
Yn dawel bach, darllenodd y boen yn ei llygaid
Quietly, he read the pain in her eyes
yn astud, yn aros, ei feddwl dod yn un â hi dioddefaint
attentively, waiting, his mind become one with her suffering
Roedd Kamala yn ei deimlo ac roedd ei syllu yn ceisio ei lygaid
Kamala felt it and her gaze sought his eyes
Wrth edrych arno, siaradodd hi
Looking at him, she spoke
"Nawr dwi'n gweld bod eich llygaid chi wedi newid hefyd"
"Now I see that your eyes have changed as well"
"Maen nhw wedi dod yn hollol wahanol"
"They've become completely different"
"Beth ydw i'n dal i adnabod ynoch chi sy'n Siddhartha?
"what do I still recognise in you that is Siddhartha?
"Chi yw e, ac nid chi ydyw"
"It's you, and it's not you"

Dywedodd Siddhartha dim byd, yn dawel ei lygaid yn edrych ar ei
Siddhartha said nothing, quietly his eyes looked at hers
"Rydych wedi ei gyflawni?" gofynnodd hi
"You have achieved it?" she asked
"Rydych wedi dod o hyd i heddwch?"
"You have found peace?"
Gwenodd a gosod ei law arni
He smiled and placed his hand on hers
"Rwy'n ei weld" meddai
"I'm seeing it" she said
"Byddaf innau'n dod o hyd i heddwch"
"I too will find peace"
"Rydych wedi dod o hyd iddo," siaradodd Siddhartha mewn sibrwd
"You have found it," Siddhartha spoke in a whisper
Ni stopiodd Kamala erioed edrych i mewn i'w lygaid
Kamala never stopped looking into his eyes
Meddyliodd am ei phererindod i Gotama
She thought about her pilgrimage to Gotama
y bererindod yr oedd hi am ei chymryd
the pilgrimage which she wanted to take
er mwyn gweled wyneb yr un perffeithiedig
in order to see the face of the perfected one
er mwyn anadlu ei heddwch
in order to breathe his peace
ond yr oedd hi yn awr wedi ei chael mewn lle arall
but she had now found it in another place
a thybiai hyn fod hyny yn dda hefyd
and this she thought that was good too
yr oedd yn llawn cystal a phe bai hi wedi gweld yr un arall
it was just as good as if she had seen the other one
Roedd hi eisiau dweud hyn wrtho
She wanted to tell this to him
ond nid oedd ei thafod mwyach yn ufuddhau i'w hewyllys
but her tongue no longer obeyed her will

Heb siarad, edrychodd hi arno
Without speaking, she looked at him
gwelodd y bywyd yn pylu o'i llygaid
he saw the life fading from her eyes
llanwodd y boen olaf ei llygaid a gwneud iddynt bylu
the final pain filled her eyes and made them grow dim
rhedodd y crynu olaf trwy ei breichiau
the final shiver ran through her limbs
cauodd ei fys ei hamrantau
his finger closed her eyelids

Am amser hir, eisteddodd ac edrych ar ei hwyneb marw heddychlon
For a long time, he sat and looked at her peacefully dead face
Am amser hir, gwelodd ei cheg
For a long time, he observed her mouth
ei hen geg blinedig, gyda'r gwefusau hynny, a oedd wedi mynd yn denau
her old, tired mouth, with those lips, which had become thin
cofiodd ei fod yn arfer cymharu'r geg hon â ffigys ffres wedi hollti
he remembered he used to compare this mouth with a freshly cracked fig
yr oedd hyn yn ngwanwyn ei flynyddoedd
this was in the spring of his years
Am amser hir, eisteddodd a darllenodd y wyneb gwelw
For a long time, he sat and read the pale face
darllenodd y crychau blinedig
he read the tired wrinkles
llanwodd ei hun â'r olwg hon
he filled himself with this sight
gwelodd ei wyneb ei hun yn yr un modd
he saw his own face in the same manner
gwelodd ei wyneb yr un mor wyn
he saw his face was just as white
gwelodd ei wyneb yr un mor ddrylliedig
he saw his face was just as quenched out

ar yr un pryd gwelodd ei wyneb a hithau yn ifanc
at the same time he saw his face and hers being young
eu hwynebau â gwefusau cochion a llygaid tanllyd
their faces with red lips and fiery eyes
y teimlad bod y ddau yn real ar yr un pryd
the feeling of both being real at the same time
yr oedd y teimlad o dragywyddoldeb yn llenwi pob agwedd o'i fodolaeth yn llwyr
the feeling of eternity completely filled every aspect of his being
yn yr awr hon teimlai yn ddyfnach nag y teimlai erioed o'r blaen
in this hour he felt more deeply than than he had ever felt before
teimlai annistwylledd pob bywyd
he felt the indestructibility of every life
teimlai dragywyddoldeb pob moment
he felt the eternity of every moment
Pan gododd, roedd Vasudeva wedi paratoi reis iddo
When he rose, Vasudeva had prepared rice for him
Ond ni fwytaodd Siddhartha y noson honno
But Siddhartha did not eat that night
Yn yr ystabl safai eu gafr
In the stable their goat stood
paratôdd y ddau hen ŵr welyau o wellt iddynt eu hunain
the two old men prepared beds of straw for themselves
Gosododd Vasudeva ei hun i gysgu
Vasudeva laid himself down to sleep
Ond aeth Siddhartha allan ac eistedd o flaen y cwt
But Siddhartha went outside and sat before the hut
gwrandawodd ar yr afon, wedi'i amgylchynu gan y gorffennol
he listened to the river, surrounded by the past
cafodd ei gyffwrdd a'i amgylchynu gan bob amser o'i oes ar yr un pryd

he was touched and encircled by all times of his life at the same time
yn achlysurol cododd a chamai at ddrws y cwt
occasionally he rose and he stepped to the door of the hut
gwrandawodd a oedd y bachgen yn cysgu
he listened whether the boy was sleeping

cyn y gellid gweld yr haul, daeth Vasudeva allan o'r stabl
before the sun could be seen, Vasudeva came out of the stable
cerddodd drosodd at ei ffrind
he walked over to his friend
"Dych chi ddim wedi cysgu," meddai
"You haven't slept," he said
"Na, Vasudeva. Eisteddais yma"
"No, Vasudeva. I sat here"
"Roeddwn i'n gwrando ar yr afon"
"I was listening to the river"
"Mae'r afon wedi dweud llawer wrtha i"
"the river has told me a lot"
"mae wedi fy llenwi'n ddwfn â'r meddwl iachusol o undod"
"it has deeply filled me with the healing thought of oneness"
"Rydych chi wedi profi dioddefaint, Siddhartha"
"You've experienced suffering, Siddhartha"
"Ond ni welaf ddim tristwch wedi dod i mewn i'ch calon"
"but I see no sadness has entered your heart"
"Na, fy annwyl, sut ddylwn i fod yn drist?"
"No, my dear, how should I be sad?"
"Fi, sydd wedi bod yn gyfoethog ac yn hapus"
"I, who have been rich and happy"
"Rwyf wedi dod yn gyfoethocach a hapusach fyth nawr"
"I have become even richer and happier now"
"Mae fy mab wedi ei roi i mi"
"My son has been given to me"
"Bydd croeso i'ch mab i mi hefyd"
"Your son shall be welcome to me as well"
"Ond nawr, Siddhartha, gadewch i ni gyrraedd y gwaith"
"But now, Siddhartha, let's get to work"

"mae llawer i'w wneud"
"there is much to be done"
"Mae Kamala wedi marw ar yr un gwely yr oedd fy ngwraig wedi marw arno"
"Kamala has died on the same bed on which my wife had died"
"Gadewch inni adeiladu pentwr angladd Kamala ar y bryn"
"Let us build Kamala's funeral pile on the hill"
"y bryn y mae pentwr angladd fy ngwraig arno"
"the hill on which I my wife's funeral pile is"
Tra roedd y bachgen yn dal i gysgu, dyma nhw'n adeiladu'r pentwr angladd
While the boy was still asleep, they built the funeral pile

Y Mab
The Son

Yn ofnus ac yn wylo, roedd y bachgen wedi mynychu angladd ei fam
Timid and weeping, the boy had attended his mother's funeral
tywyll a swil, roedd wedi gwrando ar Siddhartha
gloomy and shy, he had listened to Siddhartha
Cyfarchodd Siddhartha ef fel ei fab
Siddhartha greeted him as his son
croesawodd ef yn ei le yng nghwt Vasudeva
he welcomed him at his place in Vasudeva's hut
Pale, bu'n eistedd am ddyddiau lawer wrth fryn y meirw
Pale, he sat for many days by the hill of the dead
nid oedd am fwyta
he did not want to eat
nid edrychodd ar neb
he did not look at anyone
nid agorodd ei galon
he did not open his heart
cyfarfu â'i dynged â gwrthwynebiad a gwadiad
he met his fate with resistance and denial
Siddhartha spared rhoi gwersi iddo
Siddhartha spared giving him lessons
a gadawodd iddo wneuthur fel y mynai
and he let him do as he pleased
Anrhydeddodd Siddhartha alar ei fab
Siddhartha honoured his son's mourning
deallodd nad oedd ei fab yn ei adnabod
he understood that his son did not know him
deallodd nas gallai ei garu fel tad
he understood that he could not love him like a father
Yn araf bach, deallodd hefyd fod y bachgen un ar ddeg oed yn fachgen wedi ei faldodi
Slowly, he also understood that the eleven-year-old was a pampered boy
gwelodd ei fod yn fachgen mam

he saw that he was a mother's boy
gwelodd ei fod wedi tyfu i fyny yn arferion pobl gyfoethog
he saw that he had grown up in the habits of rich people
yr oedd yn gyfarwydd â bwyd mân a gwely meddal
he was accustomed to finer food and a soft bed
yr oedd wedi arfer rhoddi gorchymynion i weision
he was accustomed to giving orders to servants
ni allai'r plentyn galarus yn sydyn fod yn fodlon ar fywyd ymhlith dieithriaid
the mourning child could not suddenly be content with a life among strangers
Roedd Siddhartha yn deall na fyddai'r plentyn wedi'i faldodi'n fodlon mewn tlodi
Siddhartha understood the pampered child would not willingly be in poverty
Nid oedd yn ei orfodi i wneud y pethau hyn
He did not force him to do these these things
Gwnaeth Siddhartha lawer o dasgau i'r bachgen
Siddhartha did many chores for the boy
roedd bob amser yn arbed y darn gorau o'r pryd iddo
he always saved the best piece of the meal for him
Yn araf bach, roedd yn gobeithio ei ennill drosodd, trwy amynedd cyfeillgar
Slowly, he hoped to win him over, by friendly patience
Cyfoethog a hapus, roedd wedi galw ei hun, pan oedd y bachgen wedi dod ato
Rich and happy, he had called himself, when the boy had come to him
Ers hynny roedd peth amser wedi mynd heibio
Since then some time had passed
ond parhaodd y bachgen yn ddieithryn ac mewn cyflwr digalon
but the boy remained a stranger and in a gloomy disposition
arddangosai galon falch ac ystyfnig o anufudd
he displayed a proud and stubbornly disobedient heart
nid oedd am wneud dim gwaith

he did not want to do any work
ni thalai ei barch i'r hen wyr
he did not pay his respect to the old men
lladrataodd o goed ffrwythau Vasudeva
he stole from Vasudeva's fruit-trees
nid oedd ei fab wedi dod â hapusrwydd a heddwch iddo
his son had not brought him happiness and peace
roedd y bachgen wedi dod â dioddefaint a phryder iddo
the boy had brought him suffering and worry
yn araf bach dechreuodd Siddhartha ddeall hyn
slowly Siddhartha began to understand this
Ond roedd yn ei garu waeth beth oedd y dioddefaint a ddaeth ag ef
But he loved him regardless of the suffering he brought him
roedd yn well ganddo ddioddefaint a gofidiau cariad dros hapusrwydd a llawenydd heb y bachgen
he preferred the suffering and worries of love over happiness and joy without the boy
o pan oedd Siddhartha ifanc yn y cwt roedd yr hen ddynion wedi hollti'r gwaith
from when young Siddhartha was in the hut the old men had split the work
Roedd Vasudeva eto wedi cymryd swydd y fferi
Vasudeva had again taken on the job of the ferryman
a Siddhartha, er mwyn bod gyda'i fab, a wnaeth y gwaith yn y cwt a'r maes
and Siddhartha, in order to be with his son, did the work in the hut and the field

am fisoedd hir arhosodd Siddhartha i'w fab ei ddeall
for long months Siddhartha waited for his son to understand him
arhosodd iddo dderbyn ei gariad
he waited for him to accept his love
ac efe a arhosodd i'w fab, efallai, ad-dalu ei gariad
and he waited for his son to perhaps reciprocate his love
Am fisoedd hir arhosodd Vasudeva, gan wylio

For long months Vasudeva waited, watching
arhosodd ac ni ddywedodd ddim
he waited and said nothing
Un diwrnod, poenydiodd Siddhartha ifanc ei dad yn fawr iawn
One day, young Siddhartha tormented his father very much
roedd wedi torri ei ddwy bowlen reis
he had broken both of his rice-bowls
Cymerodd Vasudeva ei ffrind o'r neilltu a siarad ag ef
Vasudeva took his friend aside and talked to him
"Pardwn i mi," meddai i Siddhartha
"Pardon me," he said to Siddhartha
"O galon gyfeillgar, dwi'n siarad â chi"
"from a friendly heart, I'm talking to you"
"Rwy'n gweld eich bod yn poenydio'ch hun"
"I'm seeing that you are tormenting yourself"
"Rwy'n gweld eich bod mewn galar"
"I'm seeing that you're in grief"
"Mae dy fab, fy annwyl, yn dy boeni di"
"Your son, my dear, is worrying you"
"ac mae hefyd yn fy mhoeni"
"and he is also worrying me"
"Mae'r aderyn ifanc hwnnw wedi arfer â bywyd gwahanol"
"That young bird is accustomed to a different life"
"mae wedi arfer byw mewn nyth gwahanol"
"he is used to living in a different nest"
"Nid yw, fel chi, wedi rhedeg i ffwrdd o gyfoeth a'r ddinas"
"he has not, like you, run away from riches and the city"
"Nid oedd wedi ffieiddio ac wedi cael llond bol ar y bywyd yn Sansara"
"he was not disgusted and fed up with the life in Sansara"
"rhaid iddo wneud yr holl bethau hyn yn erbyn ei ewyllys"
"he had to do all these things against his will"
"roedd yn rhaid iddo adael hyn i gyd ar ôl"
"he had to leave all this behind"
"Gofynnais i'r afon, o ffrind"

"I asked the river, oh friend"
"Sawl gwaith dwi wedi gofyn i'r afon"
"many times I have asked the river"
"Ond mae'r afon yn chwerthin am hyn i gyd"
"But the river laughs at all of this"
"Mae'n chwerthin am fy mhen ac mae'n chwerthin arnoch chi"
"it laughs at me and it laughs at you"
"mae'r afon yn crynu gan chwerthin am ein ffolineb"
"the river is shaking with laughter at our foolishness"
"Mae dŵr eisiau ymuno â dŵr gan fod ieuenctid eisiau ymuno â ieuenctid"
"Water wants to join water as youth wants to join youth"
"Nid yw eich mab yn y lle y gall ffynnu"
"your son is not in the place where he can prosper"
"Dylech chi hefyd ofyn i'r afon"
"you too should ask the river"
"Dylech chi hefyd wrando arno!"
"you too should listen to it!"
Yn gythryblus, edrychodd Siddhartha i mewn i'w wyneb cyfeillgar
Troubled, Siddhartha looked into his friendly face
edrychodd ar y crychau niferus lle'r oedd sirioldeb di-baid
he looked at the many wrinkles in which there was incessant cheerfulness
"Sut allwn i ran gydag ef?" meddai yn dawel, yn gywilydd
"How could I part with him?" he said quietly, ashamed
"Rhowch fwy o amser i mi, fy annwyl"
"Give me some more time, my dear"
"Gweler, rwy'n ymladd drosto"
"See, I'm fighting for him"
"Rwy'n ceisio ennill ei galon"
"I'm seeking to win his heart"
"Gyda chariad a chydag amynedd cyfeillgar dwi'n bwriadu ei ddal"
"with love and with friendly patience I intend to capture it"

"Un diwrnod, bydd yr afon hefyd yn siarad ag ef"
"One day, the river shall also talk to him"
"mae hefyd yn cael ei alw ar"
"he also is called upon"
Ffynnodd gwên Vasudeva yn fwy cynnes
Vasudeva's smile flourished more warmly
"O ie, gelwir arno yntau hefyd"
"Oh yes, he too is called upon"
"Efe hefyd sydd o'r bywyd tragwyddol"
"he too is of the eternal life"
"Ond a ydym ni, ti a fi, yn gwybod beth y mae arno i'w wneud?"
"But do we, you and me, know what he is called upon to do?"
"Rydyn ni'n gwybod pa lwybr i'w gymryd a pha gamau i'w cymryd"
"we know what path to take and what actions to perform"
"Rydyn ni'n gwybod pa boen sy'n rhaid i ni ei ddioddef"
"we know what pain we have to endure"
"ond a wyr efe y pethau hyn?"
"but does he know these things?"
"Nid un bach, ei boen fydd"
"Not a small one, his pain will be"
"Wedi'r cyfan, mae ei galon yn falch ac yn galed"
"after all, his heart is proud and hard"
"Mae'n rhaid i bobl fel hyn ddioddef a chyfeiliorni llawer"
"people like this have to suffer and err a lot"
"Mae'n rhaid iddyn nhw wneud llawer o anghyfiawnder"
"they have to do much injustice"
"ac y maent yn faich arnynt eu hunain â llawer o bechod"
"and they have burden themselves with much sin"
"Dywedwch wrthyf, fy annwyl," gofynnodd i Siddhartha
"Tell me, my dear," he asked of Siddhartha
"Dydych chi ddim yn cymryd rheolaeth o fagwraeth eich mab?"
"you're not taking control of your son's upbringing?"
"Dydych chi ddim yn ei orfodi, ei guro, na'i gosbi?"

"You don't force him, beat him, or punish him?"
"Na, Vasudeva, nid wyf yn gwneud unrhyw un o'r pethau hyn"
"No, Vasudeva, I don't do any of these things"
"Roeddwn i'n ei wybod. Nid ydych chi'n ei orfodi"
"I knew it. You don't force him"
"Dydych chi ddim yn ei guro a dydych chi ddim yn rhoi gorchmynion iddo"
"you don't beat him and you don't give him orders"
"Oherwydd eich bod yn gwybod bod meddalwch yn gryfach na chaled"
"because you know softness is stronger than hard"
"Rydych chi'n gwybod bod dŵr yn gryfach na chreigiau"
"you know water is stronger than rocks"
"Ac rydych chi'n gwybod bod cariad yn gryfach na grym"
"and you know love is stronger than force"
"Da iawn, rwy'n eich canmol am hyn"
"Very good, I praise you for this"
"Ond onid ydych chi'n camgymryd mewn rhyw ffordd?"
"But aren't you mistaken in some way?"
"Onid ydych chi'n meddwl eich bod chi'n ei orfodi?"
"don't you think that you are forcing him?"
"peidiwch â chi efallai ei gosbi mewn ffordd wahanol?"
"don't you perhaps punish him a different way?"
"Peidiwch â chi shackle ef gyda'ch cariad?"
"Don't you shackle him with your love?"
"Onid ydych chi'n gwneud iddo deimlo'n israddol bob dydd?"
"Don't you make him feel inferior every day?"
"Onid yw eich caredigrwydd a'ch amynedd yn ei gwneud hi'n anoddach fyth iddo?"
"doesn't your kindness and patience make it even harder for him?"
"Onid ydych chi'n ei orfodi i fyw mewn cwt gyda dau hen fwytawr banana?"

"aren't you forcing him to live in a hut with two old banana-eaters?"
"hen ddynion y mae hyd yn oed reis yn ddanteithfwyd iddynt"
"old men to whom even rice is a delicacy"
"hen ddynion na all eu meddyliau fod yn eiddo iddo"
"old men whose thoughts can't be his"
"hen ddynion y mae eu calonnau'n hen a thawel"
"old men whose hearts are old and quiet"
"hen ddynion y mae eu calonnau'n curo ar gyflymder gwahanol na'i galon ef"
"old men whose hearts beat in a different pace than his"
" Onid ydyw yn cael ei orfodi a'i gosbi gan hyn oll?""
"Isn't he forced and punished by all this?""
Yn gythryblus, edrychodd Siddhartha i'r llawr
Troubled, Siddhartha looked to the ground
Yn dawel bach, gofynnodd, "Beth ydych chi'n meddwl y dylwn ei wneud?"
Quietly, he asked, "What do you think should I do?"
Siaradodd Vasudeva, "Dewch ag ef i'r ddinas"
Vasudeva spoke, "Bring him into the city"
"Dewch ag ef i mewn i dŷ ei fam"
"bring him into his mother's house"
"Bydd gweision o gwmpas o hyd, rhowch ef iddyn nhw"
"there'll still be servants around, give him to them"
"Ac os nad oes gweision, dewch ag ef at athro"
"And if there aren't any servants, bring him to a teacher"
"ond peidiwch â dod ag ef at athro er mwyn dysgeidiaeth"
"but don't bring him to a teacher for teachings' sake"
"Dewch ag ef at athro fel ei fod ymhlith plant eraill"
"bring him to a teacher so that he is among other children"
"a dwg ef i'r byd sydd eiddo ef"
"and bring him to the world which is his own"
"Ydych chi erioed wedi meddwl am hyn?"
"have you never thought of this?"

"Rydych yn gweld i mewn i fy nghalon," siaradodd Siddhartha drist
"you're seeing into my heart," Siddhartha spoke sadly

"Yn aml, rydw i wedi meddwl am hyn"
"Often, I have thought of this"

" ond pa fodd y gallaf ei roddi ef i'r byd hwn ?"
"but how can I put him into this world?"

" Oni ddaw yn afieithus?"
"Won't he become exuberant?"

" oni fydd yn colli ei hun i bleser a grym?"
"won't he lose himself to pleasure and power?"

"Oni fydd yn ailadrodd holl gamgymeriadau ei dad?"
"won't he repeat all of his father's mistakes?"

"Oni fydd e'n mynd ar goll yn gyfan gwbl efallai yn Sansara?"
"won't he perhaps get entirely lost in Sansara?"

Yn llachar, roedd gwên y fferi yn goleuo
Brightly, the ferryman's smile lit up

yn dawel bach, cyffyrddodd â braich Siddhartha
softly, he touched Siddhartha's arm

"Gofyn i'r afon am y peth, fy ffrind!"
"Ask the river about it, my friend!"

"Clywch yr afon yn chwerthin am y peth!"
"Hear the river laugh about it!"

"Fyddech chi mewn gwirionedd yn credu eich bod chi wedi cyflawni eich gweithredoedd ffôl?
"Would you actually believe that you had committed your foolish acts?

"er mwyn arbed eich mab rhag eu traddodi hefyd"
"in order to spare your son from committing them too"

"Ac a allech chi mewn unrhyw ffordd amddiffyn eich mab rhag Sansara?"
"And could you in any way protect your son from Sansara?"

"Sut allech chi ei amddiffyn rhag Sansara?"
"How could you protect him from Sansara?"

"Trwy ddysgeidiaeth, gweddi, gwyliadwriaeth?"

"By means of teachings, prayer, admonition?"
"Fy annwyl, a ydych chi wedi anghofio'r stori honno'n llwyr?"
"My dear, have you entirely forgotten that story?"
"y stori yn cynnwys cymaint o wersi"
"the story containing so many lessons"
"Stori Siddhartha, mab Brahman"
"the story about Siddhartha, a Brahman's son"
"yr hanes a ddywedasoch wrthyf unwaith yma ar yr union fan hwn?"
"the story which you once told me here on this very spot?"
"Pwy sydd wedi cadw'r Samana Siddhartha yn ddiogel rhag Sansara?"
"Who has kept the Samana Siddhartha safe from Sansara?"
" pwy a'i cadwodd ef rhag pechod, trachwant, ac ynfydrwydd ?"
"who has kept him from sin, greed, and foolishness?"
"A oedd defosiwn crefyddol ei dad yn gallu ei gadw'n ddiogel?
"Were his father's religious devotion able to keep him safe?"
"a oedd rhybuddion ei athro yn gallu ei gadw'n ddiogel?"
"were his teacher's warnings able to keep him safe?"
" a allai ei wybodaeth ei hun ei gadw yn ddiogel ?"
"could his own knowledge keep him safe?"
"A oedd ei chwiliad ei hun yn gallu ei gadw'n ddiogel?"
"was his own search able to keep him safe?"
"Pa dad sydd wedi gallu amddiffyn ei fab?"
"What father has been able to protect his son?"
" pa dad allai gadw ei fab rhag byw ei einioes iddo ei hun ?"
"what father could keep his son from living his life for himself?"
"pa athro sydd wedi gallu amddiffyn ei fyfyriwr?"
"what teacher has been able to protect his student?"
"Pa athraw all atal ei fyfyriwr rhag baeddu ei hun â bywyd?"
"what teacher can stop his student from soiling himself with life?"

"**pwy a allai ei rwystro rhag beichio ei hun ag euogrwydd?**"
"who could stop him from burdening himself with guilt?"
"**pwy allai ei rwystro rhag yfed y ddiod chwerw iddo ei hun?**"
"who could stop him from drinking the bitter drink for himself?"
"**pwy allai ei rwystro rhag dod o hyd i'w lwybr iddo'i hun?**"
"who could stop him from finding his path for himself?"
"**A oeddech chi'n meddwl y gallai unrhyw un gael ei arbed rhag cymryd y llwybr hwn?**"
"did you think anybody could be spared from taking this path?"
"**A oeddech chi'n meddwl efallai y byddai eich mab bach yn cael ei arbed?**"
"did you think that perhaps your little son would be spared?"
"**A oeddech chi'n meddwl y gallai eich cariad wneud hynny i gyd?**"
"did you think your love could do all that?"
"**A oeddech chi'n meddwl y gallai eich cariad ei gadw rhag dioddef**"
"did you think your love could keep him from suffering"
"**A oeddech chi'n meddwl y gallai eich cariad ei amddiffyn rhag poen a siom?**"
"did you think your love could protect him from pain and disappointment?
"**Fe allech chi farw ddeg gwaith iddo**"
"you could die ten times for him"
"**ond ni allech chi gymryd unrhyw ran o'i dynged arnoch chi'ch hun**"
"but you could take no part of his destiny upon yourself"
Erioed o'r blaen, roedd Vasudeva wedi siarad cymaint o eiriau
Never before, Vasudeva had spoken so many words
Yn garedig, diolchodd Siddhartha iddo
Kindly, Siddhartha thanked him
aeth yn gythryblus i'r cwt

he went troubled into the hut

ni allai gysgu am amser hir
he could not sleep for a long time
Nid oedd Vasudeva wedi dweud dim wrtho nad oedd eisoes wedi meddwl ac yn gwybod amdano
Vasudeva had told him nothing he had not already thought and known
Ond yr oedd hon yn wybodaeth na allai weithredu arni
But this was a knowledge he could not act upon
cryfach na gwybodaeth oedd ei gariad at y bachgen
stronger than knowledge was his love for the boy
cryfach na gwybodaeth oedd ei dynerwch
stronger than knowledge was his tenderness
cryfach na gwybodaeth oedd ei ofn i'w golli
stronger than knowledge was his fear to lose him
a oedd erioed wedi colli ei galon gymaint i rywbeth?
had he ever lost his heart so much to something?
a oedd erioed wedi caru unrhyw berson mor ddall?
had he ever loved any person so blindly?
a oedd erioed wedi dioddef dros rywun mor aflwyddiannus?
had he ever suffered for someone so unsuccessfully?
a oedd erioed wedi gwneud aberth o'r fath dros neb ac eto wedi bod mor anhapus?
had he ever made such sacrifices for anyone and yet been so unhappy?
Ni allai Siddhartha wrando ar gyngor ei ffrind
Siddhartha could not heed his friend's advice
ni allai roi'r gorau i'r bachgen
he could not give up the boy
Gadawodd i'r bachgen roi gorchmynion iddo
He let the boy give him orders
gadawodd iddo ei ddiystyru
he let him disregard him
Dywedodd dim byd ac aros
He said nothing and waited
yn feunyddiol, ceisiai ymdrech cyfeillgarwch

daily, he attempted the struggle of friendliness
efe a gychwynnodd y rhyfel tawel o amynedd
he initiated the silent war of patience
Dywedodd Vasudeva hefyd ddim ac aros
Vasudeva also said nothing and waited
Yr oedd y ddau yn feistri ar amynedd
They were both masters of patience

un tro roedd wyneb y bachgen yn ei atgoffa'n fawr o Kamala
one time the boy's face reminded him very much of Kamala
Yn sydyn bu'n rhaid i Siddhartha feddwl am rywbeth yr oedd Kamala wedi'i ddweud unwaith
Siddhartha suddenly had to think of something Kamala had once said
"Ni allwch garu" roedd hi wedi dweud wrtho
"You cannot love" she had said to him
ac yr oedd wedi cytuno â hi
and he had agreed with her
ac yr oedd wedi cymharu ei hun â seren
and he had compared himself with a star
ac yr oedd wedi cymharu y rhai plentynnaidd â dail yn disgyn
and he had compared the childlike people with falling leaves
ond er hyny, yr oedd hefyd wedi synhwyro cyhuddiad yn y llinell hono
but nevertheless, he had also sensed an accusation in that line
Yn wir, nid oedd erioed wedi gallu caru
Indeed, he had never been able to love
nid oedd erioed wedi gallu ymroddi yn llwyr i berson arall
he had never been able to devote himself completely to another person
nid oedd erioed wedi gallu anghofio ei hun
he had never been able to to forget himself
nid oedd erioed wedi gallu cyflawni gweithredoedd ffôl dros gariad rhywun arall
he had never been able to commit foolish acts for the love of another person

y pryd hyny ymddangosai ei fod yn ei osod ar wahan oddiwrth y bobl blentynaidd
at that time it seemed to set him apart from the childlike people
Ond byth ers i'w fab fod yma, mae Siddhartha hefyd yn dod yn berson plentynnaidd
But ever since his son was here, Siddhartha also become a childlike person
yr oedd yn dioddef er mwyn person arall
he was suffering for the sake of another person
roedd yn caru person arall
he was loving another person
collwyd ef i gariad at rywun arall
he was lost to a love for someone else
yr oedd wedi myned yn ffwl ar gyfrif cariad
he had become a fool on account of love
Yn awr yr oedd yntau yn teimlo y cryfaf a'r rhyfeddaf o bob nwydau
Now he too felt the strongest and strangest of all passions
dioddefodd oddi wrth yr angerdd hwn yn druenus
he suffered from this passion miserably
ac yr oedd er hyny mewn gwynfyd
and he was nevertheless in bliss
er hynny adnewyddwyd ef mewn un ystyr
he was nevertheless renewed in one respect
cyfoethogwyd ef gan yr un peth hwn
he was enriched by this one thing
Roedd yn synhwyro'n dda iawn mai angerdd oedd y cariad dall hwn at ei fab
He sensed very well that this blind love for his son was a passion
roedd yn gwybod ei fod yn rhywbeth dynol iawn
he knew that it was something very human
gwyddai mai Sansara ydoedd
he knew that it was Sansara
gwyddai ei fod yn ffynhonnell aneglur, dyfroedd tywyll

he knew that it was a murky source, dark waters
ond teimlai nad oedd yn ddiwerth, ond yn angenrheidiol
but he felt it was not worthless, but necessary
daeth o hanfod ei fodolaeth ei hun
it came from the essence of his own being
Roedd yn rhaid gwneud iawn am y pleser hwn hefyd
This pleasure also had to be atoned for
roedd yn rhaid dioddef y boen hon hefyd
this pain also had to be endured
yr oedd yn rhaid cyflawni y gweithredoedd ffol hyn hefyd
these foolish acts also had to be committed
Trwy hyn oll, y mab a adawodd iddo gyflawni ei weithredoedd ffol
Through all this, the son let him commit his foolish acts
efe a'i gollyngodd lys am ei serch
he let him court for his affection
gadael iddo ei fychanu ei hun bob dydd
he let him humiliate himself every day
rhoddodd i mewn i hwyliau ei fab
he gave in to the moods of his son
nid oedd gan ei dad ddim a allai fod wedi ei blesio
his father had nothing which could have delighted him
ac nid oedd ganddo ddim a ofnai y bachgen
and he nothing that the boy feared
Yr oedd yn ddyn da, y tad hwn
He was a good man, this father
yr oedd yn ddyn da, caredig, meddal
he was a good, kind, soft man
efallai ei fod yn ddyn selog iawn
perhaps he was a very devout man
efallai ei fod yn sant, meddyliodd y bachgen
perhaps he was a saint, the boy thought
ond nis gallai yr holl briodoliaethau hyn ennill y bachgen drosodd
but all these attributes could not win the boy over

Yr oedd wedi diflasu ar y tad hwn, yr hwn a'i cadwodd yn garcharor
He was bored by this father, who kept him imprisoned
yn garcharor yn y cwt truenus hwn o'i
a prisoner in this miserable hut of his
yr oedd wedi diflasu arno yn ateb pob drygioni â gwên
he was bored of him answering every naughtiness with a smile
nid oedd yn gwerthfawrogi sarhad yn cael ei ymateb gan gyfeillgarwch
he didn't appreciate insults being responded to by friendliness
nid oedd yn hoffi viciousness dychwelyd mewn caredigrwydd
he didn't like viciousness returned in kindness
yr union beth hwn oedd tric casineb yr hen sleifio hwn
this very thing was the hated trick of this old sneak
Mwy o lawer y byddai'r bachgen wedi ei hoffi pe bai wedi cael ei fygwth ganddo
Much more the boy would have liked it if he had been threatened by him
roedd am gael ei gam-drin ganddo
he wanted to be abused by him

Daeth diwrnod pan oedd Siddhartha ifanc wedi cael digon
A day came when young Siddhartha had had enough
dyma'r hyn oedd ar ei feddwl yn dod allan
what was on his mind came bursting forth
a throdd yn agored yn erbyn ei dad
and he openly turned against his father
Roedd Siddhartha wedi rhoi tasg iddo
Siddhartha had given him a task
roedd wedi dweud wrtho am gasglu pren brwsh
he had told him to gather brushwood
Ond ni adawodd y bachgen y cwt
But the boy did not leave the hut
mewn anufudd-dod a chynddaredd ystyfnig, efe a arosodd lie yr oedd

in stubborn disobedience and rage, he stayed where he was
curodd ar lawr â'i draed
he thumped on the ground with his feet
clenched ei ddyrnau a sgrechian mewn ffrwydrad pwerus
he clenched his fists and screamed in a powerful outburst
sgrechiodd ei gasineb a'i ddirmyg i wyneb ei dad
he screamed his hatred and contempt into his father's face
"Cael y brwsh i chi'ch hun!" gwaeddodd, gan ewynu wrth y geg
"Get the brushwood for yourself!" he shouted, foaming at the mouth
"Dydw i ddim yn was i chi"
"I'm not your servant"
"Rwy'n gwybod na fyddwch yn taro fi, ni fyddech yn meiddio"
"I know that you won't hit me, you wouldn't dare"
"Rwy'n gwybod eich bod bob amser eisiau cosbi fi"
"I know that you constantly want to punish me"
"rydych am fy rhoi i lawr gyda'ch defosiwn crefyddol a'ch maddeugarwch"
"you want to put me down with your religious devotion and your indulgence"
"Rydych chi eisiau i mi ddod fel chi"
"You want me to become like you"
"Rydych chi am i mi fod yr un mor ddefosiynol, meddal, a doeth â chi"
"you want me to be just as devout, soft, and wise as you"
"Ond wna i ddim, dim ond i wneud i chi ddioddef"
"but I won't do it, just to make you suffer"
"Byddai'n well gen i ddod yn lleidr priffordd na bod mor feddal â chi"
"I would rather become a highway-robber than be as soft as you"
"Byddai'n well gen i fod yn llofrudd na bod mor ddoeth â chi"
"I would rather be a murderer than be as wise as you"

"Byddai'n well gen i fynd i uffern, na dod yn debyg i chi!"
"I would rather go to hell, than to become like you!"
"Rwy'n casáu chi, nid chi yw fy nhad
"I hate you, you're not my father
"hyd yn oed os ydych chi wedi cysgu gyda fy mam ddeg gwaith, nid chi yw fy nhad!"
"even if you've slept with my mother ten times, you are not my father!"
Cynddaredd a galar yn berwi drosodd ynddo
Rage and grief boiled over in him
efe a ewynodd ar ei dad mewn cant o eiriau milain a drwg
he foamed at his father in a hundred savage and evil words
Yna rhedodd y bachgen i ffwrdd i'r goedwig
Then the boy ran away into the forest
yr oedd yn hwyr y nos pan ddychwelodd y bachgen
it was late at night when the boy returned
Ond y bore wedyn, roedd wedi diflannu
But the next morning, he had disappeared
Yr hyn oedd hefyd wedi diflannu oedd basged fach
What had also disappeared was a small basket
y fasged y byddai'r fferi yn cadw'r darnau arian copr ac arian hynny ynddi
the basket in which the ferrymen kept those copper and silver coins
y darnau arian a gawsant fel pris
the coins which they received as a fare
Roedd y cwch hefyd wedi diflannu
The boat had also disappeared
Gwelodd Siddhartha y cwch yn gorwedd wrth ymyl y lan gyferbyn
Siddhartha saw the boat lying by the opposite bank
Roedd Siddhartha wedi bod yn crynu gyda galar
Siddhartha had been shivering with grief
cyffyrddodd yr areithiau rantio roedd y bachgen wedi'u gwneud
the ranting speeches the boy had made touched him

"Rhaid i mi ei ddilyn," meddai Siddhartha
"I must follow him," said Siddhartha
"Ni all plentyn fynd trwy'r goedwig ar ei ben ei hun, bydd yn marw"
"A child can't go through the forest all alone, he'll perish"
"Rhaid i ni adeiladu rafft, Vasudeva, i fynd dros y dŵr"
"We must build a raft, Vasudeva, to get over the water"
"Byddwn yn adeiladu rafft" meddai Vasudeva
"We will build a raft" said Vasudeva
"Byddwn yn ei adeiladu i gael ein cwch yn ôl"
"we will build it to get our boat back"
"Ond paid â rhedeg ar ôl dy blentyn, fy ffrind"
"But you shall not run after your child, my friend"
"Nid yw'n blentyn mwyach"
"he is no child anymore"
"Mae'n gwybod sut i fynd o gwmpas"
"he knows how to get around"
"Mae'n chwilio am y llwybr i'r ddinas"
"He's looking for the path to the city"
"ac mae'n iawn, peidiwch ag anghofio hynny"
"and he is right, don't forget that"
"Mae'n gwneud yr hyn yr ydych wedi methu â'i wneud eich hun"
"he's doing what you've failed to do yourself"
"mae'n gofalu amdano'i hun"
"he's taking care of himself"
"mae'n cymryd ei gwrs drosto'i hun"
"he's taking his course for himself"
"Ysywaeth, Siddhartha, rwy'n gweld chi'n dioddef"
"Alas, Siddhartha, I see you suffering"
"Ond rydych chi'n dioddef poen ar ba un yr hoffai chwerthin"
"but you're suffering a pain at which one would like to laugh"
"Rydych chi'n dioddef poen a byddwch chi'n chwerthin eich hun yn fuan"
"you're suffering a pain at which you'll soon laugh yourself"

Ni atebodd Siddhartha ei ffrind
Siddhartha did not answer his friend
Roedd eisoes yn dal y fwyell yn ei ddwylo
He already held the axe in his hands
a dechreuodd wneud llond trol o bambŵ
and he began to make a raft of bamboo
Helpodd Vasudeva ef i glymu'r gwiail ynghyd â rhaffau o laswellt
Vasudeva helped him to tie the canes together with ropes of grass
Wedi iddynt groesi'r afon drifftio ymhell oddi ar eu cwrs
When they crossed the river they drifted far off their course
tynnodd y rafft i fyny'r afon ar y lan gyferbyn
they pulled the raft upriver on the opposite bank
"Pam wnaethoch chi gymryd y fwyell ar hyd?" gofynnodd Siddhartha
"Why did you take the axe along?" asked Siddhartha
"Efallai y byddai wedi bod yn bosibl bod rhwyf ein cwch wedi mynd ar goll"
"It might have been possible that the oar of our boat got lost"
Ond roedd Siddhartha yn gwybod beth oedd ei ffrind yn ei feddwl
But Siddhartha knew what his friend was thinking
Meddyliodd, byddai'r bachgen wedi taflu'r rhwyf i ffwrdd
He thought, the boy would have thrown away the oar
er mwyn cael rhyw fath o ddial
in order to get some kind of revenge
ac er mwyn eu cadw rhag ei ddilyn
and in order to keep them from following him
Ac yn wir, doedd dim rhwyf ar ôl yn y cwch
And in fact, there was no oar left in the boat
Pwyntiodd Vasudeva at waelod y cwch
Vasudeva pointed to the bottom of the boat
ac edrychodd ar ei gyfaill â gwên
and he looked at his friend with a smile
gwenodd fel pe bai am ddweud rhywbeth

he smiled as if he wanted to say something
"Onid ydych chi'n gweld beth mae'ch mab yn ceisio'i ddweud wrthych chi?"
"Don't you see what your son is trying to tell you?"
"Onid ydych chi'n gweld nad yw am gael ei ddilyn?"
"Don't you see that he doesn't want to be followed?"
Ond ni ddywedodd hyn mewn geiriau
But he did not say this in words
Dechreuodd wneud rhwyf newydd
He started making a new oar
Ond bid Siddhartha ei ffarwel, i chwilio am y rhedeg i ffwrdd
But Siddhartha bid his farewell, to look for the run-away
Ni wnaeth Vasudeva ei atal rhag chwilio am ei blentyn
Vasudeva did not stop him from looking for his child

Roedd Siddhartha wedi bod yn cerdded trwy'r goedwig ers amser maith
Siddhartha had been walking through the forest for a long time
daeth y meddwl iddo fod ei chwiliad yn ddiwerth
the thought occurred to him that his search was useless
Naill ai roedd y bachgen ymhell ar y blaen ac eisoes wedi cyrraedd y ddinas
Either the boy was far ahead and had already reached the city
neu efe a guddiai ei hun oddiwrtho
or he would conceal himself from him
parhaodd i feddwl am ei fab
he continued thinking about his son
canfu nad oedd yn poeni am ei fab
he found that he was not worried for his son
gwyddai yn ddwfn oddi mewn nad oedd wedi darfod
he knew deep inside that he had not perished
ac nid oedd mewn unrhyw berygl yn y goedwig
nor was he in any danger in the forest
Serch hynny, rhedodd heb stopio
Nevertheless, he ran without stopping

nid oedd yn rhedeg i'w achub
he was not running to save him
yr oedd yn rhedeg i fodloni ei awydd
he was running to satisfy his desire
efallai ei fod eisiau ei weld unwaith eto
he wanted to perhaps see him one more time
Ac efe a redodd i fyny i ychydig y tu allan i'r ddinas
And he ran up to just outside of the city
Pan, yn ymyl y ddinas, cyrhaeddodd ffordd lydan
When, near the city, he reached a wide road
stopiodd, gan y fynedfa i'r hyfryd pleser-ardd
he stopped, by the entrance of the beautiful pleasure-garden
yr ardd a arferai berthyn i Kamala
the garden which used to belong to Kamala
yr ardd lle roedd wedi ei gweld am y tro cyntaf
the garden where he had seen her for the first time
pan oedd yn eistedd yn ei sedan-gadair
when she was sitting in her sedan-chair
Cododd y gorffennol yn ei enaid
The past rose up in his soul
eto, gwelodd ei hun yn sefyll yno
again, he saw himself standing there
Samana ifanc, barfog, noeth
a young, bearded, naked Samana
yr oedd ei wallt gwallt yn llawn llwch
his hair hair was full of dust
Am gyfnod hir, safodd Siddhartha yno
For a long time, Siddhartha stood there
edrychodd trwy'r porth agored i'r ardd
he looked through the open gate into the garden
gwelodd fynachod mewn gwisgoedd melyn yn cerdded ymhlith y coed hardd
he saw monks in yellow robes walking among the beautiful trees
Am amser hir, safai yno, yn synfyfyrio
For a long time, he stood there, pondering

gwelodd ddelweddau a gwrandawodd ar hanes ei fywyd
he saw images and listened to the story of his life
Am amser maith, safai yno yn edrych ar y mynachod
For a long time, he stood there looking at the monks
gwelodd Siddhartha ifanc yn eu lle
he saw young Siddhartha in their place
gwelodd Kamala ifanc yn cerdded ymhlith y coed uchel
he saw young Kamala walking among the high trees
Yn amlwg, gwelodd ei hun yn cael ei weini bwyd a diod gan Kamala
Clearly, he saw himself being served food and drink by Kamala
gwelodd ei hun yn derbyn ei gusan gyntaf ganddi
he saw himself receiving his first kiss from her
gwelodd ei hun yn edrych yn falch ac yn ddirmygus yn ôl ar ei fywyd fel Brahman
he saw himself looking proudly and disdainfully back on his life as a Brahman
gwelodd ei hun yn dechrau ei fywyd bydol, yn falch ac yn llawn awydd
he saw himself beginning his worldly life, proudly and full of desire
Gwelodd Kamaswami, y gweision, yr orgies
He saw Kamaswami, the servants, the orgies
gwelodd y gamblers gyda'r dis
he saw the gamblers with the dice
gwelodd aderyn cân Kamala yn y cawell
he saw Kamala's song-bird in the cage
bu fyw trwy hyn oll eto
he lived through all this again
anadlodd Sansara ac roedd unwaith eto'n hen ac yn flinedig
he breathed Sansara and was once again old and tired
teimlai y ffieidd-dra a'r dymuniad i ddinystrio ei hun drachefn
he felt the disgust and the wish to annihilate himself again
ac efe a iachawyd drachefn gan yr Om sanctaidd

and he was healed again by the holy Om
am amser hir roedd Siddhartha wedi sefyll wrth y porth
for a long time Siddhartha had stood by the gate
sylweddolodd ei awydd yn ffôl
he realised his desire was foolish
sylweddolodd mai ffolineb oedd wedi gwneud iddo fynd i fyny i'r lle hwn
he realized it was foolishness which had made him go up to this place
sylweddolodd na allai helpu ei fab
he realized he could not help his son
a sylweddolodd nad oedd yn cael glynu wrtho
and he realized that he was not allowed to cling to him
teimlai'r cariad at y ffo yn ddwfn yn ei galon
he felt the love for the run-away deeply in his heart
teimlai'r cariad at ei fab fel clwyf
the love for his son felt like a wound
ond nid oedd y clwyf hwn wedi ei roddi iddo er troi y gyllell ynddi
but this wound had not been given to him in order to turn the knife in it
roedd yn rhaid i'r clwyf ddod yn flodeuyn
the wound had to become a blossom
a bu raid i'w archoll ddisgleirio
and his wound had to shine
Yr oedd nad oedd y clwyf hwn yn blodeuo nac yn disgleirio yn ei wneud yn drist
That this wound did not blossom or shine yet made him sad
Yn lle'r nod dymunol, roedd gwacter
Instead of the desired goal, there was emptiness
yr oedd gwacter wedi ei dynu yma, ac yn drist iawn eisteddodd i lawr
emptiness had drawn him here, and sadly he sat down
teimlai rywbeth yn marw yn ei galon
he felt something dying in his heart
profodd wacter ac ni welodd unrhyw lawenydd mwyach

he experienced emptiness and saw no joy any more
nid oedd nod i anelu ato
there was no goal for which to aim for
Eisteddodd ar goll mewn meddwl ac aros
He sat lost in thought and waited
Hyn a ddysgodd wrth yr afon
This he had learned by the river
aros, cael amynedd, gwrando yn astud
waiting, having patience, listening attentively
Ac efe a eisteddodd ac a wrandawodd, yn llwch y ffordd
And he sat and listened, in the dust of the road
gwrandawai ar ei galon, gan guro yn flinedig ac yn drist
he listened to his heart, beating tiredly and sadly
ac ef a arosodd llef
and he waited for a voice
Llawer awr y cyrcydodd, gan wrando
Many an hour he crouched, listening
ni welodd ddelweddau mwyach
he saw no images any more
syrthiodd i wacter a gadael iddo'i hun syrthio
he fell into emptiness and let himself fall
ni welai unrhyw lwybr o'i flaen
he could see no path in front of him
A phan deimlodd yr archoll yn llosgi, Yn dawel siaradodd yr Om
And when he felt the wound burning, he silently spoke the Om
llanwodd ei hun ag Om
he filled himself with Om
Gwelodd y mynachod yn yr ardd ef
The monks in the garden saw him
yr oedd llwch yn ymgasglu ar ei wallt llwyd
dust was gathering on his gray hair
gan ei fod yn cwrcwd am oriau lawer, gosododd un o'r mynachod ddwy fanana o'i flaen

since he crouched for many hours, one of monks placed two bananas in front of him
Nid oedd yr hen ddyn yn ei weld
The old man did not see him

O'r cyflwr gwarthus hwn, cafodd ei ddeffro gan law yn cyffwrdd â'i ysgwydd
From this petrified state, he was awoken by a hand touching his shoulder
Ar unwaith, cydnabu'r cyffyrddiad tyner hwn
Instantly, he recognised this tender bashful touch
Roedd Vasudeva wedi ei ddilyn ac yn aros
Vasudeva had followed him and waited
adenillodd ei synhwyrau a chododd i gyfarch Vasudeva
he regained his senses and rose to greet Vasudeva
edrychodd i mewn i wyneb cyfeillgar Vasudeva
he looked into Vasudeva's friendly face
edrychodd i mewn i'r crychau bach
he looked into the small wrinkles
yr oedd ei grychau fel pe baent wedi eu llenwi â dim ond ei wên
his wrinkles were as if they were filled with nothing but his smile
edrychodd i'r llygaid dedwydd, ac yna gwenodd hefyd
he looked into the happy eyes, and then he smiled too
Nawr gwelodd y bananas yn gorwedd o'i flaen
Now he saw the bananas lying in front of him
cododd y bananas a rhoi un i'r fferi
he picked the bananas up and gave one to the ferryman
Ar ôl bwyta'r bananas, aethant yn dawel yn ôl i'r goedwig
After eating the bananas, they silently went back into the forest
dychwelasant adref i'r fferi
they returned home to the ferry
Ni soniodd yr un ohonynt am yr hyn a ddigwyddodd y diwrnod hwnnw
Neither one talked about what had happened that day

ni soniodd yr un am enw'r bachgen
neither one mentioned the boy's name
ni siaradodd neb am dano yn rhedeg i ffwrdd
neither one spoke about him running away
ni soniodd un am y clwyf
neither one spoke about the wound
Yn y cwt, gorweddodd Siddhartha ar ei wely
In the hut, Siddhartha lay down on his bed
ymhen ychydig daeth Vasudeva ato
after a while Vasudeva came to him
cynigiodd bowlen o laeth cnau coco iddo
he offered him a bowl of coconut-milk
ond yr oedd eisoes yn cysgu
but he was already asleep

Om

Am amser hir parhaodd y clwyf i losgi
For a long time the wound continued to burn
Roedd yn rhaid i Siddhartha gludo llawer o deithwyr ar draws yr afon
Siddhartha had to ferry many travellers across the river
yr oedd mab neu ferch gyda llawer o'r teithwyr
many of the travellers were accompanied by a son or a daughter
ac ni welodd neb o honynt heb genfigenu wrthynt
and he saw none of them without envying them
ni allai eu gweld heb feddwl am ei fab coll
he couldn't see them without thinking about his lost son
"Mae cymaint o filoedd yn meddu ar y melysaf o ffawd da"
"So many thousands possess the sweetest of good fortunes"
"pam nad ydw i hefyd yn meddu ar y ffortiwn da hon?"
"why don't I also possess this good fortune?"
"Mae gan hyd yn oed lladron a lladron blant ac maen nhw'n eu caru"
"even thieves and robbers have children and love them"
"ac maen nhw'n cael eu caru gan eu plant"
"and they are being loved by their children"
"Mae pawb yn cael eu caru gan eu plant ac eithrio i mi"
"all are loved by their children except for me"
meddyliai yn awr fel y bobl blentynaidd, heb reswm
he now thought like the childlike people, without reason
yr oedd wedi dyfod yn un o'r bobl hoffus
he had become one of the childlike people
edrychodd ar bobl yn wahanol nag o'r blaen
he looked upon people differently than before
roedd yn llai smart ac yn llai balch ohono'i hun
he was less smart and less proud of himself
ond yn hytrach, yr oedd yn gynhesach ac yn fwy chwilfrydig
but instead, he was warmer and more curious
pan oedd yn cludo teithwyr, roedd yn cymryd mwy o ran nag o'r blaen

when he ferried travellers, he was more involved than before
pobl blentynnaidd, dynion busnes, rhyfelwyr, merched
childlike people, businessmen, warriors, women
nid oedd y bobl hyn yn ymddangos yn ddieithr iddo, fel yr arferent
these people did not seem alien to him, as they used to
roedd yn eu deall ac yn rhannu eu bywyd
he understood them and shared their life
bywyd heb ei arwain gan feddyliau a dirnadaeth
a life which was not guided by thoughts and insight
ond bywyd a arweinir gan ysfa a dymuniadau yn unig
but a life guided solely by urges and wishes
roedd yn teimlo fel y bobl blentynnaidd
he felt like the the childlike people
yr oedd yn dwyn ei glwyf olaf
he was bearing his final wound
yr oedd yn agosau at berffeithrwydd
he was nearing perfection
ond yr oedd y bobl blentynaidd yn dal i ymddangos fel ei frodyr
but the childlike people still seemed like his brothers
nid oedd eu gwagedd, chwantau am feddiant yn wawdus iddo mwyach
their vanities, desires for possession were no longer ridiculous to him
daethant yn ddealladwy ac yn hoffus
they became understandable and lovable
daethant hyd yn oed yn deilwng o barch iddo
they even became worthy of veneration to him
Cariad dall mam at ei phlentyn
The blind love of a mother for her child
balchder gwirion, dall tad conceited am ei unig fab
the stupid, blind pride of a conceited father for his only son
awydd dall, gwyllt gwraig ieuanc ofer am emwaith
the blind, wild desire of a young, vain woman for jewellery
ei dymuniad am edmygedd golygon gan ddynion

her wish for admiring glances from men
nid oedd pob un o'r ysgogiadau syml hyn yn syniadau plentynnaidd
all of these simple urges were not childish notions
ond yr oeddynt yn hynod o gryfion, bywiol, a chymhelliad cyffredinol
but they were immensely strong, living, and prevailing urges
gwelodd bobl yn byw er mwyn eu hysbryd
he saw people living for the sake of their urges
gwelodd bobl yn cyflawni pethau prin er eu hysfa
he saw people achieving rare things for their urges
teithio, cynnal rhyfeloedd, dioddefaint
travelling, conducting wars, suffering
dioddefasant swm anfeidrol o ddioddefaint
they bore an infinite amount of suffering
a gallasai eu caru am dano, am ei fod yn gweled bywyd
and he could love them for it, because he saw life
fod yr hyn sydd yn fyw yn mhob un o'u nwydau
that what is alive was in each of their passions
bod yr hyn sy'n annistrywiol oedd yn eu hysfa, y Brahman
that what is is indestructible was in their urges, the Brahman
yr oedd y bobl hyn yn deilwng o gariad ac edmygedd
these people were worthy of love and admiration
yr oeddynt yn ei haeddu am eu teyrngarwch dall a'u nerth dall
they deserved it for their blind loyalty and blind strength
nid oedd dim oedd ganddynt
there was nothing that they lacked
Nid oedd gan Siddhartha ddim a fyddai'n ei osod uwchlaw'r gweddill, ac eithrio un peth
Siddhartha had nothing which would put him above the rest, except one thing
roedd yna beth bach oedd ganddo o hyd nad oedd ganddyn nhw
there still was a small thing he had which they didn't
roedd ganddo feddwl ymwybodol o undod pob bywyd

he had the conscious thought of the oneness of all life
ond roedd Siddhartha hyd yn oed yn amau a ddylai'r wybodaeth hon gael ei gwerthfawrogi mor uchel
but Siddhartha even doubted whether this knowledge should be valued so highly
gallai hefyd fod yn syniad plentynnaidd o'r bobl sy'n meddwl
it might also be a childish idea of the thinking people
yr oedd y bobl fydol o radd cyfartal i'r doethion
the worldly people were of equal rank to the wise men
gall anifeiliaid hefyd ymddangos mewn rhai eiliadau yn well na bodau dynol
animals too can in some moments seem to be superior to humans
maent yn well yn eu perfformiad caled, di-ildio o'r hyn sy'n angenrheidiol
they are superior in their tough, unrelenting performance of what is necessary
blodeuodd syniad yn araf yn Siddhartha
an idea slowly blossomed in Siddhartha
a'r syniad yn araf aeddfedu ynddo
and the idea slowly ripened in him
dechreuodd weld beth oedd doethineb mewn gwirionedd
he began to see what wisdom actually was
gwelodd beth oedd nod ei hir chwiliad
he saw what the goal of his long search was
nid oedd ei chwiliad yn ddim ond parodrwydd yr enaid
his search was nothing but a readiness of the soul
celfyddyd ddirgel i feddwl bob eiliad, wrth fyw ei fywyd
a secret art to think every moment, while living his life
meddwl undod ydoedd
it was the thought of oneness
i allu teimlo ac anadlu'r undod
to be able to feel and inhale the oneness
Yn araf, blodeuodd yr ymwybyddiaeth hon ynddo
Slowly this awareness blossomed in him

**roedd yn disgleirio yn ôl arno o hen wyneb plentynnaidd
Vasudeva**
it was shining back at him from Vasudeva's old, childlike face
cytgord a gwybodaeth o berffeithrwydd tragywyddol y byd
harmony and knowledge of the eternal perfection of the world
gwenu ac i fod yn rhan o'r undod
smiling and to be part of the oneness
Ond roedd y clwyf yn dal i losgi
But the wound still burned
yn hiraethus ac yn chwerw meddwl Siddhartha am ei fab
longingly and bitterly Siddhartha thought of his son
meithrinodd ei gariad a'i dynerwch yn ei galon
he nurtured his love and tenderness in his heart
gadawodd i'r boen gnoi arno
he allowed the pain to gnaw at him
efe a gyflawnodd bob gweithred ffôl o gariad
he committed all foolish acts of love
ni fyddai'r fflam hon yn mynd allan ar ei phen ei hun
this flame would not go out by itself

un diwrnod llosgodd y clwyf yn ffyrnig
one day the wound burned violently
Wedi'i yrru gan ddyhead, croesodd Siddhartha yr afon
driven by a yearning, Siddhartha crossed the river
cododd oddi ar y cwch ac roedd yn fodlon mynd i'r ddinas
he got off the boat and was willing to go to the city
roedd eisiau chwilio am ei fab eto
he wanted to look for his son again
Llifodd yr afon yn dawel ac yn dawel
The river flowed softly and quietly
roedd hi'n dymor sych, ond roedd ei lais yn swnio'n rhyfedd
it was the dry season, but its voice sounded strange
roedd yn amlwg clywed bod yr afon yn chwerthin
it was clear to hear that the river laughed
chwarddodd yn llachar ac yn amlwg ar yr hen fferi
it laughed brightly and clearly at the old ferryman
plygu dros y dŵr, er mwyn clywed yn well fyth

he bent over the water, in order to hear even better
a gwelodd ei wyneb yn cael ei adlewyrchu yn y dyfroedd tawel symudol
and he saw his face reflected in the quietly moving waters
yn yr wyneb adlewyrchiedig hwn roedd rhywbeth
in this reflected face there was something
rhywbeth oedd yn ei atgoffa, ond roedd wedi anghofio
something which reminded him, but he had forgotten
wrth iddo feddwl am y peth, daeth o hyd iddo
as he thought about it, he found it
yr oedd y gwyneb hwn yn debyg i wyneb arall yr arferai ei adnabod a'i garu
this face resembled another face which he used to know and love
ond arferai hefyd ofni y gwyneb hwn
but he also used to fear this face
Roedd yn debyg i wyneb ei dad, y Brahman
It resembled his father's face, the Brahman
cofiodd fel yr oedd wedi gorfodi ei dad i'w ollwng
he remembered how he had forced his father to let him go
cofiodd fel yr oedd wedi ffarwelio ag ef
he remembered how he had bid his farewell to him
cofiodd sut yr oedd wedi mynd ac nid oedd erioed wedi dod yn ôl
he remembered how he had gone and had never come back
Onid oedd ei dad hefyd wedi dioddef yr un boen drosto?
Had his father not also suffered the same pain for him?
onid poen ei dad y mae Siddhartha yn ei ddioddef yn awr?
was his father's pain not the pain Siddhartha is suffering now?
Oni fuasai ei dad wedi marw yn hir?
Had his father not long since died?
a oedd efe wedi marw heb weled ei fab drachefn?
had he died without having seen his son again?
Onid oedd yn rhaid iddo ddisgwyl yr un dynged iddo ei hun?
Did he not have to expect the same fate for himself?

Onid comedi mewn cylch tyngedfennol ydoedd?
Was it not a comedy in a fateful circle?
Chwarddodd yr afon am hyn oll
The river laughed about all of this
daeth popeth yn ôl nad oedd wedi'i ddioddef
everything came back which had not been suffered
daeth popeth yn ôl nad oedd wedi'i ddatrys
everything came back which had not been solved
dioddefwyd yr un boen drosodd a throsodd
the same pain was suffered over and over again
Aeth Siddhartha yn ôl i mewn i'r cwch
Siddhartha went back into the boat
a dychwelodd yn ol i'r cwt
and he returned back to the hut
yr oedd yn meddwl am ei dad ac am ei fab
he was thinking of his father and of his son
meddyliodd am gael ei chwerthin am ei ben wrth yr afon
he thought of having been laughed at by the river
roedd yn groes i'w hun ac yn tueddu at anobaith
he was at odds with himself and tending towards despair
ond temtiwyd ef hefyd i chwerthin
but he was also tempted to laugh
gallai chwerthin am ei ben ei hun a'r byd i gyd
he could laugh at himself and the entire world
Ysywaeth, nid oedd y clwyf yn blodeuo eto
Alas, the wound was not blossoming yet
roedd ei galon yn dal i frwydro yn erbyn ei dynged
his heart was still fighting his fate
nid oedd sirioldeb a buddugoliaeth eto yn disgleirio o'i ddyoddefaint
cheerfulness and victory were not yet shining from his suffering
Serch hynny, roedd yn teimlo gobaith ynghyd â'r anobaith
Nevertheless, he felt hope along with the despair
unwaith y dychwelodd i'r cwt teimlai awydd anorchfygol i agor i Vasudeva

once he returned to the hut he felt an undefeatable desire to open up to Vasudeva
roedd eisiau dangos popeth iddo
he wanted to show him everything
roedd eisiau dweud popeth wrth y meistr gwrando
he wanted to say everything to the master of listening

Roedd Vasudeva yn eistedd yn y cwt, yn gwehyddu basged
Vasudeva was sitting in the hut, weaving a basket
Nid oedd yn defnyddio'r fferi mwyach
He no longer used the ferry-boat
roedd ei lygaid yn dechrau gwanhau
his eyes were starting to get weak
roedd ei freichiau a'i ddwylo'n gwanhau hefyd
his arms and hands were getting weak as well
dim ond llawenydd a charedigrwydd siriol ei wyneb oedd yn ddigyfnewid
only the joy and cheerful benevolence of his face was unchanging
Siddhartha eistedd i lawr wrth ymyl yr hen ddyn
Siddhartha sat down next to the old man
yn araf deg, dechreuodd siarad am yr hyn nad oeddent erioed wedi siarad amdano
slowly, he started talking about what they had never spoke about
dywedodd wrtho am ei daith i'r ddinas
he told him of his walk to the city
dywedodd wrtho am y clwyf llosg
he told at him of the burning wound
dywedodd wrtho am yr eiddigedd o weled tadau hapus
he told him about the envy of seeing happy fathers
ei wybodaeth o ynfydrwydd y cyfryw ddymuniadau
his knowledge of the foolishness of such wishes
ei frwydr ofer yn erbyn ei ddymuniadau
his futile fight against his wishes
roedd yn gallu dweud popeth, hyd yn oed y rhannau mwyaf embaras

he was able to say everything, even the most embarrassing parts
dywedodd wrtho bopeth a allai ddweud wrtho
he told him everything he could tell him
dangosodd iddo bopeth y gallai ei ddangos iddo
he showed him everything he could show him
Cyflwynodd ei archoll iddo
He presented his wound to him
dywedodd wrtho hefyd sut yr oedd wedi ffoi heddiw
he also told him how he had fled today
dywedodd wrtho sut y cludodd ar draws y dŵr
he told him how he ferried across the water
rhediad plentynnaidd, parod i gerdded i'r ddinas
a childish run-away, willing to walk to the city
ac efe a fynegodd iddo fel yr oedd yr afon wedi chwerthin
and he told him how the river had laughed
siaradodd am amser hir
he spoke for a long time
Roedd Vasudeva yn gwrando gydag wyneb tawel
Vasudeva was listening with a quiet face
Roedd gwrando Vasudeva yn rhoi teimlad cryfach i Siddhartha nag erioed o'r blaen
Vasudeva's listening gave Siddhartha a stronger sensation than ever before
roedd yn synhwyro sut yr oedd ei boen a'i ofnau'n llifo drosodd ato
he sensed how his pain and fears flowed over to him
synhwyrodd sut yr oedd ei obaith cyfrinachol yn llifo drosto
he sensed how his secret hope flowed over him
Yr un oedd dangos ei archoll i'r gwrandäwr hwn ag ymdrochi yn yr afon
To show his wound to this listener was the same as bathing it in the river
byddai'r afon wedi oeri clwyf Siddhartha
the river would have cooled Siddhartha's wound
roedd y gwrando tawel yn oeri clwyf Siddhartha

the quiet listening cooled Siddhartha's wound
oerodd ef nes dod yn un â'r afon
it cooled him until he become one with the river
Tra yr oedd yn dal i siarad, yn dal i gyfaddef a chyffesu
While he was still speaking, still admitting and confessing
Teimlai Siddhartha fwyfwy nad oedd hyn bellach yn Vasudeva
Siddhartha felt more and more that this was no longer Vasudeva
nid bod dynol oedd yn gwrando arno mwyach
it was no longer a human being who was listening to him
yr oedd y gwrandäwr disymud hwn yn amsugno ei gyffes iddo'i hun
this motionless listener was absorbing his confession into himself
roedd y gwrandäwr llonydd hwn fel coeden y glaw
this motionless listener was like a tree the rain
y dyn llonydd hwn oedd yr afon ei hun
this motionless man was the river itself
Duw ei hun oedd y dyn disymud hwn
this motionless man was God himself
y dyn llonydd oedd y tragwyddol ei hun
the motionless man was the eternal itself
Stopiodd Siddhartha feddwl amdano'i hun a'i glwyf
Siddhartha stopped thinking of himself and his wound
cymerodd y sylweddoliad hwn o gymeriad newydd Vasudeva feddiant ohono
this realisation of Vasudeva's changed character took possession of him
a pho fwyaf yr aeth i mewn iddi, lleiaf oll y daeth
and the more he entered into it, the less wondrous it became
po fwyaf y sylweddolai fod popeth mewn trefn a naturiol
the more he realised that everything was in order and natural
sylweddolodd fod Vasudeva eisoes wedi bod fel hyn ers amser maith

he realised that Vasudeva had already been like this for a long time
nid oedd wedi ei gydnabod eto
he had just not quite recognised it yet
ie, yr oedd efe ei hun bron wedi cyrhaedd yr un cyflwr
yes, he himself had almost reached the same state
Teimlai, ei fod yn awr yn gweld hen Vasudeva fel y bobl yn gweld y duwiau
He felt, that he was now seeing old Vasudeva as the people see the gods
a theimlai nas gallai hyny bara
and he felt that this could not last
yn ei galon, dechreuodd ffarwelio â Vasudeva
in his heart, he started bidding his farewell to Vasudeva
Trwy hyn oll, siaradodd yn ddibaid
Throughout all this, he talked incessantly
Pan oedd wedi gorffen siarad, trodd Vasudeva ei lygaid cyfeillgar ato
When he had finished talking, Vasudeva turned his friendly eyes at him
y llygaid a oedd wedi tyfu ychydig yn wan
the eyes which had grown slightly weak
ni ddywedodd ddim, ond bydded i'w gariad distaw a'i sirioldeb ddisgleirio
he said nothing, but let his silent love and cheerfulness shine
disgleiriodd ei ddeall a'i wybodaeth oddi wrtho
his understanding and knowledge shone from him
Cymerodd llaw Siddhartha a'i arwain at y sedd wrth ymyl y banc
He took Siddhartha's hand and led him to the seat by the bank
eisteddodd gydag ef a gwenu ar yr afon
he sat down with him and smiled at the river
"Rydych chi wedi ei glywed yn chwerthin," meddai
"You've heard it laugh," he said
"Ond dydych chi ddim wedi clywed popeth"
"But you haven't heard everything"

"Gadewch i ni wrando, byddwch chi'n clywed mwy"
"Let's listen, you'll hear more"
Meddal swnio'r afon, canu mewn llawer o leisiau
Softly sounded the river, singing in many voices
Edrychodd Siddhartha i'r dŵr
Siddhartha looked into the water
ymddangosodd delweddau iddo yn y dŵr symudol
images appeared to him in the moving water
ymddangosodd ei dad, yn unig ac yn galaru am ei fab
his father appeared, lonely and mourning for his son
ymddangosodd ei hun yn y dŵr symudol
he himself appeared in the moving water
yr oedd hefyd yn cael ei rwymo gan y caethiwed o hiraeth at ei fab pell
he was also being tied with the bondage of yearning to his distant son
ymddangosai ei fab, yn unig hefyd
his son appeared, lonely as well
y bachgen, rhuthro greedily ar hyd y cwrs llosgi ei ddymuniadau ifanc
the boy, greedily rushing along the burning course of his young wishes
roedd pob un yn anelu am ei gôl
each one was heading for his goal
roedd pob un yn obsesiwn wrth y gôl
each one was obsessed by the goal
yr oedd pob un yn dioddef o'r erlid
each one was suffering from the pursuit
Canodd yr afon â llais o ddioddefaint
The river sang with a voice of suffering
yn hiraethus canodd a llifodd tua'i nod
longingly it sang and flowed towards its goal
"Ydych chi'n clywed?" Gofynnodd Vasudeva gyda syllu mud
"Do you hear?" Vasudeva asked with a mute gaze
Amneidiodd Siddhartha mewn ateb

Siddhartha nodded in reply
"Gwrandewch yn well!" sibrydodd Vasudeva
"Listen better!" Vasudeva whispered
Gwnaeth Siddhartha ymdrech i wrando'n well
Siddhartha made an effort to listen better
Ymddangosodd delw ei dad
The image of his father appeared
unwyd ei ddelw ei hun â delw ei dad
his own image merged with his father's
unwyd delw ei fab â'i ddelw
the image of his son merged with his image
Ymddangosodd delwedd Kamala hefyd a chafodd ei wasgaru
Kamala's image also appeared and was dispersed
a delw Govinda, a delwau eraill
and the image of Govinda, and other images
a'r holl ddelw a unasant â'u gilydd
and all the imaged merged with each other
yr holl ddelw a drodd i'r afon
all the imaged turned into the river
sef yr afon, aethant oll am y gôl
being the river, they all headed for the goal
cyd-lifai hiraeth, dyhead, dioddefaint
longing, desiring, suffering flowed together
a llais yr afon yn swnio'n llawn dyhead
and the river's voice sounded full of yearning
yr oedd llais yr afon yn llawn gwae tanbaid
the river's voice was full of burning woe
yr oedd llais yr afon yn llawn o awydd anfoddhaol
the river's voice was full of unsatisfiable desire
Am y nod, roedd yr afon yn anelu
For the goal, the river was heading
Gwelodd Siddhartha yr afon yn brysio tuag at ei nod
Siddhartha saw the river hurrying towards its goal
yr afon ef a'i anwyliaid a'r holl bobl a welodd erioed

the river of him and his loved ones and of all people he had
ever seen
yr oedd pob un o'r tonnau a'r dyfroedd hyn yn prysuro
all of these waves and waters were hurrying
roedden nhw i gyd yn dioddef tuag at lawer o nodau
they were all suffering towards many goals
y rhaeadr, y llyn, y dyfroedd gwyllt, y môr
the waterfall, the lake, the rapids, the sea
a chyrhaeddwyd pob nod
and all goals were reached
a dilynwyd pob nod gan un newydd
and every goal was followed by a new one
a'r dŵr a drodd yn anwedd ac a gododd i'r awyr
and the water turned into vapour and rose to the sky
trodd y dŵr yn law ac arllwys i lawr o'r awyr
the water turned into rain and poured down from the sky
trodd y dŵr yn ffynhonnell
the water turned into a source
yna trodd y ffynhonnell yn ffrwd
then the source turned into a stream
trodd y nant yn afon
the stream turned into a river
a'r afon yn ei blaen drachefn
and the river headed forwards again
Ond roedd y llais hiraethus wedi newid
But the longing voice had changed
Roedd yn atseinio o hyd, yn llawn dioddefaint, yn chwilio
It still resounded, full of suffering, searching
ond ymunodd lleisiau eraill â'r afon
but other voices joined the river
roedd lleisiau o lawenydd a dioddefaint
there were voices of joy and of suffering
lleisiau da a drwg, chwerthin a rhai trist
good and bad voices, laughing and sad ones
cant o leisiau, mil o leisiau
a hundred voices, a thousand voices

Gwrandawodd Siddhartha ar yr holl leisiau hyn
Siddhartha listened to all these voices
Nid oedd yn awr ond gwrandawr
He was now nothing but a listener
canolbwyntiodd yn llwyr ar wrando
he was completely concentrated on listening
yr oedd yn hollol wag yn awr
he was completely empty now
teimlai ei fod erbyn hyn wedi gorphen dysgu gwrando
he felt that he had now finished learning to listen
Yn aml o'r blaen, roedd wedi clywed hyn i gyd
Often before, he had heard all this
yr oedd wedi clywed y lleisiau niferus hyn yn yr afon
he had heard these many voices in the river
heddiw y lleisiau yn yr afon yn swnio'n newydd
today the voices in the river sounded new
Eisoes, ni allai ddweud y lleisiau niferus ar wahân mwyach
Already, he could no longer tell the many voices apart
nid oedd gwahaniaeth rhwng y lleisiau dedwydd a'r rhai wylofain
there was no difference between the happy voices and the weeping ones
yr oedd lleisiau plant a lleisiau dynion yn un
the voices of children and the voices of men were one
yr oedd y lleisiau hyn oll yn perthyn i'w gilydd
all these voices belonged together
galarnad hiraeth a chwerthin yr un gwybodus
the lamentation of yearning and the laughter of the knowledgeable one
sgrechian cynddaredd a chwynfan y rhai sy'n marw
the scream of rage and the moaning of the dying ones
roedd popeth yn un a phopeth yn cydblethu
everything was one and everything was intertwined
roedd popeth yn gysylltiedig ac yn maglu fil o weithiau
everything was connected and entangled a thousand times
popeth gyda'i gilydd, pob llais, pob nod

everything together, all voices, all goals
pob dyhead, pob dioddefaint, pob pleser
all yearning, all suffering, all pleasure
yr hyn oll oedd dda a drwg
all that was good and evil
hyn oll gyda'n gilydd oedd y byd
all of this together was the world
Y cyfan gyda'i gilydd oedd llif y digwyddiadau
All of it together was the flow of events
cerddoriaeth bywyd oedd y cyfan
all of it was the music of life
pan oedd Siddhartha yn gwrando yn astud ar yr afon hon
when Siddhartha was listening attentively to this river
can mil o leisiau
the song of a thousand voices
pan na wrandawodd ar y dioddefaint na'r chwerthin
when he neither listened to the suffering nor the laughter
pan nad oedd yn clymu ei enaid wrth unrhyw lais neillduol
when he did not tie his soul to any particular voice
pan y suddodd ei hunan i'r afon
when he submerged his self into the river
ond pan glywodd efe hwynt oll, efe a ganfu y cyfan, yr undod
but when he heard them all he perceived the whole, the oneness
yna yr oedd cân fawr y mil lleisiau yn cynnwys un gair
then the great song of the thousand voices consisted of a single word
y gair hwn oedd Om; y perffeithrwydd
this word was Om; the perfection

"Ydych chi'n clywed" gofynnodd syllu Vasudeva eto
"Do you hear" Vasudeva's gaze asked again
Yn llachar, roedd gwên Vasudeva yn disgleirio
Brightly, Vasudeva's smile was shining
roedd yn arnofio'n pelydrol dros holl grychau ei hen wyneb
it was floating radiantly over all the wrinkles of his old face

yr un modd yr oedd yr Om yn arnofio yn yr awyr dros holl leisiau yr afon
the same way the Om was floating in the air over all the voices of the river
Yn ddisglair yr oedd ei wên yn disgleirio, wrth edrych ar ei gyfaill
Brightly his smile was shining, when he looked at his friend
ac yn llachar yr un wên oedd yn awr yn dechrau disgleirio ar Siddhartha wyneb
and brightly the same smile was now starting to shine on Siddhartha's face
Roedd ei glwyf wedi blodeuo a'i ddioddefaint yn disgleirio
His wound had blossomed and his suffering was shining
roedd ei hunan wedi hedfan i'r undod
his self had flown into the oneness
Yn yr awr hon, stopiodd Siddhartha ymladd ei dynged
In this hour, Siddhartha stopped fighting his fate
ar yr un pryd rhoddodd y gorau i ddioddef
at the same time he stopped suffering
Ar ei wyneb flodeuodd sirioldeb gwybodaeth
On his face flourished the cheerfulness of a knowledge
gwybodaeth na wrthwynebwyd mwyach gan unrhyw ewyllys
a knowledge which was no longer opposed by any will
gwybodaeth sy'n gwybod perffeithrwydd
a knowledge which knows perfection
gwybodaeth sy'n cyd-fynd â llif digwyddiadau
a knowledge which is in agreement with the flow of events
gwybodaeth sydd gyda'r presennol o fywyd
a knowledge which is with the current of life
yn llawn o gydymdeimlad â phoen eraill
full of sympathy for the pain of others
llawn o gydymdeimlad er mwyn pleser pobl eraill
full of sympathy for the pleasure of others
ymroddi i'r llif, yn perthyn i'r undod
devoted to the flow, belonging to the oneness

Cododd Vasudeva o'r sedd ger y banc
Vasudeva rose from the seat by the bank
edrychodd i lygaid Siddhartha
he looked into Siddhartha's eyes
a gwelodd sirioldeb y wybodaeth yn disgleirio yn ei lygaid
and he saw the cheerfulness of the knowledge shining in his eyes
cyffyrddodd yn dawel ei ysgwydd â'i law
he softly touched his shoulder with his hand
"Rwyf wedi bod yn aros am yr awr hon, fy annwyl"
"I've been waiting for this hour, my dear"
"Nawr ei fod wedi dod, gadewch imi adael"
"Now that it has come, let me leave"
"Am amser hir, rydw i wedi bod yn aros am yr awr hon"
"For a long time, I've been waiting for this hour"
"Am amser hir, dwi wedi bod yn Vasudeva y fferi"
"for a long time, I've been Vasudeva the ferryman"
"Nawr mae'n ddigon. Ffarwel"
"Now it's enough. Farewell"
"Ffarwel afon, Siddhartha ffarwel!"
"farewell river, farewell Siddhartha!"
Gwnaeth Siddhartha fwa dwfn o'i flaen a ffarweliodd â hi
Siddhartha made a deep bow before him who bid his farewell
"Rwyf wedi ei adnabod," meddai yn dawel
"I've known it," he said quietly
"Byddwch yn mynd i mewn i'r coedwigoedd?"
"You'll go into the forests?"
"Rwy'n mynd i mewn i'r coedwigoedd"
"I'm going into the forests"
"Rwy'n mynd i'r undod" meddai Vasudeva gyda gwên lachar
"I'm going into the oneness" spoke Vasudeva with a bright smile
Gyda gwên llachar, gadawodd
With a bright smile, he left
Siddhartha gwylio ef yn gadael
Siddhartha watched him leaving

Gyda llawenydd dwfn, gyda difrifoldeb dwfn fe'i gwyliodd yn gadael
With deep joy, with deep solemnity he watched him leave
gwelodd ei gamrau yn llawn heddwch
he saw his steps were full of peace
gwelodd ei ben yn llawn o llewyrch
he saw his head was full of lustre
gwelodd ei gorff yn llawn golau
he saw his body was full of light

Govinda

Roedd Govinda wedi bod gyda'r mynachod ers amser maith
Govinda had been with the monks for a long time
pan nad oedd ar bererindodau, treuliodd ei amser yn yr ardd bleser
when not on pilgrimages, he spent his time in the pleasure-garden
yr ardd a roddodd y cwrteisi Kamala i ddilynwyr Gotama
the garden which the courtesan Kamala had given the followers of Gotama
clywodd sôn am hen fferi, a oedd yn byw daith diwrnod i ffwrdd
he heard talk of an old ferryman, who lived a day's journey away
clywodd lawer yn ei ystyried yn ddyn doeth
he heard many regarded him as a wise man
Pan aeth Govinda yn ôl, dewisodd y llwybr i'r fferi
When Govinda went back, he chose the path to the ferry
roedd yn awyddus i weld y fferi
he was eager to see the ferryman
roedd wedi byw ei oes gyfan yn ôl y rheolau
he had lived his entire life by the rules
edrychwyd arno gyda pharch gan y mynachod iau
he was looked upon with veneration by the younger monks
parchent ei oedran a'i wyleidd-dra
they respected his age and modesty
ond nid oedd ei aflonydd wedi darfod o'i galon
but his restlessness had not perished from his heart
yr oedd yn chwilio am yr hyn nad oedd wedi dod o hyd
he was searching for what he had not found
Daeth at yr afon a gofyn i'r hen ŵr ei gludo draw
He came to the river and asked the old man to ferry him over
pan ddaethant oddi ar y cwch yr ochr arall, siaradodd â'r hen ŵr
when they got off the boat on the other side, he spoke with the old man

"Rydych chi'n dda iawn i ni fynachod a phererinion"
"You're very good to us monks and pilgrims"
"Rydych chi wedi cludo llawer ohonom ar draws yr afon"
"you have ferried many of us across the river"
"Onid ydych chi hefyd, fferi, yn chwilio am y llwybr cywir?"
"Aren't you too, ferryman, a searcher for the right path?"
gwenu o'i hen lygaid, Siddhartha siarad
smiling from his old eyes, Siddhartha spoke
"O un hybarch, wyt ti'n galw dy hun yn chwiliwr?"
"oh venerable one, do you call yourself a searcher?"
"Ydych chi'n dal i fod yn chwiliwr, er eisoes yn dda ers blynyddoedd?"
"are you still a searcher, although already well in years?"
"A ydych yn chwilio tra'n gwisgo gwisg mynachod Gotama?"
"do you search while wearing the robe of Gotama's monks?"
"Mae'n wir, rwy'n hen," siarad Govinda
"It's true, I'm old," spoke Govinda
"Ond dwi ddim wedi stopio chwilio"
"but I haven't stopped searching"
"Wna i byth stopio chwilio"
"I will never stop searching"
"Mae'n ymddangos mai dyma fy nhynged"
"this seems to be my destiny"
"Rydych chithau hefyd, felly mae'n ymddangos i mi, wedi bod yn chwilio"
"You too, so it seems to me, have been searching"
"A hoffech chi ddweud rhywbeth wrthyf, o un anrhydeddus?"
"Would you like to tell me something, oh honourable one?"
"Beth allai fod gennyf y gallwn ei ddweud wrthych, o un hybarch?"
"What might I have that I could tell you, oh venerable one?"
"Efallai y gallwn ddweud wrthych eich bod yn chwilio llawer gormod?"
"Perhaps I could tell you that you're searching far too much?"

"A gaf i ddweud wrthych nad ydych yn gwneud amser i
ddod o hyd?"
"Could I tell you that you don't make time for finding?"
"Sut dod?" gofynnodd Govinda
"How come?" asked Govinda
"Pan mae rhywun yn chwilio efallai mai dim ond yr hyn
maen nhw'n chwilio amdano y byddan nhw'n ei weld"
"When someone is searching they might only see what they
search for"
"efallai na all adael i unrhyw beth arall fynd i mewn i'w
feddwl"
"he might not be able to let anything else enter his mind"
"Nid yw'n gweld yr hyn nad yw'n chwilio amdano"
"he doesn't see what he is not searching for"
"gan ei fod bob amser yn meddwl am ddim ond gwrthrych
ei chwiliad"
"because he always thinks of nothing but the object of his
search"
"mae ganddo nod, y mae ganddo obsesiwn ag ef"
"he has a goal, which he is obsessed with"
"Mae chwilio yn golygu cael nod"
"Searching means having a goal"
"Ond mae dod o hyd yn golygu bod yn rhydd, yn agored, a
heb nod"
"But finding means being free, open, and having no goal"
"Rydych chi, o un hybarch, efallai'n wir yn chwiliwr"
"You, oh venerable one, are perhaps indeed a searcher"
"Oherwydd, wrth ymdrechu am eich nod, mae yna lawer o
bethau nad ydych chi'n eu gweld"
"because, when striving for your goal, there are many things
you don't see"
"efallai na fyddwch chi'n gweld pethau sydd yn union o
flaen eich llygaid"
"you might not see things which are directly in front of your
eyes"

"Dydw i ddim yn deall yn iawn eto," meddai Govinda, "beth ydych chi'n ei olygu wrth hyn?"
"I don't quite understand yet," said Govinda, "what do you mean by this?"
"O un hybarch, rydych chi wedi bod wrth yr afon hon o'r blaen, amser maith yn ôl"
"oh venerable one, you've been at this river before, a long time ago"
"ac rydych chi wedi dod o hyd i ddyn cysgu ar lan yr afon"
"and you have found a sleeping man by the river"
"rydych wedi eistedd i lawr gydag ef i warchod ei gwsg"
"you have sat down with him to guard his sleep"
"Ond, o Govinda, nid oeddech yn adnabod y dyn cysgu"
"but, oh Govinda, you did not recognise the sleeping man"
Roedd Govinda wedi ei syfrdanu, fel pe bai wedi bod yn wrthrych swyn hud
Govinda was astonished, as if he had been the object of a magic spell
edrychodd y mynach i lygaid y fferi
the monk looked into the ferryman's eyes
"Ydych chi'n Siddhartha?" gofynnodd gyda llais ofnus
"Are you Siddhartha?" he asked with a timid voice
"Fyddwn i ddim wedi'ch adnabod chi y tro hwn chwaith!"
"I wouldn't have recognised you this time either!"
"O fy nghalon, rwy'n eich cyfarch, Siddhartha"
"from my heart, I'm greeting you, Siddhartha"
"O fy nghalon, rwy'n hapus i'ch gweld unwaith eto!"
"from my heart, I'm happy to see you once again!"
"Rydych chi wedi newid llawer, fy ffrind"
"You've changed a lot, my friend"
"A ydych chi bellach wedi dod yn fferi?"
"and you've now become a ferryman?"
Mewn modd cyfeillgar, chwerthin Siddhartha
In a friendly manner, Siddhartha laughed
"Ie, dwi'n fferi"
"yes, I am a ferryman"

"Rhaid i lawer o bobl, Govinda, newid llawer"
"Many people, Govinda, have to change a lot"
"Mae'n rhaid iddyn nhw wisgo llawer o wisgoedd"
"they have to wear many robes"
"Rwy'n un o'r rhai oedd yn gorfod newid llawer"
"I am one of those who had to change a lot"
"Bydd croeso, Govinda, a threuliwch y noson yn fy nghwt"
"Be welcome, Govinda, and spend the night in my hut"
Arhosodd Govinda y noson yn y cwt
Govinda stayed the night in the hut
hunodd ar y gwely a arferai fod yn wely Vasudeva
he slept on the bed which used to be Vasudeva's bed
gofynai lawer o gwestiynau i gyfaill ei ieuenctyd
he posed many questions to the friend of his youth
Roedd yn rhaid i Siddhartha ddweud wrtho lawer o bethau o'i fywyd
Siddhartha had to tell him many things from his life

yna daeth y bore wedyn
then the next morning came
yr oedd yr amser wedi dyfod i ddechreu taith y dydd
the time had come to start the day's journey
heb betruso, gofynnodd Govinda un cwestiwn arall
without hesitation, Govinda asked one more question
"Cyn i mi barhau ar fy llwybr, Siddhartha, caniatewch i mi ofyn un cwestiwn arall"
"Before I continue on my path, Siddhartha, permit me to ask one more question"
"A oes gennych chi ddysgeidiaeth sy'n eich arwain?"
"Do you have a teaching that guides you?"
"Oes gennych chi ffydd neu wybodaeth rydych chi'n ei dilyn"
"Do you have a faith or a knowledge you follow"
"A oes yna wybodaeth sy'n eich helpu i fyw a gwneud yn iawn?"
"is there a knowledge which helps you to live and do right?"

"Rydych chi'n gwybod yn iawn, fy annwyl, rydw i bob amser wedi bod yn ddrwgdybus o athrawon"
"You know well, my dear, I have always been distrustful of teachers"
"Fel dyn ifanc dechreuais amau athrawon yn barod"
"as a young man I already started to doubt teachers"
"pan oeddem yn byw gyda'r edifeiriaid yn y goedwig, nid oeddwn yn ymddiried yn eu dysgeidiaeth"
"when we lived with the penitents in the forest, I distrusted their teachings"
"a throiais fy nghefn atyn nhw"
"and I turned my back to them"
"Rwyf wedi parhau i fod yn ddrwgdybus o athrawon"
"I have remained distrustful of teachers"
"Serch hynny, dwi wedi cael llawer o athrawon ers hynny"
"Nevertheless, I have had many teachers since then"
"Mae courtesan hardd wedi bod yn athro i mi ers amser maith"
"A beautiful courtesan has been my teacher for a long time"
"masnachwr cyfoethog oedd fy athro"
"a rich merchant was my teacher"
"a dysgodd rhai gamblwyr â dis i mi"
"and some gamblers with dice taught me"
"Unwaith, mae hyd yn oed un o ddilynwyr Bwdha wedi bod yn athro i mi"
"Once, even a follower of Buddha has been my teacher"
"Roedd yn teithio ar droed, yn pererindod"
"he was travelling on foot, pilgering"
"ac eisteddodd gyda mi pan oeddwn wedi cwympo i gysgu yn y goedwig"
"and he sat with me when I had fallen asleep in the forest"
"Rwyf hefyd wedi dysgu ganddo, ac rwy'n ddiolchgar iawn am hynny"
"I've also learned from him, for which I'm very grateful"
"Ond yn bennaf oll, rydw i wedi dysgu o'r afon hon"
"But most of all, I have learned from this river"

"ac rwyf wedi dysgu fwyaf gan fy rhagflaenydd, y fferi Vasudeva"
"and I have learned most from my predecessor, the ferryman Vasudeva"
"Roedd yn berson syml iawn, Vasudeva, nid oedd yn feddyliwr"
"He was a very simple person, Vasudeva, he was no thinker"
"ond roedd yn gwybod beth sy'n angenrheidiol cystal â Gotama"
"but he knew what is necessary just as well as Gotama"
"Roedd yn ddyn perffaith, yn sant"
"he was a perfect man, a saint"
"Mae Siddhartha yn dal i fod wrth ei fodd yn gwatwar pobl, mae'n ymddangos i mi"
"Siddhartha still loves to mock people, it seems to me"
"Rwy'n credu ynoch chi a gwn nad ydych wedi dilyn athro"
"I believe in you and I know that you haven't followed a teacher"
"Ond onid ydych chi wedi dod o hyd i rywbeth ar eich pen eich hun?"
"But haven't you found something by yourself?"
"Er nad ydych wedi dod o hyd i unrhyw ddysgeidiaeth, fe wnaethoch chi ddod o hyd i rai meddyliau o hyd"
"though you've found no teachings, you still found certain thoughts"
"rhai mewnwelediadau, sy'n eiddo i chi"
"certain insights, which are your own"
"mewnwelediadau sy'n eich helpu i fyw"
"insights which help you to live"
"Onid ydych chi wedi dod o hyd i rywbeth fel hyn?"
"Haven't you found something like this?"
"Os hoffech chi ddweud wrthyf, byddech chi'n swyno fy nghalon"
"If you would like to tell me, you would delight my heart"
"Rydych chi'n iawn, rydw i wedi cael meddyliau ac wedi cael llawer o fewnwelediadau"

"you are right, I have had thoughts and gained many insights"
"Weithiau dwi wedi teimlo gwybodaeth ynof am awr"
"Sometimes I have felt knowledge in me for an hour"
"Ar adegau eraill rwyf wedi teimlo gwybodaeth ynof am ddiwrnod cyfan"
"at other times I have felt knowledge in me for an entire day"
"yr un wybodaeth y mae rhywun yn ei deimlo pan fydd rhywun yn teimlo bywyd yn eich calon"
"the same knowledge one feels when one feels life in one's heart"
"Bu llawer o feddyliau"
"There have been many thoughts"
"Ond byddai'n anodd i mi gyfleu'r meddyliau hyn i chi"
"but it would be hard for me to convey these thoughts to you"
"Fy annwyl Govinda, dyma un o'm meddyliau a ddarganfyddais"
"my dear Govinda, this is one of my thoughts which I have found"
"Ni ellir trosglwyddo doethineb"
"wisdom cannot be passed on"
"Mae doethineb y mae dyn doeth yn ceisio ei drosglwyddo bob amser yn swnio fel ffolineb"
"Wisdom which a wise man tries to pass on always sounds like foolishness"
"Ydych chi'n kidding?" gofynnodd Govinda
"Are you kidding?" asked Govinda
"Dydw i ddim yn twyllo, dwi'n dweud wrthych chi beth rydw i wedi'i ddarganfod"
"I'm not kidding, I'm telling you what I have found"
"Gellir cyfleu gwybodaeth, ond ni all doethineb"
"Knowledge can be conveyed, but wisdom can't"
"Gellir dod o hyd i ddoethineb, gellir ei fyw"
"wisdom can be found, it can be lived"
"mae'n bosibl cael eich cario gan ddoethineb"
"it is possible to be carried by wisdom"
"Gellir cyflawni gwyrthiau gyda doethineb"

"miracles can be performed with wisdom"
"ond ni ellir mynegi doethineb mewn geiriau na'i dysgu"
"but wisdom cannot be expressed in words or taught"
"Dyma beth roeddwn i'n ei amau weithiau, hyd yn oed yn ddyn ifanc"
"This was what I sometimes suspected, even as a young man"
"Dyma sydd wedi fy ngyrru i oddi wrth yr athrawon"
"this is what has driven me away from the teachers"
"Rwyf wedi dod o hyd i feddwl y byddwch chi'n ei ystyried yn ffolineb"
"I have found a thought which you'll regard as foolishness"
"Ond y meddwl hwn fu fy ngorau"
"but this thought has been my best"
"Mae gwrthwyneb pob gwirionedd yr un mor wir!"
"The opposite of every truth is just as true!"
"dim ond pan fydd yn unochrog y gellir mynegi unrhyw wirionedd"
"any truth can only be expressed when it is one-sided"
"dim ond pethau unochrog y gellir eu rhoi mewn geiriau"
"only one sided things can be put into words"
"Mae popeth y gellir ei feddwl yn unochrog"
"Everything which can be thought is one-sided"
"Mae'r cyfan yn unochrog, felly dim ond un hanner yw hi"
"it's all one-sided, so it's just one half"
"mae'r cyfan yn ddiffygiol o ran cyflawnder, cywirdeb, ac undod"
"it all lacks completeness, roundness, and oneness"
"llefarodd y Gotama dyrchafedig yn ei ddysgeidiaeth am y byd"
"the exalted Gotama spoke in his teachings of the world"
"ond roedd yn rhaid iddo rannu'r byd yn Sansara a Nirvana"
"but he had to divide the world into Sansara and Nirvana"
"roedd wedi rhannu'r byd yn dwyll a gwirionedd"
"he had divided the world into deception and truth"
"roedd wedi rhannu'r byd yn ddioddefaint ac iachawdwriaeth"

"he had divided the world into suffering and salvation"
"Ni ellir esbonio'r byd mewn unrhyw ffordd arall"
"the world cannot be explained any other way"
"Does dim ffordd arall i'w esbonio, i'r rhai sydd eisiau addysgu"
"there is no other way to explain it, for those who want to teach"
"Ond nid yw'r byd ei hun byth yn unochrog"
"But the world itself is never one-sided"
"Mae'r byd yn bodoli o'n cwmpas ac y tu mewn i ni"
"the world exists around us and inside of us"
"Nid yw person neu weithred byth yn Sansara nac yn gyfan gwbl Nirvana"
"A person or an act is never entirely Sansara or entirely Nirvana"
"Nid yw person byth yn gwbl sanctaidd nac yn gwbl bechadurus"
"a person is never entirely holy or entirely sinful"
"Mae'n ymddangos y gellir rhannu'r byd i'r gwrthgyferbyniadau hyn"
"It seems like the world can be divided into these opposites"
"Ond mae hynny oherwydd ein bod ni'n destun twyll"
"but that's because we are subject to deception"
"Mae fel petai'r twyll yn rhywbeth go iawn"
"it's as if the deception was something real"
"Nid yw amser yn real, Govinda"
"Time is not real, Govinda"
"Rwyf wedi profi hyn yn aml ac yn aml eto"
"I have experienced this often and often again"
"pan nad yw amser yn real, mae'r bwlch rhwng y byd a'r tragwyddoldeb hefyd yn dwyll"
"when time is not real, the gap between the world and the eternity is also a deception"
"Nid yw'r bwlch rhwng dioddefaint a hapusrwydd yn real"
"the gap between suffering and blissfulness is not real"
"Does dim bwlch rhwng drwg a da"

"there is no gap between evil and good"
"Mae'r bylchau hyn i gyd yn dwyll"
"all of these gaps are deceptions"
"ond mae'r bylchau hyn yn ymddangos i ni serch hynny"
"but these gaps appear to us nonetheless"
"Sut dod?" gofynnodd Govinda yn ofnus
"How come?" asked Govinda timidly
"Gwrandewch yn dda, fy annwyl," atebodd Siddhartha
"Listen well, my dear," answered Siddhartha
" Y pechadur, yr hwn ydwyf fi a'r hwn wyt ti, sydd bechadur"
"The sinner, which I am and which you are, is a sinner"
"Ond mewn oesoedd i ddod bydd y pechadur yn Brahma eto"
"but in times to come the sinner will be Brahma again"
"Bydd yn cyrraedd y Nirvana ac yn Bwdha"
"he will reach the Nirvana and be Buddha"
"Mae'r amseroedd i ddod yn dwyll"
"the times to come are a deception"
"dim ond dameg yw'r amseroedd i ddod!"
"the times to come are only a parable!"
"Nid yw'r pechadur ar ei ffordd i ddod yn Fwdha"
"The sinner is not on his way to become a Buddha"
"Nid yw yn y broses o ddatblygu"
"he is not in the process of developing"
"Nid yw ein gallu i feddwl yn gwybod sut arall i ddarlunio'r pethau hyn"
"our capacity for thinking does not know how else to picture these things"
"Na, o fewn y pechadur mae Bwdha'r dyfodol yn barod"
"No, within the sinner there already is the future Buddha"
"Mae ei ddyfodol i gyd yno'n barod"
"his future is already all there"
"Mae'n rhaid i chi addoli'r Bwdha yn y pechadur"
"you have to worship the Buddha in the sinner"

"Mae'n rhaid i chi addoli'r Bwdha sydd wedi'i guddio ym mhawb"
"you have to worship the Buddha hidden in everyone"
"y Bwdha cudd sy'n dod i fodolaeth y bo modd"
"the hidden Buddha which is coming into being the possible"
"Nid yw'r byd, fy ffrind Govinda, yn amherffaith"
"The world, my friend Govinda, is not imperfect"
"Nid yw'r byd ar lwybr araf tuag at berffeithrwydd"
"the world is on no slow path towards perfection"
"Na, mae'r byd yn berffaith ym mhob eiliad"
"no, the world is perfect in every moment"
"Mae pob pechod eisoes yn cario maddeuant dwyfol ynddo'i hun"
"all sin already carries the divine forgiveness in itself"
"mae gan bob plentyn bach yr hen berson yn barod"
"all small children already have the old person in themselves"
"Mae gan bob baban farwolaeth yn barod"
"all infants already have death in them"
"Mae gan bawb sy'n marw y bywyd tragwyddol"
"all dying people have the eternal life"
"Ni allwn weld pa mor bell y mae un arall eisoes wedi symud ymlaen ar ei lwybr"
"we can't see how far another one has already progressed on his path"
"yn y lleidr a gamblwr dis, mae'r Bwdha yn aros"
"in the robber and dice-gambler, the Buddha is waiting"
"Yn y Brahman, mae'r lleidr yn aros"
"in the Brahman, the robber is waiting"
"mewn myfyrdod dwfn, mae posibilrwydd i roi amser allan o fodolaeth"
"in deep meditation, there is the possibility to put time out of existence"
"mae yna bosibilrwydd gweld bywyd i gyd ar yr un pryd"
"there is the possibility to see all life simultaneously"
"mae'n bosibl gweld yr holl fywyd a oedd, sydd, ac a fydd"
"it is possible to see all life which was, is, and will be"

"ac yno mae popeth yn dda, yn berffaith, a Brahman"
"and there everything is good, perfect, and Brahman"
"Felly, dwi'n gweld beth bynnag sy'n bodoli yn dda"
"Therefore, I see whatever exists as good"
"Mae marwolaeth i mi fel bywyd"
"death is to me like life"
"i mi y mae pechod fel sancteiddrwydd"
"to me sin is like holiness"
"Gall doethineb fod fel ffolineb"
"wisdom can be like foolishness"
"Rhaid i bopeth fod fel y mae"
"everything has to be as it is"
"dim ond fy nghaniatâd a'm parodrwydd sydd ei angen ar bopeth"
"everything only requires my consent and willingness"
"Y cyfan sydd ei angen yn fy marn i yw bod fy nghytundeb cariadus yn dda i mi"
"all that my view requires is my loving agreement to be good for me"
"Does rhaid i fy marn i wneud dim byd ond gweithio er fy lles"
"my view has to do nothing but work for my benefit"
"ac yna nid yw fy nghanfyddiad yn gallu fy niweidio byth"
"and then my perception is unable to ever harm me"
"Rwyf wedi profi fy mod angen pechod yn fawr iawn"
"I have experienced that I needed sin very much"
"Rwyf wedi profi hyn yn fy nghorff ac yn fy enaid"
"I have experienced this in my body and in my soul"
"Roeddwn i angen chwant, yr awydd am eiddo, ac oferedd"
"I needed lust, the desire for possessions, and vanity"
"ac roeddwn i angen yr anobaith mwyaf cywilyddus"
"and I needed the most shameful despair"
"er mwyn dysgu sut i roi'r gorau i bob gwrthwynebiad"
"in order to learn how to give up all resistance"
"er mwyn dysgu sut i garu'r byd"
"in order to learn how to love the world"

"er mwyn rhoi'r gorau i gymharu pethau i ryw fyd roeddwn i'n dymuno amdano"
"in order to stop comparing things to some world I wished for"
"Dychmygais ryw fath o berffeithrwydd roeddwn i wedi'i wneud i fyny"
"I imagined some kind of perfection I had made up"
"Ond dw i wedi dysgu gadael y byd fel y mae"
"but I have learned to leave the world as it is"
"Rwyf wedi dysgu caru'r byd fel y mae"
"I have learned to love the world as it is"
"a dysgais i fwynhau bod yn rhan ohono"
"and I learned to enjoy being a part of it"
"Y rhain, o Govinda, yw rhai o'r meddyliau sydd wedi dod i'm meddwl"
"These, oh Govinda, are some of the thoughts which have come into my mind"

Plygodd Siddhartha i lawr a chodi carreg o'r ddaear
Siddhartha bent down and picked up a stone from the ground
efe a bwysodd y maen yn ei law
he weighed the stone in his hand
"Dyma yma," meddai wrth chwarae gyda'r graig, "yn garreg"
"This here," he said playing with the rock, "is a stone"
"efallai y bydd y garreg hon, ar ôl amser penodol, yn troi'n bridd"
"this stone will, after a certain time, perhaps turn into soil"
"bydd yn troi o bridd yn blanhigyn neu anifail neu fod dynol"
"it will turn from soil into a plant or animal or human being"
"Yn y gorffennol, byddwn wedi dweud mai carreg yn unig yw'r garreg hon"
"In the past, I would have said this stone is just a stone"
"Efallai fy mod wedi dweud ei fod yn ddiwerth"
"I might have said it is worthless"
"Byddwn wedi dweud wrthych fod y garreg hon yn perthyn i fyd y Maya"

"I would have told you this stone belongs to the world of the Maya"
"Ond fyddwn i ddim wedi gweld bod iddo bwysigrwydd"
"but I wouldn't have seen that it has importance"
"efallai y gall ddod yn ysbryd yn y cylch trawsnewidiadau"
"it might be able to become a spirit in the cycle of transformations"
"felly rwyf hefyd yn rhoi pwysigrwydd iddo"
"therefore I also grant it importance"
"Felly, efallai y byddwn wedi meddwl yn y gorffennol"
"Thus, I would perhaps have thought in the past"
"Ond heddiw dwi'n meddwl yn wahanol am y garreg"
"But today I think differently about the stone"
"carreg yw'r garreg hon, ac mae hefyd yn anifail, yn dduw ac yn Bwdha"
"this stone is a stone, and it is also animal, god, and Buddha"
"Dydw i ddim yn parchu ac yn ei garu oherwydd gallai droi i mewn i hyn neu'r llall"
"I do not venerate and love it because it could turn into this or that"
"Rwyf wrth fy modd oherwydd dyna'r pethau hynny"
"I love it because it is those things"
"mae'r garreg hon yn bopeth yn barod"
"this stone is already everything"
"mae'n ymddangos i mi nawr a heddiw fel carreg"
"it appears to me now and today as a stone"
"Dyna pam dwi'n caru hwn"
"that is why I love this"
"dyna pam dwi'n gweld gwerth a phwrpas ym mhob un o'i wythiennau a'i cheudodau"
"that is why I see worth and purpose in each of its veins and cavities"
"Rwy'n gweld gwerth yn ei felyn, llwyd, a chaledwch"
"I see value in its yellow, gray, and hardness"
"Roeddwn i'n gwerthfawrogi'r sŵn mae'n ei wneud pan dwi'n curo arno"

"I appreciated the sound it makes when I knock at it"
"Rwyf wrth fy modd â sychder neu wlybrwydd ei wyneb"
"I love the dryness or wetness of its surface"
"Mae yna gerrig sy'n teimlo fel olew neu sebon"
"There are stones which feel like oil or soap"
"a cherrig eraill yn teimlo fel dail neu dywod"
"and other stones feel like leaves or sand"
"ac mae pob maen yn arbennig ac yn gweddïo'r Om yn ei ffordd ei hun"
"and every stone is special and prays the Om in its own way"
"Mae pob carreg yn Brahman"
"each stone is Brahman"
"ond ar yr un pryd, a llawn cymaint, mae'n garreg"
"but simultaneously, and just as much, it is a stone"
"mae'n garreg waeth a yw'n olewog neu'n llawn sudd"
"it is a stone regardless of whether it's oily or juicy"
"A dyma pam dwi'n hoffi ac yn ystyried y garreg hon"
"and this why I like and regard this stone"
"mae'n hyfryd ac yn deilwng o addoliad"
"it is wonderful and worthy of worship"
"Ond gadewch i mi beidio siarad mwy am hyn"
"But let me speak no more of this"
"Nid yw geiriau yn dda ar gyfer trosglwyddo'r ystyr cyfrinachol"
"words are not good for transmitting the secret meaning"
"Mae popeth bob amser yn dod ychydig yn wahanol, cyn gynted ag y caiff ei roi mewn geiriau"
"everything always becomes a bit different, as soon as it is put into words"
"mae popeth yn cael ei ystumio ychydig gan eiriau"
"everything gets distorted a little by words"
"ac yna mae'r esboniad yn dod braidd yn wirion"
"and then the explanation becomes a bit silly"
"ie, ac mae hyn hefyd yn dda iawn, ac rwy'n ei hoffi'n fawr"
"yes, and this is also very good, and I like it a lot"
"Rwyf hefyd yn cytuno'n fawr â hyn"

"I also very much agree with this"
"Mae trysor a doethineb un dyn bob amser yn swnio fel ffolineb i berson arall"
"one man's treasure and wisdom always sounds like foolishness to another person"
Gwrandawodd Govinda yn dawel ar yr hyn yr oedd Siddhartha yn ei ddweud
Govinda listened silently to what Siddhartha was saying
bu saib a gofynnodd Govinda gwestiwn yn betrusgar
there was a pause and Govinda hesitantly asked a question
"Pam yr ydych wedi dweud hyn wrthyf am y garreg?"
"Why have you told me this about the stone?"
"Fe wnes i hynny heb unrhyw fwriad penodol"
"I did it without any specific intention"
"efallai mai'r hyn roeddwn i'n ei olygu oedd, fy mod i'n caru'r garreg hon a'r afon"
"perhaps what I meant was, that I love this stone and the river"
"Ac rydw i'n caru'r holl bethau hyn rydyn ni'n edrych arnyn nhw"
"and I love all these things we are looking at"
"a gallwn ddysgu o'r holl bethau hyn"
"and we can learn from all these things"
"Gallaf garu carreg, Govinda"
"I can love a stone, Govinda"
"a gallaf hefyd garu coeden neu ddarn o risgl"
"and I can also love a tree or a piece of bark"
"Pethau yw'r rhain, a gellir caru pethau"
"These are things, and things can be loved"
"ond ni allaf garu geiriau"
"but I cannot love words"
"felly, nid yw dysgeidiaeth yn dda i mi"
"therefore, teachings are no good for me"
"Nid oes gan ddysgeidiaeth unrhyw galedwch, meddalwch, lliwiau, ymylon, arogl na blas"

"teachings have no hardness, softness, colours, edges, smell, or taste"
"Does gan ddysgeidiaeth ddim byd ond geiriau"
"teachings have nothing but words"
"efallai mai geiriau sy'n eich cadw rhag dod o hyd i heddwch"
"perhaps it is words which keep you from finding peace"
"oherwydd geiriau yn unig yw iachawdwriaeth a rhinwedd"
"because salvation and virtue are mere words"
"Dim ond geiriau yn unig yw Sansara a Nirvana hefyd, Govinda"
"Sansara and Nirvana are also just mere words, Govinda"
"Nid oes unrhyw beth a fyddai'n Nirvana"
"there is no thing which would be Nirvana"
" felly dim ond y gair yw Nirvana "
"therefore Nirvana is just the word"
Gwrthwynebodd Govinda, "Nid gair yn unig yw Nirvana, fy ffrind"
Govinda objected, "Nirvana is not just a word, my friend"
"Gair yw Nirvana, ond hefyd mae'n feddwl"
"Nirvana is a word, but also it is a thought"
Parhaodd Siddhartha, "efallai ei fod yn syniad"
Siddhartha continued, "it might be a thought"
"Rhaid i mi gyfaddef, nid wyf yn gwahaniaethu llawer rhwng meddyliau a geiriau"
"I must confess, I don't differentiate much between thoughts and words"
"a bod yn onest, does gen i ddim barn uchel o feddyliau chwaith"
"to be honest, I also have no high opinion of thoughts"
"Mae gen i farn well am bethau na meddyliau"
"I have a better opinion of things than thoughts"
"Yma ar y cwch fferi hwn, er enghraifft, dyn fu fy rhagflaenydd"
"Here on this ferry-boat, for instance, a man has been my predecessor"

"Roedd hefyd yn un o fy athrawon"
"he was also one of my teachers"
"Gŵr sanctaidd, sydd wedi credu'n syml yn yr afon ers blynyddoedd lawer"
"a holy man, who has for many years simply believed in the river"
"ac nid oedd yn credu mewn dim byd arall"
"and he believed in nothing else"
"Roedd wedi sylwi bod yr afon yn siarad ag ef"
"He had noticed that the river spoke to him"
"dysgodd o'r afon"
"he learned from the river"
"yr afon a addysgodd ac a'i dysgodd"
"the river educated and taught him"
"Roedd yr afon yn ymddangos yn dduw iddo"
"the river seemed to be a god to him"
"am lawer o flynyddoedd ni wyddai fod popeth mor ddwyfol â'r afon"
"for many years he did not know that everything was as divine as the river"
"y gwynt, pob cwmwl, pob aderyn, pob chwilen"
"the wind, every cloud, every bird, every beetle"
"Gallant ddysgu cymaint â'r afon"
"they can teach just as much as the river"
"Ond pan aeth y dyn sanctaidd hwn i'r coedwigoedd, roedd yn gwybod popeth"
"But when this holy man went into the forests, he knew everything"
"Roedd yn gwybod mwy na chi a fi, heb athrawon na llyfrau"
"he knew more than you and me, without teachers or books"
"Roedd yn gwybod mwy na ni yn unig oherwydd ei fod wedi credu yn yr afon"
"he knew more than us only because he had believed in the river"

Roedd gan Govinda amheuon a chwestiynau o hyd

Govinda still had doubts and questions

"Ond ai dyna'r hyn rydych chi'n ei alw'n bethau mewn gwirionedd yn rhywbeth go iawn?"
"But is that what you call things actually something real?"

"a oes gan y pethau hyn fodolaeth?"
"do these things have existence?"

"Onid twyll o'r Maya yn unig ydyw"
"Isn't it just a deception of the Maya"

" Onid delw a rhith yw yr holl bethau hyn?"
"aren't all these things an image and illusion?"

"Eich carreg, eich coeden, eich afon"
"Your stone, your tree, your river"

"A ydynt mewn gwirionedd yn realiti?"
"are they actually a reality?"

"Mae hyn hefyd," meddai Siddhartha, **"Dydw i ddim yn poeni llawer am"**
"This too," spoke Siddhartha, "I do not care very much about"

"Bydded y pethau'n rhithiau neu beidio"
"Let the things be illusions or not"

"Wedi'r cyfan, mi fyddwn i wedyn hefyd yn rhith"
"after all, I would then also be an illusion"

"Ac os rhithiau yw'r pethau hyn yna maen nhw fel fi"
"and if these things are illusions then they are like me"

"Dyma sy'n eu gwneud nhw mor annwyl a theilwng o barch i mi"
"This is what makes them so dear and worthy of veneration for me"

"Mae'r pethau hyn fel fi a dyna sut y gallaf eu caru"
"these things are like me and that is how I can love them"

"Dyma ddysgeidiaeth y byddwch chi'n chwerthin amdani"
"this is a teaching you will laugh about"

"cariad, o Govinda, mae'n ymddangos i mi fel y peth pwysicaf oll"
"love, oh Govinda, seems to me to be the most important thing of all"

"gall deall y byd yn drylwyr fod yr hyn y mae meddylwyr mawr yn ei wneud"
"to thoroughly understand the world may be what great thinkers do"
"Maen nhw'n esbonio'r byd ac yn ei ddirmygu"
"they explain the world and despise it"
"Ond does gen i ddim ond diddordeb mewn gallu caru'r byd"
"But I'm only interested in being able to love the world"
"Does gen i ddim diddordeb mewn dirmygu'r byd"
"I am not interested in despising the world"
"Dydw i ddim eisiau casáu'r byd"
"I don't want to hate the world"
"a dwi ddim eisiau i'r byd fy nghasáu"
"and I don't want the world to hate me"
"Rydw i eisiau gallu edrych ar y byd a fi fy hun gyda chariad"
"I want to be able to look upon the world and myself with love"
"Rydw i eisiau edrych ar bob bod gydag edmygedd"
"I want to look upon all beings with admiration"
"Rydw i eisiau cael parch mawr at bopeth"
"I want to have a great respect for everything"
"Mae hyn yr wyf yn deall," siarad Govinda
"This I understand," spoke Govinda
"Ond darganfuwyd yr union beth hwn gan yr un dyrchafedig yn dwyll"
"But this very thing was discovered by the exalted one to be a deception"
"Mae'n gorchymyn caredigrwydd, trugaredd, cydymdeimlad, goddefgarwch"
"He commands benevolence, clemency, sympathy, tolerance"
"ond nid yw yn gorchymyn cariad"
"but he does not command love"
"gwaharddodd ni i glymu ein calon mewn cariad at bethau daearol"

"he forbade us to tie our heart in love to earthly things"
"Rwy'n gwybod ei fod, Govinda," meddai Siddhartha, ac mae ei wên disgleirio euraidd
"I know it, Govinda," said Siddhartha, and his smile shone golden
"Ac wele, gyda hyn yr ydym yn gywir yn y drysni o farn"
"And behold, with this we are right in the thicket of opinions"
"Nawr rydyn ni yn yr anghydfod am eiriau"
"now we are in the dispute about words"
"Canys ni allaf wadu, y mae fy ngeiriau cariad yn wrthddywediad"
"For I cannot deny, my words of love are a contradiction"
"Mae'n ymddangos eu bod yn gwrth-ddweud geiriau Gotama"
"they seem to be in contradiction with Gotama's words"
"Am yr union reswm hwn, nid wyf yn ymddiried cymaint mewn geiriau"
"For this very reason, I distrust words so much"
"Oherwydd gwn mai twyll yw'r gwrthddywediad hwn"
"because I know this contradiction is a deception"
"Rwy'n gwybod fy mod yn cytuno â Gotama"
"I know that I am in agreement with Gotama"
"Sut na allai wybod cariad pan fydd wedi darganfod holl elfennau bodolaeth ddynol"
"How could he not know love when he has discovered all elements of human existence"
"mae wedi darganfod eu byrhoedledd a'u hystyr"
"he has discovered their transitoriness and their meaninglessness"
"ac eto roedd yn caru pobl yn fawr iawn"
"and yet he loved people very much"
"defnyddiai fywyd hir, llafurus yn unig i'w helpu a'u dysgu!"
"he used a long, laborious life only to help and teach them!"
"Hyd yn oed gyda'ch athro gwych, mae'n well gen i bethau dros y geiriau"

"Even with your great teacher, I prefer things over the words"
"Rwy'n rhoi mwy o bwys ar ei weithredoedd a'i fywyd nag ar ei areithiau"
"I place more importance on his acts and life than on his speeches"
"Rwy'n gwerthfawrogi ystumiau ei law yn fwy na'i farn"
"I value the gestures of his hand more than his opinions"
"I mi nid oedd dim yn ei araith a'i feddyliau"
"for me there was nothing in his speech and thoughts"
"Dim ond yn ei weithredoedd ac yn ei fywyd y gwelaf ei fawredd"
"I see his greatness only in his actions and in his life"

Am amser maith, ni ddywedodd y ddau hen ddyn ddim
For a long time, the two old men said nothing
Yna siaradodd Govinda, wrth ymgrymu am ffarwel
Then Govinda spoke, while bowing for a farewell
"Rwy'n diolch i chi, Siddhartha, am ddweud wrthyf rai o'ch meddyliau"
"I thank you, Siddhartha, for telling me some of your thoughts"
"Mae'r meddyliau hyn yn rhannol ddieithr i mi"
"These thoughts are partially strange to me"
"Nid yw'r holl feddyliau hyn wedi bod yn ddealladwy i mi ar unwaith"
"not all of these thoughts have been instantly understandable to me"
"Gan fod hyn fel y bo, diolchaf i chi"
"This being as it may, I thank you"
"a dymunaf ichi gael dyddiau tawel"
"and I wish you to have calm days"
Ond yn ddirgel roedd yn meddwl rhywbeth arall iddo'i hun
But secretly he thought something else to himself
"Mae'r Siddhartha hwn yn berson rhyfedd"
"This Siddhartha is a bizarre person"
"mae'n mynegi meddyliau rhyfedd"
"he expresses bizarre thoughts"

"mae ei ddysgeidiaeth yn swnio'n ffôl"
"his teachings sound foolish"
"mae dysgeidiaeth bur yr un dyrchafedig yn swnio'n wahanol iawn"
"the exalted one's pure teachings sound very different"
"mae'r dysgeidiaethau hynny'n gliriach, yn fwy pur, yn fwy dealladwy"
"those teachings are clearer, purer, more comprehensible"
"Nid oes dim rhyfedd, ffôl, na gwirion yn y ddysgeidiaeth hynny"
"there is nothing strange, foolish, or silly in those teachings"
"Ond roedd dwylo Siddhartha yn ymddangos yn wahanol i'w feddyliau"
"But Siddhartha's hands seemed different from his thoughts"
"ei draed, ei lygaid, ei dalcen, ei anadl"
"his feet, his eyes, his forehead, his breath"
"ei wên, ei gyfarchiad, ei daith gerdded"
"his smile, his greeting, his walk"
"Dydw i ddim wedi cwrdd â dyn arall tebyg iddo ers i Gotama ddod yn un gyda'r Nirvana"
"I haven't met another man like him since Gotama became one with the Nirvana"
"Ers hynny nid wyf wedi teimlo presenoldeb dyn sanctaidd"
"since then I haven't felt the presence of a holy man"
"Dim ond Siddhartha dwi wedi dod o hyd i, sydd fel hyn"
"I have only found Siddhartha, who is like this"
"Gall ei ddysgeidiaeth fod yn rhyfedd a gall ei eiriau swnio'n ffôl"
"his teachings may be strange and his words may sound foolish"
"ond mae purdeb yn disgleirio o'i olwg a'i law"
"but purity shines out of his gaze and hand"
"mae ei groen a'i wallt yn pelydru purdeb"
"his skin and his hair radiates purity"
"mae purdeb yn disgleirio o bob rhan ohono"
"purity shines out of every part of him"

"mae tawelwch, sirioldeb, mwynder a sancteiddrwydd yn disgleirio oddi wrtho"
"a calmness, cheerfulness, mildness and holiness shines from him"
"peth na welais i mewn neb arall"
"something which I have seen in no other person"
"Nid wyf wedi ei weld ers marwolaeth olaf ein hathro dyrchafedig"
"I have not seen it since the final death of our exalted teacher"
Tra bod Govinda yn meddwl fel hyn, roedd gwrthdaro yn ei galon
While Govinda thought like this, there was a conflict in his heart
ymgrymodd unwaith eto i Siddhartha
he once again bowed to Siddhartha
teimlai ei fod yn cael ei dynu ymlaen gan gariad
he felt he was drawn forward by love
ymgrymodd yn ddwfn i'r hwn oedd yn eistedd yn dawel
he bowed deeply to him who was calmly sitting
"Siddhartha," siaradodd, "rydyn ni wedi dod yn hen ddynion"
"Siddhartha," he spoke, "we have become old men"
"Mae'n annhebygol i un ohonom weld y llall eto yn yr ymgnawdoliad hwn"
"It is unlikely for one of us to see the other again in this incarnation"
"Rwy'n gweld, anwylyd, eich bod wedi dod o hyd i heddwch"
"I see, beloved, that you have found peace"
"Rwy'n cyfaddef nad wyf wedi dod o hyd iddo"
"I confess that I haven't found it"
"Dywedwch wrthyf, o un anrhydeddus, un gair arall"
"Tell me, oh honourable one, one more word"
"Rhowch rywbeth i mi ar fy ffordd y gallaf ei ddeall"
"give me something on my way which I can grasp"
"Rhowch rywbeth y gallaf ei ddeall!"

"give me something which I can understand!"
"Rhowch rywbeth y gallaf ei gymryd gyda mi ar fy llwybr"
"give me something I can take with me on my path"
"Mae fy llwybr yn aml yn galed ac yn dywyll, Siddhartha"
"my path is often hard and dark, Siddhartha"
Dywedodd Siddhartha dim byd ac yn edrych arno
Siddhartha said nothing and looked at him
edrychodd arno gyda'i wên ddigyfnewid, dawel fyth
he looked at him with his ever unchanged, quiet smile
Syllodd Govinda ar ei wyneb gydag ofn
Govinda stared at his face with fear
yr oedd dyhead a dioddefaint yn ei lygaid
there was yearning and suffering in his eyes
yr oedd y chwilio tragywyddol yn weledig yn ei olwg
the eternal search was visible in his look
gallech weld ei anallu tragwyddol i ddod o hyd
you could see his eternal inability to find
Siddhartha ei weld a gwenu
Siddhartha saw it and smiled
"Plygwch i lawr i mi!" sibrydodd yn dawel yng nghlust Govinda
"Bend down to me!" he whispered quietly in Govinda's ear
"Fel hyn, a dod hyd yn oed yn nes!"
"Like this, and come even closer!"
"Cusanwch fy nhalcen, Govinda!"
"Kiss my forehead, Govinda!"
Roedd Govinda wedi'i syfrdanu, ond yn cael ei dynnu ymlaen gan gariad a disgwyliad mawr
Govinda was astonished, but drawn on by great love and expectation
ufuddhaodd i'w eiriau a phlygu i lawr yn agos ato
he obeyed his words and bent down closely to him
a chyffyrddodd â'i dalcen â'i wefusau
and he touched his forehead with his lips
pan wnaeth hyn, digwyddodd rhywbeth gwyrthiol iddo
when he did this, something miraculous happened to him

roedd ei feddyliau yn dal i drigo ar eiriau rhyfeddol Siddhartha
his thoughts were still dwelling on Siddhartha's wondrous words
roedd yn dal yn anfoddog i gael trafferth meddwl i ffwrdd amser
he was still reluctantly struggling to think away time
roedd yn dal i geisio dychmygu Nirvana a Sansara fel un
he was still trying to imagine Nirvana and Sansara as one
yr oedd rhyw ddirmyg eto ar eiriau ei gyfaill
there was still a certain contempt for the words of his friend
yr oedd y geiriau hyny yn dal i ymladd ynddo
those words were still fighting in him
roedd y geiriau hynny'n dal i ymladd yn erbyn cariad a pharch aruthrol
those words were still fighting against an immense love and veneration
ac yn ystod yr holl feddyliau hyn, digwyddodd rhywbeth arall iddo
and during all these thoughts, something else happened to him
Nid oedd bellach yn gweld wyneb ei ffrind Siddhartha
He no longer saw the face of his friend Siddhartha
yn lle wyneb Siddhartha, gwelodd wynebau eraill
instead of Siddhartha's face, he saw other faces
gwelodd ddilyniant hir o wynebau
he saw a long sequence of faces
gwelodd afon lifeiriol o wynebau
he saw a flowing river of faces
cannoedd ar filoedd o wynebau, a ddaeth i gyd ac a ddiflannodd
hundreds and thousands of faces, which all came and disappeared
ac eto yr oeddynt oll fel pe baent yno yr un pryd
and yet they all seemed to be there simultaneously
roeddent yn newid ac yn adnewyddu eu hunain yn barhaus

they constantly changed and renewed themselves
roedden nhw eu hunain ac roedden nhw'n dal i fod yn wyneb Siddhartha i gyd
they were themselves and they were still all Siddhartha's face
gwelodd wyneb pysgodyn â cheg anfeidrol boenus wedi ei hagor
he saw the face of a fish with an infinitely painfully opened mouth
wyneb pysgodyn yn marw, gyda llygaid pylu
the face of a dying fish, with fading eyes
gwelodd wyneb plentyn newydd-anedig, yn goch ac yn llawn crychau
he saw the face of a new-born child, red and full of wrinkles
cafodd ei ystumio rhag crio
it was distorted from crying
gwelodd wyneb llofrudd
he saw the face of a murderer
gwelodd ef yn plymio cyllell i gorff rhywun arall
he saw him plunging a knife into the body of another person
gwelodd, yn yr un foment, y troseddwr hwn mewn caethiwed
he saw, in the same moment, this criminal in bondage
gwelodd ef yn penlinio o flaen tyrfa
he saw him kneeling before a crowd
a gwelodd ei ben yn cael ei dorri i ffwrdd gan y dienyddiwr
and he saw his head being chopped off by the executioner
gwelodd gyrff dynion a merched
he saw the bodies of men and women
roedden nhw'n noeth mewn safleoedd a chrampiau o gariad gwyllt
they were naked in positions and cramps of frenzied love
gwelodd gorffluoedd wedi eu hymestyn, yn fudr, yn oer, yn wag
he saw corpses stretched out, motionless, cold, void
gwelodd bennau anifeiliaid
he saw the heads of animals

pennau baeddod, crocodeiliaid, ac eliffantod
heads of boars, of crocodiles, and of elephants
gwelodd bennau teirw ac adar
he saw the heads of bulls and of birds
gwelodd dduwiau; Krishna ac Agni
he saw gods; Krishna and Agni
gwelodd yr holl ffigyrau a'r wynebau hyn mewn mil o berthynasau â'u gilydd
he saw all of these figures and faces in a thousand relationships with one another
roedd pob ffigwr yn helpu'r llall
each figure was helping the other
roedd pob ffigwr yn caru eu perthynas
each figure was loving their relationship
roedd pob ffigwr yn casáu eu perthynas, gan ei ddinistrio
each figure was hating their relationship, destroying it
ac yr oedd pob ffigwr yn rhoi ail-enedigaeth i'w perthynas
and each figure was giving re-birth to their relationship
roedd pob ffigwr yn ewyllys i farw
each figure was a will to die
yr oeddynt yn gyffesiadau angerddol o boenus o fyrhoedledd
they were passionately painful confessions of transitoriness
ac eto ni bu farw yr un o honynt, pob un yn unig wedi ei drawsnewid
and yet none of them died, each one only transformed
roedden nhw bob amser yn cael eu haileni ac yn derbyn mwy a mwy o wynebau newydd
they were always reborn and received more and more new faces
ni aeth unrhyw amser rhwng y naill wyneb a'r llall
no time passed between the one face and the other
gorffwysodd pob un o'r ffigurau a'r wynebau hyn
all of these figures and faces rested
maent yn llifo ac yn cynhyrchu eu hunain
they flowed and generated themselves

maent yn arnofio ar hyd ac yn uno â'i gilydd
they floated along and merged with each other
ac yr oeddynt oll yn wastad wedi eu gorchuddio gan rywbeth tenau
and they were all constantly covered by something thin
nid oedd ganddynt unrhyw unigoliaeth eu hunain
they had no individuality of their own
ond eto yr oeddynt yn bod
but yet they were existing
roedden nhw fel gwydr tenau neu rew
they were like a thin glass or ice
roedden nhw fel croen tryloyw
they were like a transparent skin
roedden nhw fel cragen neu lwydni neu fwgwd o ddŵr
they were like a shell or mould or mask of water
ac yr oedd y mwgwd hwn yn gwenu
and this mask was smiling
a'r mwgwd hwn oedd wyneb gwenu Siddhartha
and this mask was Siddhartha's smiling face
y mwgwd yr oedd Govinda yn ei gyffwrdd â'i wefusau
the mask which Govinda was touching with his lips
Ac, fe welodd Govinda fel hyn
And, Govinda saw it like this
gwen y mwgwd
the smile of the mask
gwên undod uwchben y ffurfiau llifeiriol
the smile of oneness above the flowing forms
gwên cydamseroldeb uwchlaw'r mil o enedigaethau a marwolaethau
the smile of simultaneousness above the thousand births and deaths
roedd gwên Siddhartha yn union yr un fath
the smile of Siddhartha's was precisely the same
Yr un oedd gwên Siddhartha â gwên dawel Gotama, y Bwdha

Siddhartha's smile was the same as the quiet smile of Gotama, the Buddha
yr oedd yn wên dyner ac anhreiddiadwy
it was delicate and impenetrable smile
efallai ei fod yn gymwynasgar a gwatwarus, a doeth
perhaps it was benevolent and mocking, and wise
gwên fil-waith Gotama, y Bwdha
the thousand-fold smile of Gotama, the Buddha
fel yr oedd wedi ei weled ei hun gyda pharch mawr ganwaith
as he had seen it himself with great respect a hundred times
Fel hyn, roedd Govinda yn gwybod, mae'r rhai perffeithiedig yn gwenu
Like this, Govinda knew, the perfected ones are smiling
ni wyddai mwyach a oedd amser yn bod
he did not know anymore whether time existed
ni wyddai a oedd y weledigaeth wedi para eiliad neu gan mlynedd
he did not know whether the vision had lasted a second or a hundred years
ni wyddai a oedd Siddhartha neu Gotama yn bodoli
he did not know whether a Siddhartha or a Gotama existed
ni wyddai a oedd fi neu ti yn bodoli
he did not know if a me or a you existed
teimlai yn ei fel pe buasai wedi ei glwyfo gan saeth ddwyfol
he felt in his as if he had been wounded by a divine arrow
tyllodd y saeth ei hunan mwyaf mewnol
the arrow pierced his innermost self
blasodd anaf y saeth ddwyfol yn felys
the injury of the divine arrow tasted sweet
Cafodd Govinda ei swyno a'i ddiddymu yn ei hunan fewnolaf
Govinda was enchanted and dissolved in his innermost self
safodd yn llonydd am ychydig amser
he stood still for a little while

plygu dros wyneb tawel Siddhartha, a oedd newydd ei gusanu
he bent over Siddhartha's quiet face, which he had just kissed
yr wyneb yn yr hwn yr oedd newydd weled yr olygfa o bob amlygiad
the face in which he had just seen the scene of all manifestations
wyneb pob trawsffurfiad a phob bodolaeth
the face of all transformations and all existence
nid oedd yr wyneb yr oedd yn edrych arno wedi newid
the face he was looking at was unchanged
dan ei wyneb, yr oedd dyfnder y mil plygiadau wedi cau i fyny eto
under its surface, the depth of the thousand folds had closed up again
gwenodd yn dawel, yn dawel, ac yn dawel
he smiled silently, quietly, and softly
efallai ei fod yn gwenu yn garedig a gwatwarus iawn
perhaps he smiled very benevolently and mockingly
yn union fel hyn y gwenodd yr un dyrchafedig
precisely this was how the exalted one smiled
Yn ddwfn, ymgrymodd Govinda i Siddhartha
Deeply, Govinda bowed to Siddhartha
dagrau na wyddai ddim am redeg i lawr ei hen wyneb
tears he knew nothing of ran down his old face
llosgai ei ddagrau fel tân y cariad mwyaf agos
his tears burned like a fire of the most intimate love
teimlai y parch mwyaf gostyngedig yn ei galon
he felt the humblest veneration in his heart
Yn ddwfn, fe ymgrymodd, gan gyffwrdd â'r ddaear
Deeply, he bowed, touching the ground
ymgrymodd o flaen yr hwn oedd yn eistedd yn ddisymud
he bowed before him who was sitting motionlessly
roedd ei wên yn ei atgoffa o bopeth yr oedd erioed wedi'i garu yn ei fywyd

his smile reminded him of everything he had ever loved in his life
roedd ei wên yn ei atgoffa o bopeth yn ei fywyd a gafodd yn werthfawr a sanctaidd
his smile reminded him of everything in his life that he found valuable and holy

www.ingramcontent.com/pod-product-compliance
Lightning Source LLC
Chambersburg PA
CBHW010020130526
44590CB00048B/3829